Peter Kliemann / Andreas Reinert

Thema: Gott

Lehrerkommentar

Calwer Verlag Stuttgart

ISBN 978-3-7668-3958-9

Satz: NagelSatz, Reutlingen
Herstellung: Karin Klopfer, Calwer Verlag
Umschlaggestaltung: Karin Sauerbier, Stuttgart
Druck und Verarbeitung: AZ Druck und Datentechnik, Kempten

E-mail: info@calwer.com
Internet: www.calwer.com

Inhalt

Einleitung

1. Zur Konzeption des Unterrichtsmodells

Die Frage nach Gott kann als die Kernfrage jedes Religionsunterrichts gelten. In den im August 2006 vom Rat der EKD vorgelegten Thesen zum Religionsunterricht heißt es deshalb: »Nach evangelischem Verständnis muss der Gottesbezug im Zentrum religiöser Bildung stehen.«[1] Und die einschlägige Denkschrift der EKD zum Religionsunterricht formuliert den Sachverhalt so: »Letztlich messen die Jugendlichen und jungen Erwachsenen Kirchen, Konfessionen und Weltreligionen an der *Frage nach Gott* und an den Antworten, die auf diese Frage gegeben werden. Von der Gottesfrage kommen sie nicht so leicht los. Sie treibt noch insgeheim um und ist wichtiger als die Kirchenfrage. Die Kirche, so scheint es, wird danach beurteilt, ob sie, die ja offiziell für Gott einstehen will, tatsächlich Gott überzeugend nahebringt.«[2]

Das dieser Publikation zugrundeliegende Schülerheft (»Material für den Unterricht in der Oberstufe«) stellt sich der Gottesfrage in drei Schritten:

- ☐ Die ersten drei Kapitel (A–C) thematisieren in Form einer Exposition Grundlegendes: Ist »Gott« nur ein Wort unserer Sprache? Was stellen wir uns unter »Gott« vor? (Kapitel A) Wohnt Gott im Himmel? Wie kommt man überhaupt auf diese Idee? Was sagt die Bibel dazu? (Kapitel B) Ist Gott nur eine Projektion des Menschen? Warum soll man sich von Gott kein Bild machen? (Kapitel C)
- ☐ Die nächsten vier Kapitel beschäftigen sich in vertiefender Weise mit theologisch besonders wichtigen Themen: Kann und soll man Gott *denken*, ihn gar »beweisen«? (Kapitel D) Muss man Gott angesichts von Leid und Ungerechtigkeit nicht *bestreiten*? (Kapitel E) Soll man über Gott gar nicht so viel nachdenken, sondern lieber versuchen, ihn zu *erfahren*? Liegt die Zukunft des Christentums in der Mystik? (Kapitel F) Was bedeutet die Behauptung des christlichen Glaubens, Gott sei in drei Personen einer? (Kapitel G)
- ☐ Die beiden Schlusskapitel des Schülerheftes versuchen, die Gottesfrage zu konkretisieren: Hat Gott etwas mit unserer Ernährung und unserem Lebensstil zu tun? Macht Gott gar gesund/heil? (Kapitel H) Ist die Gottesfrage nur eine mehr oder weniger unverbindliche Spielerei der Gedanken? Ist Gott nicht sowieso »lieb«? Was bedeutet die biblische Vorstellung von Gott, dem Richter? (Kapitel I)

2. Zur formalen Anlage des Unterrichtsmodells

Das Unterrichtsmodell »Thema Gott« besteht, ebenso wie das ihm vorausgegangene Unterrichtsmodell »Thema Mensch«[3], aus drei Teilen:

– einem 48-seitigen **Schülerheft (»Material für den Unterricht in der Oberstufe« = SH)**, bei dem sich Verlag und Autoren um einen hohen Grad von Elementarisierung und die Heraus-

1 Religionsunterricht. 10 Thesen des Rates der EKD in Deutschland. Im Auftrag des Rates der EKD hg. vom Kirchenamt der EKD, Hannover 2006.

2 Identität und Verständigung. Standort und Perspektiven des Religionsunterrichts in der Pluralität. Eine Denkschrift der Evangelischen Kirche in Deutschland. Im Auftrag des Rates der EKD hg. vom Kirchenamt der EKD, Gütersloh 1994, S. 17.

3 Peter Kliemann / Andreas Reinert: Thema Mensch. Material für den Unterricht in der Oberstufe, Stuttgart 1998. – Dies. (Hg.): Thema Mensch. Texte – Hintergründe – Informationen, Stuttgart 1999. – Dies.: Thema Mensch. Lehrerkommentar, Stuttgart 1998.

arbeitung einer klar erkennbaren, aber zugleich diskussionsoffenen Argumentationsfigur bemüht haben. Die Form der Präsentation orientiert sich am Layout von Zeitungsmagazinen, will Lust zum Lesen, Nachfragen und Diskutieren machen und hofft in der Art der Gestaltung den Wahrnehmungsgewohnheiten heutiger Schülerinnen und Schüler entgegenzukommen.

– einem umfangreichen, ergänzenden **Materialband** (**»Texte – Hintergründe – Informationen«**). Dieser Band enthält zahlreiche zusätzliche Materialien (**M**), die für die Lehrerin/den Lehrer wichtige, über das Schülerheft hinausgehende Informationen bereitstellen. In vielen Fällen sind die Materialien so ausgewählt, dass sie, je nach Unterrichtssituation, als zusätzliche, »klassische« Unterrichtsmedien auch an Schülerinnen und Schüler ausgegeben werden können und so auch die Möglichkeit eines sehr anspruchsvollen, abiturorientierten Unterrichts gewährleisten. Darüber hinaus kann der Materialband auch in der außerschulischen Bildungsarbeit verwendet werden und allen interessierten Erwachsenen als Lese- und Schmökerbuch dienen.

– den vorliegenden **methodisch-didaktischen Hinweisen** (**»Lehrerkommentar«**). Diese Handreichung geht davon aus, dass pädagogische Probleme des Oberstufenunterrichts nicht in erster Linie darauf zurückzuführen sind, dass die Kolleginnen und Kollegen zu wenig Fachkenntnisse vorzuweisen haben. Vielmehr fehlt es oft an einer entsprechenden didaktischen Aufbereitung und Erprobung der von den Verlagen angebotenen Unterrichtsmaterialien und an methodischen Ideen, die über das allgemeine, mit der Gefahr des Aktivismus behaftete Angebot eines Methodenkarussells hinausgehen. Nur wenn sich Methoden in der Erschließung konkreter Inhalte bewähren und wenn die Frage der Unterrichtsziele dabei nicht auf der Strecke bleibt, kann der verbreiteten Vertextung und Lehrerzentrierung des Oberstufenunterrichts auf überzeugende Art und Weise entgegengewirkt werden. Theologische und fachwissenschaftliche Gedankengänge sind deshalb in dieser Broschüre relativ knapp gehalten, entsprechende Literaturhinweise eröffnen jedoch für interessierte Kolleginnen und Kollegen den Zugang zu weiterführenden Publikationen.

Lehrerhandreichungen sind keine wissenschaftlichen Abhandlungen und erheben auch keine belletristischen Ansprüche. Ihre Qualität entscheidet sich daran, ob sie der Lehrerin und dem Lehrer auf schnelle und präzise Art und Weise die notwendigen Hinweise zur Planung von Unterricht bieten. Dementsprechend sind wir bei der Gestaltung des Lehrerkommentars – anders als beim Schülerheft – sehr pragmatisch vorgegangen: Zunächst wird für jedes Kapitel in wenigen Sätzen die Auswahl und Zusammenstellung der Schülermaterialien begründet. Es folgen, den jeweiligen Seiten des Schülerheftes zugeordnet, unterrichtspraktische Vorschläge sowie Hinweise auf **»Vertiefungsmöglichkeiten / Weitere Ideen«**. Am Ende jedes Kapitels stehen Aufgabenimpulse für **Klausurtexte (K)**, die auf den Seiten 99–133 des Lehrerkommentars abgedruckt sind. Unter der Überschrift **»Präsentationsthemen«** schließlich finden sich dort auch Themenvorschläge für Referate, Präsentationen und andere »alternative Lernleistungen«, z.B. für Recherchen und anspruchsvollere Facharbeiten. Inwieweit sich die bei den Präsentationsthemen angeführten Literaturempfehlungen auch für die Hand der Schülerinnen und Schüler eignen, wird die Lehrkraft von Fall zu Fall zu entscheiden haben.

Insgesamt kann man den Lehrerkommentar als eine Art Brücke zwischen Schülerheft und Materialband ansehen.

3. Kompetenzorientierung?

Einer der Schlüsselbegriffe der gegenwärtigen (Religions-)Pädagogik scheint der Begriff »Kompetenz« zu sein. Der versprochene Paradigmenwechsel lässt noch auf sich warten, die Definitionen, mit denen gearbeitet wird, sind alles andere als klar. Ein Kollege, der einen beträchtlichen Teil seiner Lebenszeit in Lehrplankommissionen verbracht hat, meinte kürzlich skeptisch-resignierend, die Gemeinsamkeit an allen Diskussionen zum Kompetenzbegriff bestehe wohl darin, dass jeder jedem ständig erkläre, die Anderen hätten gar nicht verstanden, worum es eigentlich gehe ...[4]

Das vorliegende Unterrichtsmodell verzichtet auf längere Auflistungen von wünschenswerten Kompetenzen, fühlt sich ansonsten aber dem pädagogischen Anliegen, um das es geht, durchaus verpflichtet:
– Das im Schülerheft angebotene Arrangement von Texten, Bildern und Impulsen steuert einem bloßen input-orientierten Lernen entgegen. Die Schülerinnen und Schüler können nicht nur reproduzieren, sondern müssen Beziehungen erkennen, Zusammenhänge herstellen, sich selbst in ein Verhältnis zu den Materialien setzen.
– Das Zusatzangebot des Materialbandes ermöglicht ein Lernen auf unterschiedlichen »Niveaustufen«.
– Die in den Kapiteln dieses Lehrerkommentars vorgeschlagenen »Präsentationsthemen« fördern die eigenständige Recherche, Erschließung und Aufbereitung von Inhalten.
– Die dem Lehrerkommentar beigefügten Klausurtexte und die Wiederholungsfragen am Ende des jeweiligen Kapitels richten den Blick »auf Nachhaltigkeit«.

4. Dank

Brauchbare Unterrichtsmodelle wachsen und reifen in langen, verwickelten Kommunikations- und Erprobungsprozessen. Die vorliegende Publikation wäre nicht das geworden, was sie ist, ohne
– die ermutigenden, aber auch skeptischen Reaktionen von Schülerinnen und Schülern, die uns durch Wort und Tat signalisierten, ob sie mit den von uns ausgewählten und zusammengestellten Texten, Bildern und Impulsen »etwas anfangen« konnten oder nicht;
– die ungewöhnlich intensive und engagierte, für neue Ideen und Wege stets offene Begleitung des Projekts durch Berthold Brohm und Hans-Jörg Gabler vom Calwer Verlag;
– die äußerst anregende, professionelle Zusammenarbeit mit Karin Sauerbier von der Stuttgarter Werbeagentur PROFIL, bei der uns immer wieder aufs Neue deutlich wurde, wie eng gerade auch in Fragen der Theologie und Pädagogik Inhalt und Form zusammenhängen, sich gegenseitig bedingen, ergänzen – und sich, gelegentlich, sogar in erfrischend-befreiendem Wechselspiel beflügeln ...
– die kritisch-konstruktive Lektorierung durch Friedemann Weitz aus Leutkirch im Allgäu, der uns mit bewundernswerter Aufmerksamkeit und großem Einfühlungsvermögen auf Schreibfehler, Widersprüche und Ungereimtheiten aufmerksam machte.

Tübingen, im Frühjahr 2009

Peter Kliemann
Andreas Reinert

---

4 Zum Stand der religionspädagogischen Diskussion vgl.: Dietlind Fischer / Volker Elsenbast (Hg.): Grundlegende Kompetenzen religiöser Bildung. Zur Entwicklung des evangelischen Religionsunterrichts durch Bildungsstandards für den Abschluss der Sekundarstufe I, Münster 2006. – Dies. (Hg.): Stellungnahmen und Kommentare zu »Grundlegende Kompetenzen religiöser Bildung«, Münster 2007. (Beide Publikationen sind auch im Open-access-Bereich von www.comenius.de zugänglich.)

A Um Gottes Willen, adieu und Grüßgott

Es wechseln immer wieder drei Generationen.
Eine findet den Gott, die zweite wölbt den engen
Tempel über ihn und fesselt ihn so, und die
dritte verarmt und holt Stein um Stein aus
dem Gotteshaus, um damit notdürftig kärgliche
Hütten zu bauen.
Und dann kommt eine, die den Gott wieder
suchen muss …

Rainer Maria Rilke
Florenzer Tagebuch, Frankfurt a.M. 1994, S. 24.

Die These, dass Religion in modernen Gesellschaften keine Zukunft habe, kann als widerlegt gel- **M 1**
ten. Religionssoziologen beobachten weltweit eine Renaissance der Religionen und eine Zunah-
me von – durchaus nicht immer nur unproblematischen – Formen von Religion. Diese Beobach-
tungen haben auch für Mitteleuropa und speziell auch für Deutschland ihre Gültigkeit: Umfragen
zeigen zwar immer wieder, dass die Kirchenbindung der Deutschen kontinuierlich nachlässt,
andererseits ist aber auffällig, dass bis zu zwei Drittel der Bevölkerung an der Existenz einer
»höheren Macht« festhalten.
Die mit dieser »höheren Macht« verbundenen Vorstellungen entsprechen oft nicht denen einer **M 2**
christlichen Dogmatik. Und diese »höhere Macht« wird nicht einmal unbedingt als »Gott« **M 3**
bezeichnet. Und doch sind die vier Buchstaben »Gott« in unserem Kulturkreis ein unvermeid-
licher Begriff, wenn es um die Klärung religiöser Fragen geht.

In jüngster Zeit mehren sich die Anzeichen, dass das Thema »Gott« auch in der öffentlichen Diskussion außerhalb von Theologie und Kirche wieder neue Bedeutung gewinnt. Und sogar in unserem Nachbarland Frankreich, in dem man traditionellerweise großen Wert auf eine Trennung von Kirche und Staat legt, setzt sich die Erkenntnis durch, dass die Themen Religion und Gott zum Kernbestand des kulturellen Gedächtnisses gehören und deshalb auch ihren Platz an öffentlichen Schulen finden müssen.

Dieser Sachlage entsprechend setzt das Eingangskapitel des Schülerheftes sehr nüchtern und, theologisch gesehen, niederschwellig ein: Es geht zunächst nur darum, sich bewusst zu machen, dass »Gott« – unabhängig von allen inhaltlichen Bestimmungen und konkreten Glaubensfragen – nach wie vor ein Wort unserer Sprache und darüber hinaus eine unaufgebbare Kategorie unserer Kultur ist. In diesem Zusammenhang sollen die Schülerinnen und Schüler sich ihre eigenen Gottesvorstellungen bewusst machen, sie artikulieren und mit den Gottesvorstellungen anderer Menschen vergleichen. Die sich aus dieser Auseinandersetzung ergebenden Fragen bilden den Ausgangspunkt für einen Klärungsprozess, dem das Materialangebot der folgenden Kapitel dienen soll.

Ulrich Beck: Der eigene Gott. Friedensfähigkeit und Gewaltpotential der Religionen, Frankfurt a.M. 2008. – Bertelsmann Stiftung (Hg.): Religionsmonitor 2008, Gütersloh 2007. – Johann Hinrich Claussen: Zurück zur Religion. Warum wir vom Christentum nicht loskommen, München 2006. – Jürgen Ebach u.a. (Hg.): Von Gott reden – aber wie? Gretchenfrage Band II, Gütersloh 2002. – Michael N. Ebertz: Kirche im Gegenwind. Zum Umbruch der religiösen Landschaft, Freiburg, 4. Aufl., 2002. – Udo Di Fabio: Gewissen, Glaube, Religion. Wandelt sich die Religionsfreiheit? Berlin 2008. – Cornelia Frische: Religionskunde à la française. Anmerkungen zum

Debray-Bericht. In: Zeitschrift für Pädagogik und Theologie 3/2005, S. 219–227. – Friedrich Wilhelm Graf: Die Wiederkehr der Götter. Religion in der modernen Kultur, München 2004. – Klaus-Peter Jörns: Die neuen Gesichter Gottes. Was die Menschen heute wirklich glauben, München, 2., verbesserte Aufl., 1999. – Stefan Knobloch: Mehr Religion als gedacht! Wie die Rede von Säkularisierung in die Irre führt, Freiburg/Basel/Wien 2006. – Ulrich Körtner: Wiederkehr der Religion? Gütersloh 2006. – Regina Polak (Hg.): Megatrend Religion? Neue Religiositäten in Europa, Ostfildern 2002. – Dies.: Religion kehrt wieder. Ostfildern 2006. – Charles Taylor: A Secular Age, Cambridge/London 2007. – Tintenfass. Das Magazin für den überforderten Intellektuellen, Nr.31: Was zum Teufel ist mit Gott los? Zürich 2007.

Gott als Wort unserer Sprache

SH, Seite 1 Beginnen könnte der Unterrichtsgang mit einer Betrachtung des **Gemäldes von René Magritte**, und zwar in Kleingruppen:
Arbeitsauftrag: Tauschen Sie sich über folgende Fragen aus:
1. Was sehe ich? Wie wirkt das Gesehene auf mich?
M 4 Was könnte die Aussage des Bildes sein? Welche Bedeutung hat der goldene Rahmen?
2. Einigen Sie sich auf einen Titel, den Sie dem Bild geben würden.

M 5 Die Gruppen schreiben ihre Titel an die Tafel und begründen ihre Wahl. **M 5** belegt, dass dieses Verfahren der nachträglichen, kommunikativen Titelfindung dem Vorgehen Magrittes selbst entspricht und dass es unangemessen wäre, an dieser Stelle in enger Weise nach dem »richtigen« Titel zu fragen.
Die Lehrperson schreibt in einem nächsten Schritt den von Magritte gewählten Titel (»Le rossignol«; Öl auf Leinwand, 116 x 89 cm, gemalt 1962, Privatsammlung Brüssel) an die Tafel und bittet eine Schülerin/einen Schüler in einem französisch-deutschen Wörterbuch die Bedeutung nachzuschlagen: a) Die Nachtigall b) Der Ladenhüter.
Unterrichtsgespräch darüber, welches Verhältnis Magritte zu Gott hatte. – Hintergrundinformationen: Magritte ist in katholischem Milieu aufgewachsen und setzte sich wie andere Surrealisten zunächst aggressiv mit Kirche und Christentum auseinander. – Zusätzlicher Impuls mit
M 6 Magritte-Zitaten aus **M 6**, z.B. »Ja, ich glaube an Gott, aber ich glaube nicht, dass man irgendetwas über Gott sagen kann. Statt Gott sage ich ›Mysterium‹.«
M 4 Streitgespräch: Kann man sich das Gemälde als Altarbild vorstellen?
Lektüre des **Artikels »Ach Gott, ach Gott!«** aus der Frankfurter Allgemeinen Zeitung vom 15.9.2000: Wie wertet der Verfasser die »gottvollen Floskeln«? – Zusatzfragen: »Kein Kind singt mehr ›tuff tuff tuff, die Eisenbahn‹, wenn es einen ICE sieht« (Bezug zum Zug auf dem Magritte-Gemälde). Wie reagiert ein Kind heute auf einen ICE? Lässt sich das mit »Gott« Gemeinte auch anders ausdrücken?

Das auf Seite 1 am unteren Seitenrand beginnende Textband zitiert eine bekannte **Strophe** aus **Rainer Maria Rilkes Stundenbuch** von 1905. Das »Kreisen um Gott«, verbunden mit der Frage nach der eigenen Existenz, entspricht dem tastend-fragenden Duktus der ersten Kapitel des Schülerheftes.
Wolfgang Braungart: Das Stunden-Buch. In: Manfred Engel (Hg.): Rilke-Handbuch. Leben – Werk – Wirkung, Stuttgart 2004, S. 216–227.

Vertiefungsmöglichkeiten / Weitere Ideen

M 7 ■ Während Magritte glaubte, dass man letztlich nichts über Gott sagen kann, belegt **M 7**, dass die Rede von »Gott« bzw. auch »Himmel« oft von Gewohnheit und Gedankenlosigkeit geprägt ist. Methodischer Vorschlag: Die Schülerinnen und Schüler bewegen sich im Raum und lesen die Ausdrücke und Redewendungen laut und durcheinander. Auswertungsfragen: Wie wirkt das? Blasphemisch? Ist das ein Missbrauch des Namens Gottes? Sind Ihnen weitere, ähnliche Redewendungen eingefallen? Was meinen wir mit »Gott«? Was mit »Himmel«? – Festhalten einer
M 8 Arbeitsdefinition in Einzelarbeit – Vergleich mit dem Tagebucheintrag von Ludwig Wittgenstein

M 8 – Anlage eines eigenen Werkstattbuches / Tagebuches zum Thema »Gott«? – Informationen zur Begrüßungsformel »Grüß Gott!« in **M 9**. **M 9**

■ Lektüre / Vorlesen der **Satire »Doktor Murkes gesammeltes Schweigen« von Heinrich Böll**: Dr. Murke arbeitet in der Abteilung Kultur eines Rundfunksenders. Im Dienst muss er in zwei Vorträgen das Wort »Gott« durch die Formulierung »jenes höhere Wesen, das wir verehren« ersetzen. Aber wenn er Sprechpausen aus Bändern herausschneidet, hebt er die Bandstücke auf, klebt sie aneinander und spielt sie sich abends zu Hause vor. – Die Satire ist über die Medienzentralen auch als Hörspiel und Film ausleihbar.
Heinrich Böll: Gesammelte Erzählungen. 2 Bände, Köln 1981. Ebenda, Band 2, S. 81–102. **M 10**

■ Bearbeitung und Diskussion von **M 10: Wo bleibt das Tischgebet?**

■ **Tonband-Interviews im Schulhaus und auf der Straße:** An was denken Sie bei dem Wort »Gott«?

■ **Arbeitsaufträge für drei Gruppen:** 1. »Gottes Segen«: Würden Sie das jemandem wünschen? Wie wirkt es auf Sie, wenn Ihnen jemand »Gottes Segen« wünscht? 2. »Ja, mit Gottes Hilfe.« bzw. »So wahr mir Gott helfe!«: Würden Sie diese Eidesformel sprechen? Was spricht dafür? Was dagegen? 3. »Du sollst den Namen des Herrn, deines Gottes nicht missbrauchen!«: Gotteslästerung – gibt es das überhaupt noch? Beispiele? Begründungen?

■ **Rollenspiel:** In einer Fußgängerzone steht ein Mann mit folgendem Schild »Ich bin Gott!« – Was geht Ihnen durch den Kopf? Wie könnte man reagieren?

■ Mit dem Namen Magritte stellt sich in diesem Arbeitsheft das erste Mal die Frage nach der Biographie eines berühmten Künstlers. Im Interesse eines **langfristig angelegten Präsentationstrainings** wäre zu überlegen, ob die Lehrkraft am Beispiel Magrittes selbst vorführt, wie sie sich eine etwa **fünfminütige Kurzpräsentation einer Biographie** vorstellt. Im Anschluss daran könnte jede Schülerin und jeder Schüler des Kurses die Aufgabe bekommen, sich auf einen berühmten Künstler oder Denker, der im weiteren Verlauf der Unterrichtseinheit eine Rolle spielen wird, vorzubereiten.
Im Einzelnen wären dies vor allem: Mark Rothko (Kapitel A); Salvador Dalí (Kapitel B); Ludwig Feuerbach, Caspar David Friedrich, Lucas Cranach, Hildegard von Bingen, Franz von Assisi, Karl Marx (Kapitel C); Auguste Rodin, Thomas von Aquin, Anselm von Canterbury, Blaise Pascal (Kapitel D); Matthias Grünewald, Epikur, Gottfried Wilhelm Leibniz, Arthur Schopenhauer (Kapitel E); Meister Eckhart (Kapitel F); Augustinus, Sandro Botticelli, Michelangelo (Kapitel G), Dietrich Bonhoeffer, Roger von Weyden (Kapitel I).

Gottesvorstellungen

Nachdem deutlich geworden ist, dass »Gott« nicht nur für gläubige Menschen nach wie vor ein wichtiges Thema ist, bietet die folgende Doppelseite – rund um einen Schreibtisch-Arbeitsplatz – eine Auswahl von unterschiedlichen Gottesvorstellungen: **SH, Seiten 2/3**

- Das für jeden Umgang mit Gottesvorstellungen wichtige **Bilderverbot aus Ex 20,3** ist an dieser Stelle bewusst nur in hebräischer Sprache abgedruckt. Die »Auflösung« findet sich in Kapitel C (vgl. Textband am Fuß der Seite).
- Der Text auf dem Computerbildschirm wurde von **Martin Walser** verfasst und trägt – wie die vorliegende Doppelseite – die Überschrift: Aus den **Notizen betreffend G**.
  Vollständig abgedruckt in: Michael Kessler u.a. (Hg.): Fides quaerens intellectum. Beiträge zur Fundamentaltheologie. Festschrift für Max Seckler zum 65. Geburtstag, Tübingen 1992, S. 93–96.
- Zu dem von Kinderzeichnungen eingerahmten **Christuskopf** vgl. **M 11**. **M 11**
- Zum sog. **Spottkruzifix** vom Palatin vgl. **M 12**. **M 12**
- Zur These **»Gott ist Liebe«** vgl. Peter Kliemann / Andreas Reinert: Thema Mensch, Stuttgart 1998, Kapitel I.

- Zu **Dan Browns Bestseller »Sakrileg«** vgl. kritisch: *Carsten Thiede: Der unbequeme Messias. Wer Jesus wirklich war, Gießen 2006. – Matthias Wörther: Betrugssache Jesus. Michael Baigents und andere Verschwörungstheorien auf dem Prüfstand, Würzburg 2006. – National Geographic 2006: Der Da Vinci Code – Wahrheit oder Fiktion? (DVD)*
- Zur **Volxbibel** vgl. unten, S. 80 f.

Methodischer Vorschlag: Die Schüler/innen überlegen in Partnerarbeit, welche Gottesvorstellung sie am meisten anspricht und welche sie am meisten irritiert. Austausch und Diskussion der Begründungen im Plenum. – Weitere Beispiele für zeitgenössische Vorstellungen von »Gott« finden sich im *Publik-Forum-Dossier »Mein Gott« (24/2007).*

Vertiefungsmöglichkeiten / Weitere Ideen

M 13 ▪ **M 13** bietet zusätzlich zu den beiden auf S. 2/3 abgebildeten **Kinderbildern von Gott** weitere Kinderbilder. Arbeitsauftrag: 1. Überlegen Sie, wie alt der jeweilige »Künstler« gewesen sein könnte. 2. Ist das jeweilige Bild von einem Jungen oder einem Mädchen gemalt worden? Begründung? 3. Wie haben Sie sich selbst als Kind Gott vorgestellt?

Informationen zu den »Künstlern«: *Bild 1:* Monika, Hauptschülerin, 16 Jahre; *Bild 2:* Carsten, Hauptschüler, 11 Jahre; *Bild 3:* Harald, Hauptschüler, 16 Jahre; *Bild 4:* Volker, Grundschüler, 8 Jahre; *Bild 5:* Lothar, Grundschüler, 10 Jahre; *Bild 6:* Franz, Hauptschüler, 15 Jahre.

Dieter Bossmann / Gert Sauer / Klaus Dessecker: Wann wird der Teufel in Ketten gelegt? Kinder und Jugendliche stellen Fragen an Gott, Lahr/München 1984. – Helmut Hanisch: Die zeichnerische Entwicklung des Gottesbildes bei Kindern und Jugendlichen, Stuttgart/Leipzig 1996.

▪ **M 14**, **M 15** und **M 16** bieten weiteres Material zur **Erarbeitung einer entwicklungspsychologischen Theorie zur Entwicklung von Gottesbildern**. Dabei ist deutlich zu machen, dass es sich um ein Modell handelt, das durchaus nicht unumstritten ist. – Möglicher Ablauf: Anhören des BAP-Liedes »Wenn et Bedde sich lohne däät« von der CD »Vun drinne noh drus-
M 14 se«. **M 14** sollte den Schülern dabei vorliegen. – Unterrichtsgespräch über den Refrain. – Bear-
M 15 beitung von **M 15** in Einzelarbeit. – Austausch der Ergebnisse im Plenum. – Lehrervortrag zu
M 16 **M 16**. – Diskussion über die Reichweite und Erklärungskraft des vorgestellten Modells. – Der **M 14** und **M 15** zugrundeliegende Fall ist dokumentiert und analysiert bei: *Wolfgang Konukiewitz: Selbstbestimmtes Lernen im Konfirmandenunterricht. Bericht über Versuche in der Praxis. In: Jahrbuch für Religionspädagogik 7 (1990), S. 245–262. – Gesine Wagner: Im Feuer ist mein Leben verbrannt. Der Starfighter-Absturz in Frankfurt Pfingsten 1983. Briefe – Tagebuchaufzeichnungen – Dokumente. Gütersloh, 4. Aufl., 1990.*

Weitere Literatur zur **Entwicklung von Gottesbildern**: *Gerhard Büttner / Veit-Jakobus Dieterich (Hg.): Die religiöse Entwicklung des Menschen. Ein Grundkurs, Stuttgart 2000. – Dietlind Fischer: Lernprozesse analysieren. Gottesverständnisse von Kindern klären und entwickeln. In: Dies. (Hg.): Religion lernen und können. Lernentwicklungs- und Leistungsbeurteilungen im Religionsunterricht der Grundschule, Seelze/Velber 2009. – Bernhard Grom: Religionspädagogische Psychologie, Göttingen/Düsseldorf, völlig überarbeitete Neuauflage, 2000. – Jahrbuch für Kindertheologie, Stuttgart 2002ff. – Lothar Kuld: Das Entscheidende ist unsichtbar. Wie Kinder und Jugendliche Religion verstehen, München 2001. – Godwin Lämmermann, Einführung in die Religionspsychologie. Grundfragen, Theorien, Themen, Neukirchen 2006. – Vreni Merz (Hg.): Alter Gott für neue Kinder? Das traditionelle Gottesbild und die nachwachsende Generation, Freiburg/Schweiz 1994. – Friedrich Schweitzer: Lebensgeschichte und Religion. Religiöse Entwicklung und Erziehung im Kindes- und Jugendalter, München, 6. Aufl., 1999. – Friedrich Schweitzer: Das Recht des Kindes auf Religion. Ermutigungen für Eltern und Erzieher, Gütersloh, 2. Aufl., 2000. – Friedrich Schweitzer: Die Suche nach eigenem Glauben, Gütersloh, 2. Aufl., 1998.*

▪ **Alternativvorschlag zur Entwicklung religiöser Urteile** in:

Horst Gorbauch u.a.: Die Frage nach Gott. Religion in der Kursstufe (RIK). Hg. vom Institut für Religionspädagogik der Erzdiözese Freiburg, Freiburg 2004, S. 28f und a.a.O., M 29 – M 31.

M 17–M 19 ▪ **M 17–M 19** bieten die Möglichkeit, sich mit dem **Thema Gebet** und damit dem zentralen Unterschied zwischen Reden *über* Gott und Reden *von* Gott zu beschäftigen. Zur Illustration dieser Unterscheidung kann ein kleines Rollenspiel hilfreich sein: Gespräch *über* einen Klassenkameraden, den man nicht leiden kann – Gespräch *mit* einem Klassenkameraden, den man nicht leiden kann. Vgl. zu diesem Thema auch **K 3**.

- **M 18** eignet sich für einen **kritischen Vergleich religionssoziologischer Umfragen**: Gemeinsamkeiten? Unterschiede? Welche Ergebnisse überraschen? Inwieweit beeinflusst die jeweilige Fragestellung das Ergebnis? M 18
- Weitere **literarische Texte zum Thema »Gott«** bieten: *Georg Langenhorst: Gedichte zur Gottesfrage. Texte – Interpretationen – Methoden. Ein Werkbuch für Schule und Gemeinde, München 2003. – Helmut Zwanger: »Gott im Gedicht«. Eine Anthologie von 1945 bis heute, Tübingen 2007.*

- »Besondere Lernleistungen« orientieren sich allzu oft am konventionellen Schema von Referaten, Präsentationen und Facharbeiten. Eine besondere Herausforderung für theaterbegeisterte Oberstufenschüler könnte die **Erarbeitung, Analyse und eventuell auch Aufführung eines Theaterstücks** sein. Empfehlung: *Marion Vietor (Hg.): Spielplatz 19. Fünf Theaterstücke über Gott, Frankfurt a.M. 2006.* (Klappentext: »Fünf Theaterstücke für Kinder über Gott, aber keines präsentiert ein bestimmtes Bild von Gott. Die Figuren der Stücke begeben sich, wenn auch auf ganz unterschiedliche Weise, auf die Suche nach ihrem Platz im Leben. Und alle Figuren werden fündig, denn allen begegnet Freundschaft und Liebe.«)

Gott und Mensch

SH, Seite 4

Seite 4 fordert zu einem ersten Resümee auf: Worum geht es eigentlich bei der Rede von »Gott«? Was ist der springende Punkt?

Ein erster Arbeitsauftrag könnte ein **Gedankenspiel** sein: Wenn Sie sich im Hinblick auf das Ganze der Wirklichkeit für eine einzige Grundunterscheidung entscheiden müssten (so wie auch Computer mit binären Entscheidungen arbeiten), welche wäre für Sie die wichtigste im Leben? (Tot vs. lebendig? Authentisch vs. verlogen? Gut vs. böse? Mann vs. Frau?)

Anschließend könnte man die Schülerinnen und Schüler mit **Luthers »Summa«** konfrontieren: Wie könnte das Zitat gemeint sein? Was halten Sie davon? Was wäre Ihre »Summa« des christlichen Glaubens? Die Schülerantworten auf diese Frage können dann mit der Interpretation Eberhard Jüngels (**M 20**) verglichen werden. Die Lehrperson wird je nach Vorwissen und eigenem theologischen Hintergrund versuchen, das von Luther Gemeinte in eigenen Worten zu formulieren. Für die Lehrperson hilfreiche Literatur: *Oswald Bayer: Martin Luthers Theologie. Eine Vergegenwärtigung, Tübingen, 3., neu durchgesehene Aufl., 2007. – Eberhard Jüngel: Zur Freiheit eines Christenmenschen. Eine Erinnerung an Luthers Schrift, Gütersloh, 3., durchgesehene Aufl., 1991. – Eberhard Jüngel: Das Evangelium von der Rechtfertigung des Gottlosen als Zentrum des christlichen Glaubens. Eine theologische Studie in ökumenischer Absicht, Tübingen, 5. Aufl., 2006. – Eberhard Jüngel: Gott – als Wort unserer Sprache. In: Ders.: Unterwegs zur Sache. Theologische Bemerkungen, München 1972, S. 80–104. – Eberhard Jüngel: Der Gott entsprechende Mensch. Bemerkungen zur Gottebenbildlichkeit des Menschen als Grundfigur theologischer Anthropologie. In: Ders.: Entsprechungen: Gott – Wahrheit – Mensch. Theologische Erörterungen III, München 1980, S. 290–317.* In gemischt-konfessionellen Lerngruppen ist zu bedenken, dass Luthers Anthropologie einen typisch protestantischen Akzent setzt. Die Kontroverse um einen relationalen bzw. substantiellen Personbegriff spiegelt sich in Publikationen zu aktuellen Problemen der Bioethik ebenso wie in der Kontroverse um die »Gemeinsame Erklärung zur Rechtfertigungslehre«: *Reiner Anselm / Ulrich H.J. Körtner (Hg.): Streitfall Biomedizin. Urteilsfindung in christlicher Verantwortung, Göttingen 2003. – Peter Dabrock u.a.: Menschenwürde und Lebensschutz. Herausforderungen theologischer Bioethik, Gütersloh 2004. – Eberhard Jüngel u.a.: Zur Rechtfertigungslehre. Beiheft 10 (1998) zur Zeitschrift für Theologie und Kirche. – Rechtfertigung kontrovers. Die Gemeinsame Erklärung zur Rechtfertigungslehre im Gespräch der Konfessionen. Hg. vom Ökumenisch-Missionarischen Institut des Ökumenischen Rates Berlin-Brandenburg, Berlin 2000. – Hartmut Kress: Der Begriff der Person als Ausgangs-*

M 20

punkt und Leitbegriff ökumenischer Ethik. In: Marianne Heimbach-Steins u.a. (Hg.): Brennpunkt Sozialethik. Theorien – Aufgaben – Methoden, Freiburg/ Basel/Wien 1995, S. 87–101.

Recherche (insbesondere auch für vierstündige Religionskurse): »Informieren Sie sich, ausge-
M 21 hend von **M 21**, über die dort genannten »Unterscheidungen« Luthers! Antworten finden Sie in Büchern, die Ihnen Ihr Religionslehrer/Ihre Religionslehrerin zur Verfügung stellt. Reizvoll wäre es aber auch, ein Interview mit einem Pfarrer oder einem Theologieprofessor zu führen oder diese um eine email-Antwort zu bitten.«

M 22 Das **Gemälde von Mark Rothko** (»Ohne Titel«, 1962) könnte man zunächst – möglichst in einem gut abgedunkelten Raum – zwei, drei Minuten als Overhead-Projektion in Ruhe betrachten. Anschließender Arbeitsauftrag: Nehmen wir an, Sie müssten in diesem Bild »Gott« und »Mensch« unterbringen ... Wo würden Sie »Gott«, wo »Mensch« ansiedeln? – Weitere metho-
M 23 dische Vorschläge zur Bildanalyse finden sich in **M 23**.
Jacob Baal-Teshuva: Rothko. 1903–1970. Bilder als Dramen. Köln 2003. – Hubertus Gaßner u.a.: Mark Rothko. Retrospektive, München 2008. – Mark Rothko: Die Wirklichkeit des Künstlers. Texte zur Malerei, München 2005.
Zur Verwendung des Gemäldes von Rothko in einem Schülergottesdienst vgl.: *Hartmut Rupp: Idee für eine Inszenierung zu Ostern. In: entwurf 3/1996, S. 68–70.*

KLAUSURTEXTE

Kapitel A bietet noch nicht allzu viel »Lernstoff«. **K 1** bietet deshalb zwei Texte, die Schülerinnen und Schüler miteinander vergleichen können: Wie sehen die Verfasser die Rolle von Religion und Gottesglaube in unserer Gesellschaft? Je nach Unterrichtsverlauf kann außerdem erwartet werden, dass die Schülerinnen und Schüler anhand von Beispielen ihrer Wahl erläutern, welchen Stellenwert sie der Rede von Gott in unserem Leben beimessen.
K 2, ein literarischer Text von Urs Widmer, konfrontiert unterschiedliche Gottesvorstellungen von Vater und Tochter. Ein Vergleich könnte entwicklungspsychologische Überlegungen aufgreifen, den Unterschied zu biblischen Gottesvorstellungen thematisieren und auch eine Transferfrage vorbereiten: Wie würden Sie als Vater/Mutter auf die Frage der Tochter reagieren? Was wäre pädagogisch angemessen? (Vgl. dazu auch den Text von Natalia Günzburg, SH, S. 28).
Wurde im Unterricht das Thema »Gebet« angesprochen, könnte **K 3** Grundlage für eine Klausur sein. Anschließen könnten sich Fragen zum Vergleich verschiedener Gottesvorstellungen.

PRÄSENTATIONSTHEMEN

■ **René Magritte: Biografie – Künstlerisches und religiöses Selbstverständnis – Interpretation ausgewählter Gemälde**

■ **Woran ich glaube. Streitgespräch / Dialog zwischen einem Atheisten und einem Christen**

Karlheinz Deschner (Hg.): Woran ich glaube, Gütersloh 1990. – Karlheinz Deschner (Hg.): Oben ohne. Für einen götterlosen Himmel und eine priesterfreie Welt, Reinbek 1999. – Evangelische Landeskirche in Württemberg (Hg.): Daran glauben wir. Ein Impuls zum Gespräch über den Glauben, Stuttgart 2005. – Pädagogisch-Theologisches Zentrum der Evangelischen Landeskirche in Württemberg (Hg.): »Daran glauben wir.« Arbeitshilfe für den Unterricht, Stuttgart 2007. – Carlo Martini / Umberto Eco: Woran glaubt, wer nicht glaubt? München 1999. – Jörg Zink: Wer glaubt, kann vertrauen. Eine Einführung in den christlichen Glauben, Gütersloh ²2006. – Jörg Zink: Was Christen glauben, Gütersloh, 13., vollständig überarbeitete und ergänzte Auflage 1999. – www.fowid.de

■ **Der Streit um den Gottesbezug in der Europäischen Verfassung**

Helmut Goerlich / Wolfgang Huber / Karl Lehmann: Verfassung ohne Gottesbezug? Zu einer aktuellen europäischen Kontroverse, Leipzig 2004.

■ **Was versteht man unter »Gotteslästerung«?**

Arnold Angenendt: Toleranz und Gewalt. Das Christentum zwischen Bibel und Schwert. Münster 2006, bes. S. 320ff. – Alain Cabantous: Geschichte der Blasphemie, Weimar 2001. – Jean-Pierre Wils: Gotteslästerung, Frankfurt a.M. 2007.

■ Gottesbilder in der Werbung

Gerd Buschmann / Manfred L. Pirner: Werbung – Bildung – Religion. Kulturhermeneutische, theologische, medienpädagogische und religionspädagogische Perspektiven, München 2005. – Andreas Mertin / Hartmut Futterlieb: Werbung als Thema des Religionsunterrichts, Göttingen 2001. – www.glauben-und-kaufen.de

■ Gottesvorstellungen in Filmen

In Frage kommen nicht nur Kinofilme, sondern auch Kurzfilme. – Ralf Heinrich / Michael Kress (Hg.): Gottesglaube, Gottesbilder – ein Versuch. Digitales Material, religionspädagogische Impulse, Gestaltungsspielräume. DVD und Kommentar, Institut für Religionspädagogik der Erzdiözese Freiburg / Landesmedienzentrum Baden-Württemberg 2004. – Inge Kirsner / Michael Wermke: Religion im Kino. Religionspädagogisches Arbeiten mit Filmen, Göttingen, 2. Aufl., 2002. – Norbert Schnabel: Wenn Gott ins Kino geht. 50 Filme, die man kennen muss, Wuppertal 2004. – Manfred Tiemann: Jesus comes from Hollywood. Religionspädagogisches Arbeiten mit Jesus-Filmen, Göttingen 2002. – Manfred Tiemann: Filme für Religionsunterricht und Gemeinde, Göttingen 2009.

■ Religiöse Motive in der modernen Pop-Musik

Uwe Böhm / Gerd Buschmann: Popmusik – Religion – Unterricht. Modelle und Materialien zur Didaktik der Popkultur, München 2000. – Andreas Mertin: Videoclips im Religionsunterricht, Göttingen 1999.

■ »Gottesbilder« in Liedern des Gesangbuchs

Christian Möller (Hg.): Ich singe Dir mit Herz und Mund. Liedauslegungen – Liedmeditationen – Liedpredigten. Ein Arbeitsbuch zum Evangelischen Gesangbuch, Stuttgart 1997.

■ Das Gottesbild in Werken der klassischen Musik (z.B. Bach-Kantaten)

Alfred Dürr: Johann Sebastian Bach. Die Kantaten, Kassel u.a., 9. Auflage, 1999. – Martin Petzoldt: Bach-Kommentar. Die geistlichen Kantaten, 2 Bände, Kassel u.a. 2004/2007. – Hans-Joachim Schulze: Die Bachkantaten. Einführungen zu sämtlichen Kantaten Johann Sebastian Bachs, Leipzig, 2. Aufl., 2006.

■ Darstellungen Gottes in der Kunstgeschichte

Günter Lange: Bilder zum Glauben. Christliche Kunst sehen und verstehen, München 2002. – Friedrich-August von Metzsch (Hg.): Bild und Botschaft der Alten Pinakothek München, 2 Bände, Regensburg 2004. – Petrik Scherrer: Gott in Sicht? 33 Impulse zum christlichen Glauben aus der Pinakothek der Moderne, Regensburg 2005.

■ Das Gottesbild im »Stundenbuch« Rainer Maria Rilkes

Günther Schiwy: Rilke und die Religion, Frankfurt/Leipzig 2006.

■ Das »Gottesbild« des Vaterunsers

Petra Bahr / Joachim von Soosten (Hg.): Vaterunser. Einübung im Christentum, Frankfurt a.M. 2008. – Eugen Biser: Glaubensbekenntnis und Vaterunser, eine Neuauslegung, Düsseldorf 2003. – Fritz Neugebauer: Das Vaterunser. Eine theologische Deutung, Neukirchen 2008. – Thorsten Riewesell: Unser Vater. Ein Gebet sagt mehr als tausend Worte, Wuppertal 2006. – Jörg Zink: Das Vaterunser. Das Gebet, in dem alles gesagt ist, Stuttgart 2005.

■ Die Bedeutung von Ikonen in der orthodoxen Kirche

Stefan Brenske: Ikonen und die Moderne – Icons and Modern Art, Regensburg 2005. – Helmut Fischer: Die Welt der Ikonen, Frankfurt a.M., 2. Aufl., 1996.

■ Erfahrungen mit einer Internetrecherche zum Begriff »Gott«

Andreas Mertin: Internet im Religionsunterricht, Göttingen, 2. überarb. Aufl., 2000. – Andreas Mertin: Neues zum Internet im Religionsunterricht, Göttingen 2003.

Wiederholungsfragen A

1. »Gott« – ein Wort unserer Sprache. **Erläutern Sie** anhand von Beispielen Ihrer Wahl, wie das Wort Gott in unserer heutigen Alltagssprache verwendet wird. **Setzen Sie sich** kritisch mit diesem Sprachgebrauch **auseinander**.
2. **Beschreiben Sie** verschiedene Vorstellungen, die Menschen von Gott haben. **Erörtern Sie** mögliche biographische Hintergründe und **vergleichen Sie** die beschriebenen Vorstellungen mit biblischen Gottesbildern.
3. **Formulieren Sie** eine eigene, persönliche Arbeitsdefinition von »Gott«. **Prüfen Sie** nach Abschluss der Unterrichtseinheit, ob Sie Ihre Definition erweitern, ergänzen, korrigieren müssen.
4. **Formulieren Sie** Ihre »summa« des christlichen Glaubens. **Vergleichen Sie** Ihre »summa« mit der Martin Luthers.

B Vater unser im Himmel?

Hatte Kapitel A die Funktion, in das Thema »Gott« einzuführen, so wendet sich Kapitel B einem der zentralen Begriffe zu, die man mit »Gott« assoziiert: dem Himmel. Das Thema »Himmel« spielt aber nicht nur in diesem Kapitel eine wichtige Rolle, sondern wird im ganzen Heft immer wieder wichtig und kann in gewisser Weise als ein heimliches Leitmotiv des ganzen Unterrichtswerks angesehen werden. Der Begriff »Himmel« zeigt dabei eine spannungsreiche Vielfalt, kann astronomisch und astrologisch, aber auch im Sinne von »sky« oder »heaven« gedeutet werden.

Das Fragezeichen in der Überschrift zeigt die Frage- und Problemstellung des Kapitels an: Inwiefern können wir heute davon sprechen, »Gott«, den Christen »Vater« nennen, sei *im Himmel*? Was verstehen wir unter »Himmel«? Und wie hängen »Gott« und »Himmel« zusammen? »Wie der Mensch seinen Himmel denkt, so denkt er seinen Gott. Der Himmel ist daher der Schlüssel zu den innersten Geheimnissen der Religion.« Dieses Diktum Ludwig Feuerbachs spricht ebenso von der Entgötterung des Himmels wie der priesterschriftliche Schöpfungstext Gen 1,1–2,4a – wenn auch auf höchst verschiedene Weise. Seit jeher assoziieren die Menschen, gleich welcher Religion, mit der Metapher »Himmel« das Wort »Gott«. Es scheint seit den Zeiten des Alten Orients und des klassischen Ägypten untrennbar eine Verbindung zwischen diesen beiden Begriffen und ihren jeweiligen Vorstellungen zu geben.
Wir nähern uns dem Thema »Himmel« jedoch nicht von dieser Seite, sondern, wie es uns heutigen Menschen vielleicht eher entspricht, von einer profanen, naturwissenschaftlich orientierten Sicht der Dinge. Das Kapitel eröffnet deshalb mit dem, was englisch *sky* genannt wird, dem sichtbaren Himmel über uns. Die Astronomie steht am Anfang, lässt aber schon die damit verbundenen Überlegungen zur Astrologie und damit zur Religion erkennen, gefolgt von Überlegungen zur »Entgötterung« des Himmels durch den modernen Menschen und die Priesterschrift. Der Identifikation von »Gott« und »Himmel« (das, was englisch *heaven* genannt wird), spüren die Seiten 8–9 des Schülerheftes nach, die die historische Entwicklung der Vorstellung von Gott und der Vorstellungen über den Himmel im Alten und Neuen Testament nachzeichnen.
Schließlich widmen sich die beiden letzten Seiten des Kapitels der Selbstvorstellung Gottes, wie sie in Ex 3,14 angelegt ist. Das mag zunächst überraschen. Aber die Selbstvorstellung Gottes, der sich in einem brennenden Dornbusch offenbart, bildet eine produktive Spannung zu der Vorstellung von »Gott im Himmel«. Stehen diese beiden Bilder sich antagonistisch gegenüber oder korrespondieren sie?

Ingo Baldermann u.a. (Hg.): Der Himmel. Jahrbuch für Biblische Theologie (JBTh) Band 20, Neukirchen 2006. – Rémi Braque: Die Weisheit der Welt. Kosmos und Welterfahrung im westlichen Denken, München 2006. – Cornelis Houtman: Der Himmel im Alten Testament. Israels Weltbild und Weltanschauung, Oudtestamentische Studien Band 30, Leiden/New York/Köln 1993. – Katholisches Bibelwerk (Hg.): Welt und Umwelt der Bibel 4/2002, Themenheft »Himmel«. – Bernhard Lang / Colleen McDannell: Der Himmel. Eine Kulturgeschichte des ewigen Lebens, Frankfurt 1996. – Jeffrey Burton Russell: Geschichte des Himmels, Wien/Köln/Weimar 1999.

Weißt du wie viel Sternlein stehen?

SH, Seite 5 Die Formulierung »**Vater unser im Himmel?**« weckt vielfältige Assoziationen. Manche Schülerinnen und Schüler werden das Vaterunser kaum mehr auswendig können, andere werden es zwar sprechen, aber nicht glaubend nachvollziehen können, wieder andere es mehr oder weniger regelmäßig glaubend sprechen. Vielleicht ist dies ein erster Anlass, sich darüber auszutauschen, wann die Schülerinnen und Schüler das letzte Mal das Vaterunser gebetet haben oder welche Erinnerungen sie sonst noch damit verbinden. Die Erinnerungen reichen möglicherweise bis in die frühe Kindheit zurück: Wie haben sie sich damals den »Vater im Himmel« vorgestellt? Haben sie sich die Frage gestellt, warum sie »zwei Väter«, einen leiblichen und einen himmlischen, haben? Haben sie Gott eher als »Vater« oder als »Mutter« gedacht?

Dasselbe könnte für das Lied »**Weißt du wieviel Sternlein stehen?**« gelten – wer hat daran noch Erinnerungen? Das Interessante an diesem Lied sind seine theologischen Aussagen, die man sich
M 1 mit dem Arbeitsblatt **M 1** erschließen kann (in Arbeitsgruppen). Ziel: Welche Gottesvorstellungen spiegeln sich in diesem Lied wider? Wie verhalten sich die Aussagen des Liedes zu den in **M 1** angegebenen Textstellen aus Genesis und den Psalmen?
Die Liedkatechese von Bernhard Leube kann der Lehrkraft dazu dienen, sich ausführlicher mit dem Lied zu beschäftigen. Wer dies mit den Schülerinnen und Schülern gemeinsam machen will,
M 2 kann den theologischen Kern des Liedes mit **M 2** anhand der dort angegebenen Bibelstellen erschließen.
Die Webseite www.singenundspielen.de liefert weitere Informationen, unter www.kinderreime-seite.de kann auch die Melodie des Liedes auf den Computer geladen werden.

Charitas Jenny-Ebeling: Wolken. Gedanken des Himmels. Gedichte, Prosa und farbige Bilder, Frankfurt 1997. – Bernhard Leube: Kommentar zu »Weißt du, wie viel Sternlein stehen«. In: Gerhard Hahn / Jürgen Henkys (Hg.): Liederkunde zum Evangelischen Gesangbuch. Ausgabe in Einzelheften, Heft 9, Göttingen 2004, S. 52–56.

M 3 Thema **Astronomie**, Bild des **Theatrum Cometicum: M 3** bietet den Schülerinnen und Schüler die Möglichkeit, in Arbeitsgruppen die ihnen bekannten Sternzeichen herauszusuchen. Als Hin-
M 4 tergrundinformation für die Lehrkraft dienen **M 4** (Aufschlüsselung der einzelnen Elemente der
M 5 Abbildung), **M 5** (Informationen über Stanislaw Lubieniecki und sein *Theatrum Cometicum*)
M 6 sowie **M 6** (Kurzinformationen zu den Sternzeichen und den ihnen zugeschriebenen Deutungen und Wirkungen). Diese Zusatzinformationen können je nach Situation und Interesse eingebracht werden.
Nach der Bearbeitung von M 3 werden die Ergebnisse im Plenum zusammengetragen. Es fällt auf, dass einige Tierkreiszeichen auf der Karte verzeichnet sind, andere jedoch nicht. Hier bedarf es einiger Informationen der Lehrkraft und der Vertiefung anhand von M 4 und 5.

Atlas Coelestis. Eine Ausstellung der Thüringer Universitäts- und Landesbibliothek Jena sowie des Astrophysikalischen Instituts an der Universitäts-Sternwarte Jena vom 16. Juni bis 28. August 2004, Jena 2004, dort S. 7–8 (auch als pdf-Datei erhältlich unter www.astro.uni-jena.de). – Robert H. van Gent (Hg.): Andreas Cellarius Harmonia Macrocosmica of 1660. The finest atlas of the heavens, Köln 2006. – Ian Ridpath: Die großen Sternenbilder. 88 Konstellationen und ihre Geschichte, Zürich, 2. Aufl., 2004. – Wolfgang Schadewaldt: Sternensagen. Die Mythologie der Sternenbilder, Frankfurt 2002. – Volker Weidemann: Theatrum cometicum. Hamburg und Kiel im Zeichen der Kometen von 1664 und 1665, Göttingen 1987.

Der **Text von Jean-Pierre Verdet** rundet diesen ersten Zugang zum Thema »Himmel« ab und baut gleichzeitig eine Brücke zum Folgenden, dem Thema »**Astrologie**«. Der Text kann folgendermaßen erschlossen werden:

1. Zunächst sollen die Schülerinnen und Schüler in Einzelarbeit zum Begriff »Himmel« assoziieren und ihre Einfälle auf Papierstreifen schreiben, die dann auf einem Plakat (oder der Tafel) zusammengetragen werden.

2. Dann wird ein mind-map daraus gebildet, indem die einzelnen Begriffe verschiedenen Kategorien zugeordnet werden. Mögliche Kategorien sind: sky (Himmel als Atmosphäre); heaven (Himmel als Wohnort Gottes); astrologische Spekulationen …
3. Den Text gemeinsam lesen und mit dem mind-map nach Gemeinsamkeiten und Unterschieden vergleichen. Hier kann auch ein »Fragenspeicher« angelegt werden, also eine Sammlung von Fragen, die an dieser Stelle (noch nicht) beantwortet werden, die aber wichtig genug sind, nicht aus dem Auge verloren zu werden.

Im Plenum könnte man sich mit der Methode »Zielscheibe« dem Thema **Astrologie** annähern. Dazu dienen die Papierstreifen von **M 7** mit den Aussagen, die die Schülerinnen und Schüler **M 7** durch Setzen ihrer Steine bewerten sollen (siehe dazu auch unten den Abschnitt zu den Horoskopen mit M 10 und M 11).

Zur Methode »Zielscheibe« vgl. Peter Kliemann: Impulse und Methoden. Anregungen für die Praxis des Religionsunterrichts, Stuttgart, 2. Aufl., 2003, S. 84–85. – Tanja Reinlein: »[…] die Sterne sind nur ein leuchtender Aussatz am Himmel.« Astrologie und Pseudowissenschaft in der Jahrgangsstufe 13. Zeitschrift für Didaktik der Philosophie und Ethik 1/2007, S. 17–21.

M 8 und **M 9** widmen sich dem Thema »**Christlicher Glaube und Astrologie**«. Das geozentrische Weltbild in der Schedel'schen Weltchronik von 1593 (**M 8b**) lädt zum Entdecken ein. **M 8b** Die Methode »Bildinterview« drängt sich auf: Dabei stellt das erste Halbplenum der Schülerinnen und Schüler Fragen an das Bild, während das zweite Halbplenum diese zu beantworten versucht. Nach dieser vorläufigen Erforschung des Bildes kann **M 8a** die Erkenntnisse vertiefen, **M 8a** einige Hintergründe liefern und den Zusammenhang von »himmlischer« und »elementischer« Natur im damaligen Denken veranschaulichen. Es kommt nicht so sehr auf eine auch das letzte Detail erschließende Analyse der bildlichen Darstellung an, sondern eher auf eine Diskussion um die damaligen Vorstellungen und das Zusammenfließen von »sky« und »heaven«. Wie haben sich die Menschen damals den »Himmel« vorgestellt, und warum?

Eine zusätzliche Information – zur Geschichte der Astrologie – kann mit **M 9** eingebracht wer- **M 9** den. Der Text ist in arbeitsteiliger Gruppenarbeit leicht zu erschließen, die Ergebnisse können als Folienpräsentation am Tageslichtprojektor gesichert werden. Auch eine Schüler-Präsentation zu diesem Thema ist denkbar.

Hartmann Schedel: Registrum huius operis libri cronicarum cu [cum] figuris et imagibus [imaginibus] ab inicio mudi [mundi]. Nachdruck der Ausgabe Nürnberg (1493), Ostfildern 2002. – Leonard Sladeczek: Albrecht Dürer und die Illustrationen zur Schedelchronik. Neue Fragen um den jungen Dürer, Baden-Baden/Straßburg 1965, S. 34ff. – Wilhelm Knappich: Geschichte der Astrologie, Frankfurt, 3. Aufl., 1998. – Claudia Brosseder: Heidentum in Wittenberg? In: Dies.: Im Bann der Sterne. Caspar Peucer, Philipp Melanchthon und andere Wittenberger Astrologen, Berlin 2004, S. 257–261. – Hans-Jürgen Ruppert: Vom Sternenkult zum Computerhoroskop. Weltanschauliche Deutungsansätze der Astrologie. Evangelische Zentralstelle für Weltanschauungsfragen, EZW-Text 150, Berlin 1998. – Zeitzeichen 12/2008: Themenheft »In die Sterne schauen«.

Vertiefungsmöglichkeiten / Weitere Ideen

■ **Horoskope** belegen eine gewisse »religiöse Hintergrundstrahlung« in unserer Gesellschaft. Niemand scheint »wirklich« daran zu glauben, und doch drucken alle Magazine Horoskope ab, denn sie werden gelesen. Als Vertiefung kann deshalb an dieser Stelle ein weiterer Unterrichtsgang zum Thema »Aberglaube« eingebaut werden:

1. Mit dem Arbeitsauftrag »Was bedeutet mir mein Sternzeichen?« kann der Frage nachgegangen werden, inwieweit wir uns tatsächlich von diesen Dingen beeinflussen lassen. Diesen Arbeitsschritt kann man vorbereiten, indem man den Schülerinnen und Schüler die Hausaufgabe erteilt, Horoskope aus Zeitschriften mitzubringen und diese in Gruppenarbeit zu analysieren. Die Schülerinnen und Schüler sollen dann entscheiden, wie weit sie sich von Horoskopen beeinflussen lassen, und dies an der Tafel auf einer Skala von 1 (gering) bis 5 (stark) eintragen.

2. Die Schülerinnen und Schüler können auch aufgefordert werden, a) ein Horoskop für ihr eigenes Leben, b) für das Leben eines Mitschülers / einer Mitschülerin zu verfassen. Dabei sollen ausschließlich »gute Aussichten« geschildert werden. Ziel ist es zu bemerken, dass Horoskope fast immer die gute Perspektive anbieten und die Welt anders aussähe, wenn Horoskope Bestand hätten: Quae volumus, credimus libenter (»Was man wünscht, das glaubt man gerne«) …

M 10 3. **M 10**, eine Liste von abergläubischen Phänomenen, die das Institut für Demoskopie Allensbach zusammengestellt und demoskopisch untersucht hat, sollte den Schülerinnen und Schülern zunächst selbst zur Beantwortung vorgelegt werden. Im Anschluss an die Analyse der Schülervoten sowie der Allensbacher Befunde können mit der Shell-Studie 2006 weitere sozilogische Informationen hinzugefügt werden. Reizvoll ist der Vergleich von »damals« und »heute«: Nimmt die Religiosität eigentlich wieder zu?

M 11 4. **M 11** versucht ein Problembewusstsein zu schaffen, und zwar in mehrfacher Hinsicht:
   a) Zunächst wird auf die Ungenauigkeit der Horoskop-Voraussagen eingegangen und dies
   b) mit astronomischen Gegebenheiten erklärt sowie
   c) die Beliebigkeit von Horoskopen aufgezeigt.
   In diesem Dreischritt kann der Text auch (z.B. als Hausaufgabe) erarbeitet werden.

■ Auch der **Besuch in einer Sternwarte** ist sehr reizvoll. Von Schülerinnen und Schülern, die in der Oberstufe eine AG Astronomie belegen, kann man dabei noch viel lernen. Eventuell bietet sich auch eine Einladung des Kollegen/der Kollegin aus dem Fach Astronomie an.

■ Viele weitere Anregungen finden sich in dem **Themenheft »Nach den Sternen schauen«** der **Katechetischen Blätter**. Nicht nur die einführenden Beiträge, sondern auch die unterrichtspraktischen Ideen können das Thema weiter vertiefen.

Bertelsmann Stiftung (Hg.): Religionsmonitor 2008, Gütersloh 2007. – Horst Gorbauch / Dorothea Mehner-Weber: Stundenblätter Glaube und Fehlformen des Glaubens, Stuttgart 1993; Materialien, Stuttgart 1997. – Hansjörg Hemminger / Bernd Harder: Was ist Aberglaube? Bedeutung, Erscheinungsformen, Beratungshilfen, Gütersloh 2000. – Shell Deutschland Holding (Hg.): Jugend 2006. Eine pragmatische Generation unter Druck, Frankfurt a.M. 2006, S. 203–240. – Themenheft »Nach den Sternen schauen«, Katechetische Blätter 6/2007. – Jean-Pierre Verdet: Die Tierkreiszeichen und ihre Bedeutung. In: Ders.: Der Himmel. Ordnung und Chaos der Welt. Abenteuer Geschichte, Band 16, Ravensburg 1991, S. 40–41.

SH, Seiten 6/7

Die Entgötterung des Himmels

Den Einstieg in diese Doppelseite kann man mit einer »**Luftpost**« beginnen: Eines Tages findet man in seinem Briefkasten einen Brief von Gott. Der Absender lautet: »Gott, 7. Himmel«. Man darf sich selbst vorstellen, was Gott einem geschrieben haben könnte und verfasst nun einen Antwortbrief, eine echte »Luftpost« sozusagen. Dabei darf man Gott eine Frage stellen, aber eben nur *eine* …
Man kann auch, wenn man dies noch nicht beim Text von Verdet auf S. 5 des Schülerheftes getan hat, mit einer **Assoziationsrunde** zum Begriff »Himmel« beginnen. Was verbinden wir mit diesem Begriff? Überwiegend positive / überwiegend negative Erfahrungen? – Meist wird die Ambivalenz des Begriffs sehr deutlich. Die Eindrücke reichen von »Alles Gute kommt von oben« bis »Verheerende Auswirkungen eines Hurrikans«.

Die Doppelseite zur **Entgötterung des Himmels** ist in doppelter Weise geteilt: Im Hintergrund der Seite sieht man einen *blauen Tageshimmel* unten und einen *abendlichen Sonnenuntergang* oben. Im Vordergrund der Seite ist ein »Strandbild« von Mariko Mori abgebildet. Über dem Strand ist ein *nächtlicher Sternenhimmel* zu sehen. So ergeben sich in den drei Aspekten *Tag – Abend – Nacht* drei Erscheinungsformen des Himmels.
Im nächtlichen Sternenhimmel sind zwei zunächst sehr unterschiedliche, dann aber auch wieder sehr ähnliche Texte von Ludwig Feuerbach und der Priesterschrift gesetzt. Beide Texte sprechen von der »Entgötterung des Himmels« – wenn auch mit jeweils anderer Zielsetzung. Ergänzt wird

diese Zusammenstellung in der Mitte oben durch einen großen blauen Stern, dem Zeichen für den akkadischen Himmelsgott AN.
Das Bild der Künstlerin **Mariko Mori** trägt den Titel »empty dream«, der aber zunächst nicht bekannt gegeben wird. Als Information erhalten die Schülerinnen und Schüler lediglich den Hinweis, dass dieses Bild Teil einer Ausstellung zum Thema »heaven« war. Die Schülerinnen und Schüler erschließen sich das Bild selbst mit der Methode »**Bildinterview**«. Dazu werden sie in zwei Halbplena eingeteilt. Die erste Hälfte der Schülerinnen und Schüler stellt Fragen an das Bild, die ein/e Schüler/in an der Tafel notiert (nicht mehr als 10 Fragen). Danach beantwortet die andere Hälfte der Schülerinnen und Schüler die gestellten Fragen.
Mögliche Fragestellungen:
☐ Ist diese Szene »echt« oder »unecht«?
☐ Was soll die Nixe am Strand? (es ist Mariko Mori selbst)
☐ Stellt sich die Künstlerin so den Himmel vor?
Der Vorteil dieser Methode liegt in ihrer Ergebnis-Offenheit. Ein/e Schüler/in schreibt die notierten Fragen und Antworten während des Interviews mit; das Blatt wird kopiert und in der kommenden Unterrichtsstunde als Ergebnissicherung an alle verteilt.
Zur Ergänzung kann **M 12** als Zusatzinformation nachgereicht werden. Immerhin ist es reizvoll **M 12**
zu diskutieren, warum die Künstlerin ihr Bild »empty dream« genannt und sich selbst so in Szene gesetzt hat.
Hatje Cantz / Doreet Levitte Harten (Hg.): Heaven. An Exhibition that will break your heart, Düsseldorf 1999, S. 36–39.

Im Hinblick auf den Dreiklang der Aspekte *Tag – Abend – Nacht* im Hintergrund des Bildes kann man eine **Positionierung im Raum** vornehmen: Die Lehrkraft benennt durch drei mit »Nachthimmel«, »Abendhimmel« und »Taghimmel« (vgl. **M 13**) beschriftete Karteikarten drei Punkte **M 13**
im Raum. Die Schülerinnen und Schüler bekommen dann folgende Aufgabenstellung:
☐ Ordnen Sie sich *dem* Himmel zu, der Ihnen persönlich am nächsten ist.
☐ Beschreiben Sie auf einem Blatt Papier, welche Erwartungen und Hoffnungen Sie mit diesem Himmel verbinden.
Das Problem ist die Entscheidung. Bei dem Versuch wird dann aber deutlich, dass die unterschiedlichen »Stimmungen« des Himmels (freundlich, bedrohlich, fern...) auch den menschlichen Stimmungen nahe kommen – und auch Assoziationen wecken zu »Stimmungen«, die wir Gott zuschreiben. Das kann in einem anschließenden gelenkten Unterrichtsgespräch im Plenum herausgearbeitet werden:
☐ Dazu werden zunächst an der Tafel alle für die drei Himmel von den Schülerinnen und Schülern genannten *Adjektive* in drei Spalten (unter den drei Karteikarten von **M 13**) an der Tafel gesammelt.
☐ Gemeinsam wird überlegt, ob nicht auch den Menschen und Gott diese Adjektive »zugesprochen« werden könnten.

Dies ist der Ausgangspunkt für den **Text von Ludwig Feuerbach**, der in Partnerarbeit erarbeitet werden kann. Aufgabenstellungen:
☐ Erarbeiten Sie die Kernaussage des Textes von Ludwig Feuerbach.
☐ Stimmen Sie Feuerbach zu? Könnte Gott größer und anders sein als das, was wir Menschen über den Himmel denken? Warum? Warum nicht?
☐ Die in der Partnerarbeit gefundenen Antworten werden entweder als Tafelbild oder auf einer Folie am Tageslichtprojektor gesichert.

An dieser Stelle soll noch nicht weiter auf die Philosophie Ludwig Feuerbachs eingegangen werden (vgl. dazu Kapitel C), sondern lediglich die grundlegende Bedeutung der Aussagen Feuerbachs erschlossen werden . Der Text stammt aus der wohl berühmtesten Schrift Feuerbachs, aus »Das Wesen des Christentums«.
Ludwig Feuerbach: Der christliche Himmel oder die persönliche Unsterblichkeit. In: Ders.: Das Wesen des Christentums, Erster Teil, 19. Kapitel, Leipzig 1849 / Stuttgart 1984, S. 271. – Hans

Küng: Existiert Gott? Antwort auf die Gottesfrage der Neuzeit, München, 3. Aufl., 2004, S. 231–235. 242–244.

Bevor man sich dem Bibeltext Gen 1,14–19 nähert, kann man überlegen: Wenn man »Gott« auf *ein* Zeichen reduzieren wollte, welches könnte das sein? – Für Mann und Frau gibt es Symbole, nahezu für alles gibt es zeichenhafte Reduzierungen – welche Reduzierung käme für »Gott« in Frage? Gibt es solche Zeichen aus der Vergangenheit? Welche kennen wir (z.B. Auge/Dreieck/Feuer)? Anschließend Betrachtung des **sternförmigen blauen Zeichens AN** (auf S. 7 M 14 oben links) für Gott und Lesen des kurzen erklärenden Textes auf **M 14**.

Herman Wohlstein: The Sky-God An-Anu, Jericho/New York 1976. – Karel van der Toorn / Bob Becking / Pieter W. van der Horst (Hrsg.): Dictionary of Deities and Demons in the Bible, second edition, extensively revised, Leiden/Boston/Köln 1999.

Zum Verständnis von **Gen 1,14–19** ist es notwendig, die Schülerinnen und Schülern zunächst in Gen 1,1–2,4a einzuführen. Dieser Text ist an sich bekannt, wird aber von den Schülerinnen und Schülern oft aus einer positivistisch-naturwissenschaftlich geprägten Grundhaltung als »Märchen« oder bestenfalls »vorwissenschaftliche Sichtweise der Weltentstehung« abgelehnt. Dem kann man begegnen, indem man im Plenum den Text Vers für Vers liest und dazu einen Kommentar benutzt, wie er z.B. im Materialband zum Heft »Thema Mensch« angeboten wird. Einzelfragen sollten sofort und versweise beantwortet werden.

Anschließend soll der Text Gen 1,14–19 intensiver bearbeitet werden. Das kann geschehen, wenn M 15 man den Kommentar von Benno Jacob (**M 15**) zusammen mit dem Bibeltext wahrnimmt. Das kann in Arbeitsgruppen von drei bis vier Schülerinnen und Schülern geschehen.

Arbeitsaufgaben:

- ☐ Lesen Sie Gen 1,14–19 und den Kommentar von Benno Jacob (M 15).
- ☐ Überlegen Sie: Welche Absicht verfolgte die Priesterschrift mit der »Entgötterung« des Himmels, besser: der »Depotenzierung« der himmlischen Götter?
- ☐ Vergleichen Sie die Aussagen des Textes von Ludwig Feuerbach mit denen von Gen 1,14–19: Wo entdecken Sie Parallelen, wo Unterschiede?

Andreas Reinert: Grundinformationen zu den ersten Kapiteln der Bibel, Teil 1: »Im Anfang schuf Gott Himmel und Erde« – Die Schöpfungserzählung Gen 1,1–2,4a. In: Peter Kliemann / Andreas Reinert: Thema Mensch. Materialband, Stuttgart 1999, S. 97–101.

Vertiefungsmöglichkeit / Weitere Idee

M 16 Eine Möglichkeit zur Vertiefung dieses Gedankenganges ist die Karikatur **M 16**. Mögliche Frage- und Aufgabenstellung:

- ☐ Ist die Intention Feuerbachs durch diese Karikatur getroffen? Wenn ja, warum? Wenn nein, warum nicht?
- ☐ Schreiben Sie einen Brief an den (unbekannten) Karikaturisten und beziehen Sie darin Stellung zu der Aussage der Karikatur.

SH, Seiten 8/9

Wo wohnt Gott?

Gott wohnt im Himmel. »Wohnt« er wirklich dort oder ganz woanders? Zu diesen »einfachen« Fragen bieten die kleinen Bilder am oberen Rand von Seite 9 erste Anregungen und Vermutungen, die die Schülerinnen und Schüler durch eigene Vorstellungen oder in Rückgriff auf Kapitel A erweitern können. Diese können als mind-map an der Tafel oder auf einer Folie zusammengetragen werden.

Die beiden Kunstwerke von **Salvador Dalí: Paar, die Köpfe voller Wolken** (S. 9) und von **Jean-Francois Millet: Das Angelus-Gebet** (S. 8) stehen in einem Zusammenhang. Dalí hat sein Kunstwerk nach der berühmten Vorlage von Jean-Francois Millet gestaltet. Diese Kunstwerke sollen jetzt verglichen werden:

1. Erarbeitung I: Nachdem die Schülerinnen und Schüler über den Wohnort Gottes nachgedacht haben, wird das Gemälde von Salvador Dalí eingeführt: »Paar, die Köpfe voller Wolken«. Um das Bild zunächst genau wahrzunehmen, eignet sich unter Umständen die Methode »*Gelenkte Bildbeschreibung*«. Dazu erhalten die Schülerinnen und Schüler einen Lückentext, der das Bild beschreibt, wichtige Details aber auslässt (**M 17**). Diese Methode **M 17** erscheint für eine Klasse der Oberstufe vielleicht zunächst ein wenig »kindisch« und zu wenig herausfordernd zu sein. Die Schülerinnen und Schüler können den Text aber nur vervollständigen, wenn sie das Bild genau anschauen, der Lückentext nötigt deshalb zu einem genauen Studium der Einzelheiten des relativ klein wiedergegebenen Kunstwerks (größere Reproduktionen findet man im Internet).
2. Erarbeitung II: Dann werden die beiden Bilder in einem *Bildvergleich* ins Auge gefasst: Welche Gemeinsamkeiten gibt es? Welche Unterschiede lassen sich feststellen? – Die Beobachtungen werden ausgewertet. Dabei kommen die Kopfhaltungen der beiden Figuren in beiden Bildern besonders in den Blick.
3. Vertiefung: **M 18** bietet die notwendigen Hintergrundinformationen zu den Gemälden von **M 18** Millet und Dalí.
4. Reflexion: Die Frage »Wo wohnt Gott?« wird in den beiden Kunstwerken auf unterschiedliche Weise zum Thema. Die Schülerinnen und Schüler können anhand der beiden Bilder überlegen, wo Gott für sie wohnt: Im Kopf eines jeden Einzelnen (die Wolken in den Figuren Dalís)? Nur in den Gedanken? Über den Wolken? Im Gebet? In der Natur? Im Himmel? In der Zuneigung zweier Menschen? Im Abendmahl (Brot und Wein auf den Tischen Dalís)? Wenn noch nicht geschehen, kann noch einmal auf die kleinen Bildchen am oberen Seitenrand hingewiesen werden – sind das Wohnorte Gottes?

Wo ist Gott? Eine Artikelsammlung. Themenheft der Zeitschrift »Das Sonntagsblatt«, Juni 1997.

Der **Text auf Doppelseite 8–9** informiert in aller Kürze über das sich in den Jahrhunderten der Entstehung des Alten und Neuen Testaments wandelnde Gottesbild. Die Wandlung des Gottesbildes hängt wesentlich mit der Entwicklung des Monotheismus in Israel und des Bilderverbotes zusammen, aber auch mit den sich wandelnden Vorstellungen vom »*Wohnort*« Gottes.
Der Text kann in Arbeitsgruppen analysiert werden. Dazu braucht jede Gruppe Bibeln, um die erläuternden Bibelstellen nachschlagen zu können. Für die Lehrkraft steht neben dem Text mit den ausführlichen Bibelstellen auch ein Kurz-Kommentar auf **M 19** zur Verfügung, der unter **M 19** Umständen zur Ergebnissicherung oder Vertiefung auch den Schülerinnen und Schülern ausgegeben werden kann.
Arbeitsauftrag für den Text im Schülerheft:
☐ Lesen und analysieren Sie die einzelnen Abschnitte des Textes.
☐ Lesen Sie die angegebenen Bibelstellen.
☐ Suchen Sie anschließend nach Überschriften zu den Abschnitten des Textes.
Dabei kann auch die Gliederung der Entwicklung herausgearbeitet und als Tafelanschrieb oder auf Folie festgehalten werden:
1. Gott ohne Himmel / Gott auf Erden: Gott als Wetter- und Berggott
2. Gott im Tempel: Gott als Tempelgott
3. Gott und Himmel: Der exilische Gott
4. Gott im Himmel: Der nachexilische Gott
5. Gott als Inkarnation in Jesus Christus: Der Himmel kommt zur Welt
6. Gott bei den Menschen (im Heiligen Geist)

Sollten die wichtigsten Etappen der israelitischen zeit- und literaturgeschichtlichen Entwicklung nicht vorausgesetzt werden können, hilft es weiter, sich mit **M 20** einen kurzen Überblick zu ver- **M 20** schaffen. Wenn dieses Arbeitsblatt an die Schülerinnen und Schüler ausgegeben werden soll, müssen einige erklärende Bemerkungen zu den Epochen der alttestamentlichen Theologiegeschichte gemacht werden.

Ernst Axel Knauf: Vom israelitischen und judäischen Heidentum zum nachbiblischen Monotheismus – ein religionsgeschichtlicher Abriss. In: Zeitschrift für Pädagogik und Theologie 2/2004,

S. 107–115. – Bernhard Lang: Der hebräische Gott. Fragmente einer Geschichte. In: Ders.: Jahwe – der biblische Gott, Darmstadt 2003, S. 211. 217–219.

Vertiefungsmöglichkeit / Weitere Idee

M 21 Die Texte auf **M 21** handeln vom Problem der Erkennbarkeit Gottes. Dabei trägt der theologisch anspruchsvolle Text Anselms aus seinem Proslogion eine ähnliche Aussage über Gott in sich wie das leicht verständliche »Gleichnis« von den Fischen, die, von Wasser umgeben, doch das Wasser nicht erkennen. In den Worten Anselms zu Gott »*Überall bist Du ganz gegenwärtig, und doch sehe ich Dich nicht. In Dir bewege ich mich und bin ich und kann doch nicht zu Dir gelangen. In mir bist Du und um mich, aber ich nehme Dich nicht wahr.*« wird der Zusammenhang und die Aussagekraft der Texte deutlich.
Mit Hilfe der Texte und den angegebenen Fragen und Aufgaben können die Schülerinnen und Schüler die Frage nach dem Wohnort Gottes noch einmal neu stellen.

SH, Seiten 10/11

Ich bin der ich bin

Die **Selbstvorstellung Gottes in Ex 3,14** ist Thema dieser Doppelseite, die ganz vom Rot des Feuers geprägt ist. Es empfiehlt sich zunächst den Text Ex 3,1–14 in Einzelarbeit zu lesen, um die Schülerinnen und Schüler in die Thematik des Namens Gottes einzuführen. Sie können sich nach dem Lesen in einer kurzen Murmelrunde kurz austauschen. Eine ausführliche Information sollte an dieser Stelle noch vermieden werden, es geht zunächst um ein unbefangenes Wahrnehmen des Textes. Erste Verstehensfragen sollten gleichwohl beantwortet werden.
Nach diesem ersten Zugang kann dann über das Verhältnis von »Gott« und »Feuer« nachgedacht werden: Welche Gemeinsamkeiten, welche Unterschiede assoziieren wir? Es hat sich bewährt, wenn man den beiden Begriffen Adjektive hinzufügt und dann überlegt, inwiefern und ob sie auch auf den je anderen Begriff zutreffen. Beispiel: »Feuer brennt. Gott auch? Gott ist unberechenbar. Feuer auch?« Man wird schnell in Diskussionen geraten und feststellen, dass es viele Gemeinsamkeiten zwischen »Gott« und »Feuer« gibt …

In diesem Zusammenhang kann man dann auch das **Kunstwerk von Alfredo Jaar** näher analysieren: Lässt sich »Feuer zähmen und in einen Würfel stecken«? Was soll damit zum Ausdruck gebracht werden? Lässt sich Gott zähmen – quadratisch, praktisch, gut? Haben wir Gott gezähmt? Oder verstehen wir von ihm nur so viel, wie in unsere Köpfe (symbolisiert durch die Würfel) passt? Welche Funktion haben die Bildschirme im Hintergrund? Für was stehen sie und wie beeinflussen sie unsere Wahrnehmung?
Zum ursprünglich anderen Zusammenhang dieser Installation von Alfredo Jaar und dem damit
M 22 verbundenen Hintergrund des Kunstwerkes vergleiche **M 22**.
Institut für Auslandsbeziehungen (Hg.): Alfredo Jaar: Europa. Published on the occasion of the exhibition of Alfredo Jaar at the Institut für Auslandsbeziehungen, Stuttgart 1994.

Um einen erneuten, nun vertieften Einstieg in den Text von **Ex 3,1–14** zu finden, werden Arbeits-
M 23 gruppen gebildet. **M 23** als Information exegetischer und systematisch-theologischer Art dient der Lehrkraft zur Vorbereitung; für die Schülerinnen und Schüler ist dieser Text zu schwierig, weil zu viele Verstehensvoraussetzungen fehlen werden. Einzelne Abschnitte (etwa die zur Gliederung des Textes) können dennoch weitergereicht werden.
M 24 **M 24** ist deshalb als Kurzkommentar zu **Ex 3,1–14** für die Hand der Schülerinnen und Schüler gedacht. Sie sollen sich mit diesem Kommentar den schwierigen Text erschließen können. Auf Fußnoten wurde dabei, anders als beim Text für die Lehrkraft, verzichtet. Die Arbeitsaufgabe für die Schülerinnen und Schüler lautet:

1. Erarbeiten Sie sich den Text Ex 3,1–14 anhand des Kurzkommentars **M 24**.
2. Notieren Sie sich alle Fragen, die Sie dann noch haben.
3. Stellen Sie Vermutungen an über den merkwürdigen Gottesnamen »Ich bin der ich bin«. Warum wird Gott Ihrer Meinung nach so genannt bzw. warum stellt er sich selbst so vor?

Die Ergebnisse werden dann im Plenum zusammengetragen und das Ergebnis gesichert (Folie am Tageslichtprojektor oder Tafelbild).

M 25 zum **Tetragramm JHWH** bietet eine vertiefende Information über den Gottesnamen. Sie ist zwar ziemlich ausführlich, aber auch, sieht man auf die bisher veröffentlichten Unterrichtsmaterialien, dringend notwendig. Wem diese Information an dieser Stelle zu viel Zeit beansprucht, kann sie kürzen. Im vierstündigen Fach sollte jedoch nicht darauf verzichtet werden. Der Text kann ebenfalls in arbeitsteiligen Arbeitsgruppen bearbeitet werden und erfordert mindestens eine Doppelstunde. **M 25**
Zunächst sollte der einführende Text im Kasten gemeinsam gelesen werden. Danach legt sich folgende Aufteilung nahe:
- ☐ Gruppe 1: Das Tetragramm: 1.1–1.3 (Archäologische Dokumente, Schreibweise, Aussprache)
- ☐ Gruppe 2: Das Tetragramm: 1.4–1.5 (Etymologie und Herkunft)
- ☐ Gruppe 3: JHWH im Tanach (Punkt 2.)

Die Gruppen versuchen, das Wichtigste aus den zu bearbeitenden Seiten in Kurzform zusammenzutragen, z.B. als Thesen auf einer Folie, und eine kleine Präsentation vorzubereiten.
Man kann den Gesamttext auch als Hausaufgabe ausgeben.

Der »**Tickertext**« auf S. 10–11 versucht die Essentials zum Gottesnamen kurz und knapp festzuhalten. Er soll dazu anregen, sich die Informationen auf **M 25** zu erschließen und sich später (zum Beispiel bei der Vorbereitung auf die Klausur) wieder daran zu erinnern.
Christian Link: Die Spur des Namens. Gottesfrage und Schöpfungsglaube, Neukirchen 2002.

Die Auseinandersetzung mit der an blaue Telefonzellen erinnernden **Performance von Roman Signer** könnte den Gedankengang dieser Schülerheft-Seite abschließen. Der aus Appenzell stammende Schweizer Bildhauer, Zeichner, Aktions-/Konzeptkünstler und Filmemacher Roman Signer (*1938) lebt und arbeitet heute in St. Gallen. Er gehört seit seinen Beteiligungen an der Documenta 8 in Kassel (1987), der Ausstellung »Skulptur. Projekte« in Münster (1997) und der Biennale in Venedig (1999) zu den bedeutendsten europäischen Gegenwartskünstlern. Sein Schaffen kreist vor allen Dingen um Skulpturen, die er jedoch nicht statisch versteht. Vielmehr bezieht er Zeit, Beschleunigung und Veränderung in den skulpturalen Prozess mit ein. Obwohl er sich nach wie vor als Bildhauer versteht, arbeitet er aus diesem Grund auch mit sehr vergänglichen und »flüchtigen«, schwer greifbaren Materialien – so auch in der im Schülerheft abgebildeten Performance.

In unserem Zusammenhang könnte man versuchen, die Aussagen der Performance in drei Begriffe zu fassen: *Blauer Himmel – Gott – Freiheit des Menschen.* Folgende Deutung wäre z.B. möglich:
- ☐ Der einzelne Mensch in seiner Umwelt / seiner Lebenswelt (= Telefonzelle) ist frei, sein Leben mit »blauem Himmel« = Gott zu füllen oder auch nicht.
- ☐ Er tut es, muss sich aber offenbar schützen. Zu viel »Gott / Himmel einzuatmen« scheint regelrecht gefährlich zu sein (Tauchermaske).
- ☐ Der Mensch ist, wenn er sich darauf einlässt, ganz von Gott umfangen und umgeben, fast scheint er sich darin aufzulösen und unsichtbar zu werden. Er verliert den Überblick.
- ☐ Der Mensch kann sich aber auch von Gott befreien und aus dem ihn umgebenden Himmel (= aus der gefüllten Telefonzelle) ausbrechen, eine Autonomie außerhalb der bisherigen Welt (ein neues Weltbild / eine neue Weltanschauung) suchen. Er ist autonom, auch in Glaubensdingen, und kann heraustreten aus dem Bisherigen, mit Feuerbachs Worten: Er kann das wahre Menschsein erreichen.

Natürlich sind auch andere Assoziationen denkbar und legitim. Dabei können die einzelnen Bilder mit verschiedenen Bildmethoden entdeckt werden:
1. *Bildassoziationen*: Die Schülerinnen und Schüler assoziieren frei zu der Performance. Das kann entweder als Bildinterview oder auch in freier Assoziation organisiert werden.

2. *Bild-Reizwörter*: Die Lehrkraft kann Begriffe vorgeben, die im Brainstorming vorkommen sollen, z.B. blauer Himmel – Gott – Freiheit des Menschen …
3. *Bildtitel suchen*: Die Schülerinnen und Schüler versuchen – z.B. in Gruppenarbeit – einen Titel für die Performance zu finden und diesen Titel im anschließenden Plenum entsprechend zu begründen.
4. *Bild weiterdenken*: Die Schülerinnen und Schüler überlegen in Gruppen, wie die Performance weitergehen könnte, wie ein Publikum reagieren könnte, wie verschiedene Personen (Umweltexperte / Bürgermeister / Krankenkassenvertreter / Pfarrer) reagieren könnten …

Gerhard Mack u.a. (Hg.): Roman Signer. London 2006. – Roman Signer: 3. Bildhauersymposion der Diözese Rottenburg-Stuttgart, 28.06. bis 16.09.1992, Kloster Weingarten, Ausstellungskatalog, Rottenburg 1992, S. 28–31. – Peter Zimmermann (Hg.): Roman Signer: Werkübersicht 1971–2002 (3 Bde.), Zürich 2003.

Angeregt durch die Performance Roman Signers ließe sich am Ende des Kapitels ein **Rückblick** wagen und die Fragen des Anfangs noch einmal aufgreifen:
Ist Gott für mich im Himmel? Ist der Himmel und Gott eigentlich identisch oder unterscheiden sie sich? Und wenn ja: Wie? Ist Gott für mich ein »Vater im Himmel«? Und wenn ja: Inwiefern? Was ist mit meinem »Vater auf der Erde«? Handelt es sich in der Formulierung »Vater im Himmel« nicht nur um eine Projektion? Wenn ja, warum, wenn nein, warum nicht?
Von dieser Stelle aus kann auch schon ein Blick auf das letzte Kapitel I des Heftes geworfen werden: Der verlorene Sohn (der Sünder), der zum gnädigen Vater (Gott) heimkehrt: Ist damit Gott eigentlich richtig beschrieben? Gibt es nicht auch ganz andere Bilder von Vätern – und von Gott?

Vertiefungsmöglichkeiten / Weitere Ideen

■ Bei der Erarbeitung von Ex 3,1–14 kann man die Schülerinnen und Schüler in Gruppen zu den beiden Begriffen »Feuer« und »Dornbusch« assoziieren lassen. Je nach Gruppengröße werden je zwei oder drei Gruppen zu dem einen *oder* dem anderen Begriff ein Brainstorming durchführen. Dann setzen sich immer eine »Feuer«-Gruppe und eine »Dornbusch«-Gruppe zusammen und versuchen, aus ihren Worten einen »**Wortteppich**« zu machen, indem sie die Worte (wenn's geht gereimt!) hintereinander schreiben und kurze Sätze zu einem »Gedicht« zusammenfügen. Diese Methode ist vermutlich ungewöhnlich, kann aber Spaß machen und zu sehr interessanten Ergebnissen führen. Die Gruppen können auch andere Worte des Textes, etwa »Milch und Honig« oder selbst die schwierigen Worte »Kanaaniter, Hethiter, Amoriter, Perisiter, Hiwiter und Jebusiter« einbauen. Die Wortteppiche der Gruppen werden dann vor dem Plenum vorgetragen und mit entsprechendem Applaus belohnt.

M 26 ■ Eine Alternative zu **M 25** ist **M 26**. Der Text schildert kurz und übersichtlich wesentliche Einsichten zum JHWH-Namen und vermittelt die Einsicht, das ein »Name etwas aussagt vom Wesen dessen, der ihn trägt«. Arbeitsgruppen: Die Ergebnisse können in zwei Spalten aufgenommen und über die eigentlich falsche Übersetzung von »JHWH« mit »Kyrios« kann nachgedacht werden:
1. Der Name Gottes im Alten Testament: »Ich bin da«
2. Der Name Gottes im Neuen Testament: »Kyrios«

■ Wer Zugang zu einem Computerraum hat, kann die Schülerinnen und Schüler versuchsweise nach dem Namen JHWH im Netz suchen lassen. Es müssen ja nicht so skurrile Webseiten wie www.godchecker.com sein …

KLAUSURTEXTE

K 4 thematisiert das Staunen vor der unvorstellbaren Weite und Größe des Universums und setzt dies in Beziehung zur »Winzigkeit« des einzelnen Menschen, der angesichts dieser überwältigenden Größe des Alls nach seiner Herkunft und seinem Sinn im Leben fragt. Daran anknüpfend könnten Fragen zu frühen Gottesvorstellungen alter Kulturen gestellt werden, auch Fragen zum Zusammenhang von Astronomie, Astrologie und Theologie. Fragen nach entwicklungspsychologischen Zusammenhängen zur Entwicklung von Gottesbildern könnten sich anschließen.

K 5 verbindet die Frage der Erkennbarkeit Gottes mit der Frage nach der Erkennbarkeit von Wirklichkeit überhaupt. Angeschlossen werden können Fragen nach dem Bilderverbot und nach dem Glaubensbekenntnis (vgl. SH, Kapitel G, S. 35).
Das in Ex 3,14 offenbarte Tetragramm steht im Mittelpunkt von **K 6**. Das Geheimnis, das diesen Namen umgibt, bei gleichzeitiger Uneindeutigkeit, was damit ausgesagt werden soll, verwirrt den Leser: Alles, was einen Namen ausmacht, fehlt völlig – der Inhalt des verbal formulierten Namens wird sich erst noch zeigen in der Geschichte Gottes mit seinem Volk. Fragen zur Entwicklung, Geschichte und Bedeutung des Gottesnamens sind möglich: Wie können wir angesichts dieser Namensoffenbarung überhaupt von Gott sprechen? Was bedeutet sein Name und inwiefern offenbart sich Gott eigentlich darin? Warum formuliert das Alte Testament das Bilderverbot und was ist sein religionsgeschichtlicher Hintergrund?
Der Gedankengang von Umberto Eco (**K 7**), den er im Gespräch mit Carlo Maria Martini äußert, geht der These Feuerbachs nach: Was wäre, wenn es Gott tatsächlich nicht gäbe und der Mensch sich einen Gott erfände? Wie müssten wir diesen »erfundenen Gott«, den Christus repräsentiert, einschätzen? Und wie die Leistung des gottlosen Menschen, der in der Lage ist, diesen Gott der Liebe zu denken? Daran anknüpfend können Fragen nach der Erkennbarkeit Gottes und nach der Projektionstheorie Feuerbachs gestellt werden. Inwiefern entspricht der Gedanke Umberto Ecos dem Gedanken von Feuerbach, inwiefern nicht? Welche Kritik könnte Eco an Feuerbach üben?

PRÄSENTATIONSTHEMEN

■ **Eine Reise in das Universum …**

… und zurück. Es gibt dazu verschiedene Folien, Filme und Animationen, die eine Reise in den Mikro- und Makrokosmos des Universiums, meist in Zehnerpotenzen, bieten. Die Reise in die Unendlichkeit des Universums ist ebenso faszinierend wie das Eintauchen in die Unendlichkeit des Mikrokosmos.
Folien: Religionspädagogisches Seminar der Diözese Regensburg (Hg.): Hoch Zehn. Die Reise durch das Universum, Regensburg 1992. – Film: »Zehn Hoch«, auch als download unter www.video.google.de. – Internet-Animation: Vgl. http://micro.magnet.fsu.edu/primer/java/scienceopticsu/powersof10/

■ **Heaven – Gott schützt die Liebenden.**

Eine moderne Verfilmung einer Liebesgeschichte.
Wilhelm Schwendemann / Sven Howoldt: Materialien für die Sekundarstufe II. Institut für Religionspädagogik, Freiburg 2005. – Sven Howoldt / Wilhelm Schwendemann: Der Himmel im RU. Ein Unterrichtsvorschlag für den Einsatz des Kinofilms »Heaven«. In: entwurf. Religionspädagogische Mitteilungen 4/2004, S. 47–52.

■ **»Ach, nicht getrennt …« Rainer Maria Rilke, der Himmel und die Religion**

Rainer Maria Rilke: Ach, nicht getrennt sein. In: Ders., Sämtliche Werke, Band 2, Gedichte. Erste Abteilung: Sammlung der verstreuten und nachgelassenen Gedichte aus den Jahren 1906–1926, erster Teil: Vollendetes, Frankfurt 1987, S. 184. – Günter Schiwy: Rilke und die Religion, Frankfurt a.M. 2006. – Richard Schönherz / Angelica Fleer: Rilke-Projekt. 3 CDs: Bis an alle Sterne / In meinem wilden Herzen / Überfließende Himmel. BMG Ariola Classics GmbH, München 2002. Vgl. www.rilke-projekt.de

■ **Der Himmel in der Kirchenarchitektur**

In der gesamten Architektur von der Romanik über die Gotik und die Renaissance bis hin in den Barock und die modernen Kirchen spielt der Himmel in den Gebäuden eine überragende Rolle.
Friedemann Fichtl: Der Teufel sitzt im Chorgestühl, Eschbach, 5., überarb. und neu gestaltete Aufl., 2006. – Werner Roemer: Abbild des Himmels. Zur Theologie des Kirchengebäudes, Kevelaer 2001.

■ **Der Himmel und die Himmel. Gott und die Götter in den Religionen**

Gewünscht ist ein Vergleich der biblisch-alttestamentlichen Vorstellung von JHWH mit den Göttern der Umwelt des AT. In einem weiteren Schritt kann auch der Vergleich mit dem neutestamentlichen Gott Jesu Christi gezogen werden.
Welt und Umwelt der Bibel 1/1999, Themenheft »Gott und die Götter«.

■ **»Im Anfang schuf Gott die Himmel und die Erde... Die Schöpfungserzählung Gen 1,1–2,4a. Entstehung und Aussageintention**

Bernd Janowski: Die Welt als Schöpfung. Beiträge zur Theologie des Alten Testaments Bd. 4, Neukirchen-Vluyn 2008. – Bernd Janowski: Genesis. Herders theologischer Kommentar zum Alten Testament. Genesis 1–9, Freiburg 2009. – Bernd Janowski / Beate Ego: Das biblische Weltbild und seine altorientalischen Kontexte, Tübingen 2004.

■ **Christliche Astrologie? Sind christlicher Glaube und Astrologie vereinbar?**

Claudia Brosseder: Heidentum in Wittenberg? In: Dies.: Im Bann der Sterne. Caspar Peucer, Philipp Melanchthon und andere Wittenberger Astrologen, Berlin 2004, S. 257–261. – Wilhelm Knappich: Geschichte der Astrologie, Frankfurt, 3. Aufl., 1998. – Hans-Jürgen Ruppert: Vom Sternenkult zum Computerhoroskop. Weltanschauliche Deutungsansätze der Astrologie. Evangelische Zentralstelle für Weltanschauungsfragen, EZW-Text 150, Berlin 1998. – Gerhard Voss: Astrologie christlich, Regensburg, 4. Aufl., 1996. – www.relinfo.ch/astrologie/geschichtetxt.html.

■ **»Gott« und »Himmel« in ausgewählten Gedichten der Moderne**

Charitas Jenny-Ebeling: Wolken. Gedanken des Himmels. Gedichte, Prosa und farbige Bilder, Frankfurt a.M./Leipzig 1997. – Georg Langenhorst: Gedichte zur Gottesfrage. Texte – Interpretationen – Methoden. Ein Werkbuch für Schule und Gemeinde, München 2003. – Helmut Zwanger (Hg.): Gott im Gedicht. Eine Anthologie von 1945 bis heute, Tübingen 2007.

■ **Kunst und Religion im Werk Salvador Dalís**

Robert Descharnes / Gilles Néret (Hg.): Salvador Dalí. Sonderausgabe Big Art, Köln 2006. – Gilles Néret (Hg.): Dalí, Köln 2004. – Torsten Otte: Salvador Dalí. Eine Biografie mit Selbstzeugnissen des Künstlers, Würzburg 2006. – Die Bibel. Mit Bildern aus dem Bibelzyklus von Salvador Dalí, München 2003.

■ **Die »Göttliche Komödie« Dante Alighieris und der Himmel**

Dante Alighieri: Die göttliche Komödie. Aus dem Italienischen von Karl Witte, Köln 2005. – Bruno Binggeli: Primum Mobile. Dantes Jenseitsreise und die moderne Kosmologie, Zürich, 2. Aufl., 2006.

■ **Heilige Orte? Der Himmel auf Erden?**

Gioia Lanzi / Fernando Lanzi: Heilige Orte. Wallfahrten und Pilgerziele von Jerusalem bis Fatima, Petersberg 2005. – Hartmut Rupp: Handbuch der Kirchenpädagogik. Kirchenräume wahrnehmen, deuten und erschließen, Stuttgart 2006, S. 60–67.

Wiederholungsfragen B

1. »Wie der Mensch seinen Himmel denkt, so denkt er seinen Gott«. **Stellen Sie** diese These Ludwig Feuerbachs im Zusammenhang seiner Religionskritik **dar**.
2. Nicht nur Atheisten, sondern auch die Bibel spricht von einer »Entgötterung des Himmels«. **Erläutern Sie**, wie Gen 1,14–19 in diesem Zusammenhang interpretiert werden kann.
3. **Beschreiben Sie** die Entwicklung der Vorstellungen vom Wohnort Gottes im Rahmen der alt- und neutestamentlichen Theologiegeschichte und erörtern Sie die Frage, was diese Entwicklung über die Vorstellungen der Menschen von Gott aussagt.
4. **Zeigen Sie** anhand von Ex 3,14, mit welchem Namen sich Gott den Menschen vorstellt und welche Bedeutung in diesem Namen für das Verständnis Gottes und sein Verhältnis zu den Menschen zum Ausdruck kommt.
5. Zusammen mit dem »namenlosen Namen« aus Ex 3,14 bewahrt auch das Bilderverbot von Ex 20,4 das Geheimnis Gottes. **Schildern Sie** Hintergrund und Entstehung des Bilderverbotes in Israel und **geben Sie eine eigene Einschätzung** zur Bedeutung des Bilderverbotes in unserer heutigen Zeit.

C Du sollst dir kein Bildnis machen

Nachdem in den Kapiteln A und B unterschiedliche Vorstellungen von Gott (und Himmel) thematisiert wurden, wendet sich Kapitel C der Frage zu, was den Menschen überhaupt veranlasst, Vorstellungen von »Gott« zu entwickeln.

Einerseits geht es auf den Seiten 12, 13 und 18 des Schülerheftes dabei um die klassische, von **M 1** Ludwig Feuerbach und Karl Marx vertretene These, die Vorstellung von Gott sei nur eine Projektion des Menschen. Weil der Mensch sich mit seiner Endlichkeit nicht abfinden könne, schaffe er sich in der Phantasie ein unendliches Wesen.

Andererseits ist schon den Autoren des Alten Testaments bewusst, dass Menschen sich in unzulässiger Weise Bilder von Gott machen und diese Bilder dann mit Gott selbst verwechseln. Diese biblische »Projektionstheorie« lässt sich u.a. an Ex 20,4, am Tetragramm, aber z.B. auch – in narrativer Form – an der auf der Doppelseite 14/15 thematisierten Elia-Geschichte aufzeigen. Anders als bei Feuerbach und Marx lässt sich aus biblischer Sicht nicht behaupten, dass Gott *nur* und *ausschließlich* eine Projektion des Menschen sei.

Dass Gott für Menschen letztlich überhaupt nicht fassbar ist, ist im übrigen aber eine Einsicht, die nicht nur für den jüdischen und christlichen Glauben, sondern auch für den Islam von fundamentaler Bedeutung ist. Die Wahrung der Transzendenz Gottes ist ein gemeinsames Anliegen aller drei abrahamitischen Religionen. Diese Einsicht ist Gegenstand der Doppelseite 16/17.

Alle drei monotheistischen Religionen könnten auch der Analyse von Karl Marx zustimmen, dass Religion »Opium« sein kann. So lässt sich diese opiatische, einschläfernde, auf das Jenseits vertröstende Funktion sicherlich für die Geschichte des Christentums nachweisen, nicht zuletzt auch im Hinblick auf das 19. Jahrhundert. Eineinhalb Jahrhunderte nach Karl Marx wäre jedoch gerade auch aus theologischer Sicht zu prüfen, ob nicht auch die verschiedenen Formen von Ersatzreligionen, Weltanschauungen, Populärphilosophien und Ideologien den Menschen zu Projektionen anleiten und ihn von einer unverstellten und realistischen Wahrnehmung der Wirklichkeit ablenken.

Bernd Beuscher / Dietrich Zilleßen: Religion und Profanität. Entwurf einer profanen Religionspädagogik, Weinheim 1998. – Christian Höger: Abschied vom Schöpfergott? Welterklärungen von Abiturientinnen und Abiturienten in qualitativ-religionspädagogischer Analyse, Münster u.a. 2008. – Michael J. Rainer / Hans-Gerd Janssen: Bilderverbot. Jahrbuch für Politische Theologie, Band 2, Münster 1997. – Gabriele Theuer: Die Ambivalenz und Unverfügbarkeit Gottes im Alten Testament – Impulse für unser Sprechen von Gott. In: Philipp Thomas / Andreas Benk (Hg.): Negativität und Orientierung, Würzburg 2008, S. 81–99. – Jürgen Werbick: Bilder sind Wege. Eine Gotteslehre, München 2002.

Gott ist nicht, was der Mensch ist

SH, Seiten 12/13

Als Einstieg in das Kapitel bietet sich eine Identifikation mit **Caspar David Friedrichs »Wanderer über dem Nebelmeer«** an. **M 2a–c** Reproduktionen des Bildes finden sich in Bildbänden, auf Postkarten und im Internet, so dass auch die Anfertigung einer Farbfolie denkbar ist. Die Schülerinnen und Schüler sollten das Bild einige Minuten in Stille betrachten und notieren, welche Gefühle es bei ihnen auslöst. Zu erwarten sind Berichte und Stellungnahmen zu Erfahrungen der Endlichkeit und des Staunens angesichts der Großartigkeit der Natur. Im anschließenden Klassengespräch könnte überlegt werden, ob diese Erfahrung der Endlichkeit und des Staunens nur auf Naturerfahrungen beschränkt ist. Die kleineren Abbildungen der Doppelseite, auf denen »der Wanderer« auf dem Hochhaus einer Großstadt bzw. inmitten von Raketen für die Raumfahrt oder auf dem Kraterrand eines Vulkans steht, bieten hierzu mögliche Anknüpfungspunkte.

Hubertus Gaßner (Hg.): Caspar David Friedrich. Die Erfindung der Romantik, München 2006.

M 3 Der Umgang mit Erfahrungen der Endlichkeit ist auch zentrales Thema der Philosophie Ludwig Feuerbachs. **Feuerbachs Position** lässt sich anhand der fünf Zitate auf Seite 13 erarbeiten. Die ersten vier Zitate sind Vorträgen entnommen, die Ludwig Feuerbach 1848/49 auf Einladung demokratisch gesinnter Studenten vor z.T. philosophisch nicht geschultem Publikum im Heidelberger Rathaus gehalten hat (Ludwig Feuerbach, Gesammelte Werke, Band 6: Vorlesungen über das Wesen der Religion. Berlin 1967, S. 24, 31, 285f, 317f). Das fünfte Zitat stammt aus dem 1841 erschienenen Hauptwerk Feuerbachs »Das Wesen des Christentums« (Reclam-Ausgabe, Stuttgart 1969, S. 80). Die Anordnung der Zitate versucht eine graphische Entsprechung zur Projektionsthese Feuerbachs und regt gleichzeitig zu der Frage an, ob Feuerbach nicht auch selbst projiziert.
Beginnen könnte man die Beschäftigung mit einer **Puzzleübung**. Die Schülergruppen erhalten die sieben Wörter des Feuerbach-Zitats »Gott ist nicht, was der Mensch ist« auf sieben Zettel geschrieben mit der Aufgabe, die Zettel in eine sinnvolle Reihenfolge zu bringen. Mögliche »Lösungen«, die diskutiert werden sollten, wären z.B. »Der Mensch ist nicht, was Gott ist.« / »Ist nicht Gott, was der Mensch ist?« / »Der Mensch ist Gott – was ist nicht?« / »Was nicht ist, ist der Gott-Mensch.«

M 4 Wer die Position Feuerbachs an einem zusammenhängenden Text erarbeiten will, findet in **M 4** eine entsprechende **Alternative**. Denkbar ist auch, die Zitate auf S. 13 zunächst im offenen Unterrichtsgespräch zu diskutieren und die sich daraus ergebenden Hypothesen dann anhand von **M 4** zu überprüfen.

Als Arbeitsauftrag hat es sich bewährt, die Schülerinnen und Schüler **die Position Feuerbachs** auf Folien **visualisieren** zu lassen. Die »Lösungen« können anschließend miteinander ver-
M 5 a/b glichen und diskutiert werden. Beispiele für mögliche Visualisierungen zeigt **M 5**.

M 4 **Weitere methodische Anregungen** zur Erschließung von **M 4** sowie Beispiele dafür, wie Schülerinnen und Schüler eine Klausuraufgabe zu Feuerbach bearbeiten, finden sich in: *Gerhard Röckel: Texte erschließen. Grundlagen – Methoden – Beispiele für den Deutsch- und Religionsunterricht. Aus dem Nachlass herausgegeben und bearbeitet von Georg Bubolz, Düsseldorf 2006, S. 150–164.*
Hilfreiche methodisch-didaktische Hinweise enthält nach wie vor auch folgende, leider vergriffene Publikation: *Bernhard Oßwald: Stundenblätter Gottesglaube – Atheismus. Sekundarstufe II, Stuttgart/Düsseldorf/Leipzig 1988, S. 56ff.*

M 1, M 6 Für eine **kritische Auseinandersetzung mit Feuerbach** vgl. **M 1, M 6, K 8** sowie z.B. folgende Literatur:

Karl Barth: Die protestantische Theologie im 19. Jahrhundert, Zürich, 6. Aufl., 1994. – Hans-Joachim Kraus: Theologische Religionskritik, Neukirchen 1982, S. 160–191. – Hans Küng: Existiert Gott? Antwort auf die Gottesfrage der Neuzeit, München, 4. Aufl., 2008. – Helmut Thielicke: Glauben und Denken in der Neuzeit. Die großen Systeme der Theologie und Religionsphilosophie, Tübingen, 2., erweiterte Aufl., 1988. – Josef Winiger: Ludwig Feuerbach. Denker der Menschlichkeit. Eine Biographie, Berlin 2004.

Das auf Seite 12/13 unten beginnende grüne Textband übersetzt die schon auf Seite 2 eingeführte hebräische Formulierung aus Ex 20,4. Über das sog. **Bilderverbot** sollte zunächst im
M 7 – M 10 offenen Unterrichtsgespräch diskutiert werden: Was könnte gemeint sein? Was nicht? In **M 7**, **M 8**, **M 9** und **M 10** finden sich dann die entsprechenden fachwissenschaftlichen Erklärungen, die sich gegebenenfalls auch in arbeitsteiliger Gruppenarbeit erschließen lassen.

Hans Martin Barth / Christoph Elsas (Hg.): Bild und Bildlosigkeit. Beiträge zum interreligiösen Dialog, Hamburg 1994. – Reinhold Bernhard / Ulrike Link-Wieczorek (Hg.): Metapher und Wirklichkeit. Die Logik der Bildhaftigkeit im Reden von Gott, Mensch und Natur. Dietrich Ritschl zum 70. Geburtstag, Göttingen 1999. – Christoph Dohmen: Das Bilderverbot und seine Entwicklung im Alten Testament, Frankfurt a.M., 2., durchgesehene und um ein Nachwort erweiterte Aufl., 1987. – Jürgen Hoeren / Michael Kessler (Hg.): Gottesbilder. Die Rede von Gott zwischen Tradition und Moderne, Stuttgart 1988.

Vertiefungsmöglichkeiten / Weitere Ideen

■ Für eine meditative Bildbetrachtung des Gemäldes von Caspar David Friedrich würde es sich anbieten, das Bild in einem verdunkelten Raum zu projizieren, und **Hermanns Hesses Gedicht »Im Nebel«** (**M 11**) zu rezitieren. Auch könnte man erwägen, diese Präsentation mit entsprechender Musik zu unterlegen. **M 11** Schülerinnen und Schüler könnten die Hausaufgabe bekommen, entsprechende Musikbeispiele auf Tonträgern in den Unterricht mitzubringen. Wer das Gedicht genauer interpretieren möchte, könnte die in **M 11** angebotenen Erschließungsfragen verwenden.

■ Als Hinführung zu Ludwig Feuerbach eignet sich **Gottfried Kellers Gedicht »Ich hab in kalten Wintertagen«** (**M 12**) von 1849. Keller hat das Gedicht unter dem Eindruck der von **M 12** Feuerbach 1848/49 im Heidelberger Rathaussaal gehaltenen Vorlesungen geschrieben. Zur Interpretation des Gedichts sowie zu ausführlichen Informationen zu Feuerbachs Biographie und Philosophie vgl. die homepage der Ludwig Feuerbach-Gesellschaft in Nürnberg: www.ludwig-feuerbach.de. Keller und Feuerbach nehmen, anders als Caspar David Friedrich und auch Hesse, die Erfahrung der Endlichkeit nicht zum Anlass, sich als Teil eines größeren Ganzen zu sehen, sondern betonen die neu entdeckte Autonomie des Menschen.

■ Man könnte die Schülerinnen und Schüler Zettel mit folgenden Thesen ziehen lassen: »Gott ist die Liebe.« / »Die Liebe ist göttlich.« / »Gott ist gütig.« / »Die Güte ist göttlich.« / »Gott leidet für andere.« / »Leiden für andere ist göttlich.« (Vgl. dazu **M 3**) In Gruppen werden Argu- **M 3** mente für oder gegen die jeweilige These gesammelt. Zusatzimpuls: 1 Joh 4,15 f.

■ Ein interessanter Einstieg zu Feuerbaches Projektionstheorie, aber auch eine gute Illustration und provokative Problematisierung bietet die Eingangssequenz zu dem sehr populären, als DVD erhältlichen **Computerspiel »Black and White«**: Zunächst wird zu – mit »Halleluja« unterlegten Sphärenklängen – ein kreisender Sternenhimmel gezeigt, dann ein Elternpaar mit Kind am Meer. Das Kind, das nicht schwimmen kann, geht unvorsichtig ins Meer, wird von einem Haifisch bedroht. Die Eltern beten … Kommentar: »Eine perfekte Welt braucht keine Götter. Aber selbst in Eden gibt es Probleme … Wenn die Menschen beten, wird ein Gott geboren … Dieser Gott bist du!« – Näheres zu diesem Medium findet sich in folgender Publikation: *Peter Kliemann: Das Spiel des Lebens. In: Spiele öffnen Welten. Schule und Spielmodule in unterschiedlichen Fachrichtungen. Heft 50 der Reihe Deutschland & Europa. Hg. von der Landeszentrale für politische Bildung Baden-Württemberg (vgl. auch www.lpb-bw.de/due), Stuttgart 2005, S. 6–9.*

■ Thornton Wilder hat 1928 ein sog. Dreiminutenspiel mit dem Titel »**Der Engel auf dem Schiff**« geschrieben (**M 13**): Drei Überlebende einer Sturmkatastrophe machen die Galionsfigur **M 13** ihres hilflos treibenden Schiffes zu ihrem neuen Gott, den sie um Rettung anflehen. Das kurze Stück wurde auch verfilmt (14 Minuten Spieldauer) und ist in den Medienzentralen ausleihbar. – Denkbarer Beobachtungs- bzw. Leseauftrag: Versetzen Sie sich in die Rolle einer der folgenden drei Personen: Van, 2. Koch; Minna, Frau des Kapitäns Jamaika-Sam, Matrose. Was ist meine jeweilige Geschichte? Wie sieht mein Verhältnis zu den anderen Menschen aus? Was bedeuten Gott und Gebet für mich?

■ Lohnend auch der unterhaltsame, aber auch anspruchsvolle Zeichentrickfilm »Und schufen ihn nach ihrem Bild und Gleichnis«. Vgl. dazu **M 14**. **M 14**

■ Zum Thema Bilderverbot finden sich interessante Querverbindungen im Unterrichtsmodell »Thema Mensch«: *Peter Kliemann / Andreas Reinert: Thema Mensch. Material für den Unterricht in der Oberstufe, Stuttgart 1998, Schülerheft, S. 44 f; Texte – Hintergründe – Informationen, S. 88 ff und S. 178 ff; Lehrerkommentar, S. 63.*

SH, Seiten 14/15

Aber der Herr war nicht im Feuer

Die folgende Doppelseite zeigt, dass sich auch in biblischen Zeiten Menschen oft Bilder von Gott machten, die sie dann, z.T. aufgrund schmerzhafter Erfahrungen, korrigieren mussten. Anhand
M 15 des **Gemäldes von Lukas Cranach** lässt sich zunächst die – schon aus früheren Schuljahren bekannte – Elia-Geschichte rekonstruieren. Die gemeinsame Lektüre von 1. Kön 18–19 mag helfen, die eine oder andere Gedächtnislücke zu schließen. Auch eine gut vorbereitete Lehrererzählung der Elia-Geschichte sollte man nicht ausschließen.
Als Arbeitsauftrag bietet es sich an, dass ein Teil der Klasse aus **1. Kön 18–19** herausarbeitet, welche Eigenschaften Elia Gott zuschreibt (was er – mit Feuerbach zu sprechen – projiziert) und mit welchen »Eigenschaften« sich Gott Elia tatsächlich zeigt. Eine anderer Teil der Klasse könnte, ausgehend von dem auf Seite 14 abgedruckten Tetragramm, noch einmal anhand von **Ex 3,1–14** (vgl. dazu auch Kapitel B, SH, S. 10–11) die dort von Gott ausgesagten Eigenschaften zusammentragen. Der **Vergleich** ergibt, dass Gott sowohl in Ex 3,1–14 als auch in 1. Kön 18–19 einerseits durch Transzendenz und Unverfügbarkeit, andererseits aber durch Zuwendung zum Menschen gekennzeichnet wird.

Die in 1. Kön 19,11 ff beschriebene Gotteserfahrung lässt sich sehr gut anhand der entsprechenden Passage in Mendelssohn-Bartholdys Elias-Oratorium verdeutlichen. Vgl. hierzu **M 16** und
M 16, M 17 **M 17** (Vorlage für eine Overhead-Folie zum Mitlesen des Textes?).

Fragen für eine anschließende **Diskussion**: Ist das erarbeitete Gottesbild auch mein Gottesbild? Ist es schon ein christliches Gottesbild?

Rainer Albertz: Elia. Ein feuriger Kämpfer für Gott, Leipzig 2006. (Historische und exegetische Informationen sowie Hinweise zur Wirkungsgeschichte der Elia-Erzählungen; S. 200ff: Hintergründe zu Mendelssohn-Bartholdys Oratorium). – Bodo Brinkmann u.a.: Cranach der Ältere, Ostfildern 2007. – Roland Kachler: Wege aus der Wüste. Mit Elia Krisen durchleben, Stuttgart 1996. – Harald Marx / Eckhard Kluth (Hg.): Glaube und Macht. Sachsen im Europa der Reformationszeit, Dresden 2004. – Mirela Proske: Lukas Cranach der Ältere. Der Maler der Reformation, München 2007. – Erich Zenger: Gewalt als Preis der Wahrheit? Alttestamentliche Beobachtungen zur sogenannten Mosaischen Unterscheidung. In: Friedrich Schweitzer (Hg.): Religion, Politik und Gewalt. Kongressband des XII. Europäischen Kongresses für Theologie, 18.–22. September 2005 in Berlin, Gütersloh 2006, S. 35–57.

Vertiefungsmöglichkeiten / Weitere Ideen

- Um das auch an der Biographie des Propheten Elia ablesbare Suchen nach dem rechten Gottesverständnis und das Ganz-anders-Sein des biblischen Gottes zu unterstreichen, könnte die Lehrkraft an dieser und an anderen Stellen des Unterrichtsgangs im Tafelbild das Wort »Gott« analog zu jüdischen Übersetzungen des Alten Testaments verfremden: **G´´tt**.
- Die durch Feuerbach aufgeworfene Projektionsthematik und die Besprechung von 1. Kön 18–19 (sowie Ex 3,14) lässt sich gut auf das in Kapitel C durchlaufende **Lutherzitat aus dem Großen Katechismus** von 1529 beziehen: Woran zeigt sich der Unterschied von »Gott« und Abgott«? Vgl. hierzu auch die mögliche Querverbindung zum Unterrichtsmodell »Thema Mensch«: *Peter Kliemann / Andreas Reinert: Thema Mensch. Material für den Unterricht in der Oberstufe, Stuttgart 1998, Schülerheft, S. 10; Texte – Hintergründe – Informationen, S. 40ff; Lehrerkommentar, S. 19ff.*

- Aufschlussreich ist auch ein Vergleich der in Ex 3,1–4 und 1. Kön 18–19 beschriebenen Gotteserfahrungen mit der den Schülerinnen und Schülern möglicherweise aus früheren Jahren bekannten Elefantenparabel. Gott als die Summe unserer Erfahrungen? Methodische Anregungen hierfür finden sich in: *Peter Kliemann: Impulse und Methoden. Anregungen für die Praxis des Religionsunterrichts, Stuttgart, 2. Aufl., 2003, S. 96–98 sowie S. 186f.*

Gelobt seist du, Niemand – Die 99 Namen Gottes

SH, Seiten 16/17

Die folgende Doppelseite zeigt, dass der Gedanke, Gott übersteige mit Notwendigkeit unsere Vorstellungen von ihm, sowohl in der jüdischen als auch in der christlichen als auch in der muslimischen Tradition beheimatet ist. Die Engelschöre aus Hildegard von Bingens visionärem Werk Sci vias (gemalt von Schülern Hildegards nach ihren visionären Texten), Paul Celans Gedicht und die »99 schönsten Namen Allahs« zeigen, wie wichtig in der christlichen, jüdischen und muslimischen Tradition die Betonung der absoluten Transzendenz Gottes, aber auch seiner gütigen Zuwendung zum Menschen ist. Die drei Elemente lassen sich mit Hilfe von **M 18**, **M 19** und **M 20** arbeitsteilig erschließen. Lohnend ist ein Vergleich der muslimischen Kalligraphie mit dem Text Franz von Assisis. Vgl. dazu **M 21**.

M 18, M 19
M 20
M 21

Podiumsdiskussion / »Religiöses Quartett«: Hildegard von Bingen – Paul Celan – ein Moslem – Franz von Assisi – Moderator?
Karl-Josef Kuschel: Juden – Christen – Muslime. Herkunft und Zukunft, Düsseldorf 2007. – Karl-Josef Kuschel: Streit um Abraham. Was Juden, Christen und Muslime trennt – und was sie eint, Düsseldorf, 4. Aufl., 2001.

Für ein anschließendes **Klassengespräch** wäre es interessant, noch einmal auf die in Kapitel A diskutierte psychologische Entwicklung von Gottesbildern (vgl. Kapitel A, M 14–16) zurückzugreifen. Wie könnte eine »reife« Gottesvorstellung aussehen? Weiterführende Literaturempfehlung: *Birte Platow: »Du sollst dir (k)ein Bildnis machen« – oder wie Menschen sich Gott vorstellen. Eine qualitative Studie zu individuellen Gotteskonstruktionen, untersucht am und mit dem Medium Film, Neukirchen 2008.*

Vertiefungsmöglichkeiten / Weitere Ideen

- **M 22** bietet, einem muslimischen Plakat entnommen, die **99 Namen Gottes in arabischer und englischer Sprache**. Man kann die einzelnen Felder ausschneiden und die Kärtchen für Gruppenarbeiten nutzen: Welche Namen sind auch für den biblischen Gott gültig? Belegstellen? – Welche fünf Namen sind mir persönlich am wichtigsten? Warum? M 22
- Aufmerksame Schülerinnen und Schüler werden bemerken, dass einige der »**99 Namen Gottes**« in der Aufzählung doppelt erwähnt werden: »der Herrscher«, »der Mächtige«, »der Ernährer«, »der Gerechte«. Hintergrund dieser Doppelungen sind Übersetzungsprobleme aus dem Arabischen. **Rechercheauftrag**: Schüler/innen suchen das Gespräch mit einem Moslem, der auch die arabische Sprache beherrscht.
Hamid Molla-Djafai: Gott hat die schönsten Namen. Islamische Gottesnamen, ihre Bedeutung, Verwendung und Probleme ihrer Übersetzung, Frankfurt a.M. 2001. – www.home.schule.at/lehrer/islam/99_namen.htm (Die 99 Namen Allahs werden in arabischer Sprache vorgetragen.).
- Das **Gedicht Pauls Celans** wird oft auch im Deutschunterricht interpretiert. **M 19** bietet eine textnahe Interpretation. Weitere Interpretationen des Gedichts bieten z.B.: *Jean Bollack: Psalm. In: Hans-Michael Speier (Hg.): Gedichte von Paul Celan, Stuttgart 2002, S. 84–94. – Jürgen Lehmann: Kommentar zu Paul Celans »Die Niemandsrose«, Heidelberg 1997, S. 112–118. – Astrid Poppenhusen: Durchkreuzung der Tropen. Pauls Celans »Die Niemandsrose« im Lichte der traditionellen Metaphorologie und ihrer Dekonstruktion, Heidelberg 2001, S. 205 ff.* M 19

- **M 23** erleichtert möglicherweise den Zugang zur Doppelseite. Man könnte die Bearbeitung der ersten beiden Strophen des Celan-Gedichts auf Folie kopieren und in Einzel- oder Partnerarbeit Vorschläge für die Überschrift sowie die Auslassungen sammeln. Die Anspielung auf die Textsorte Psalm / Gebet wird in der Regel erkannt; bei den Auslassungen tendieren Schülerinnen und Schüler, nicht zuletzt im Religionsunterricht dazu, das Wort »Gott« einzusetzen. M 23

SH, Seite 18

Opium des Volkes?

Diese Seite des Schülerheftes widmet sich dem klassischen religionskritischen Text, den Karl Marx 1844 in der **Einleitung der Schrift »Zur Kritik der Hegelschen Rechtsphilosophie«** formuliert hat.
Anhand eines Gemäldes oder einer Karikatur aus dem 19. Jahrhundert, wie sie sich in den Schulbüchern des Faches Geschichte finden, könnte zunächst Vorwissen zur Industriellen Revolution sowie zur sozialen Frage des 19. Jahrhunderts aktiviert werden. Auch ein Schülerreferat zur Biografie von Karl Marx wäre wünschenswert.
Die Erarbeitung des Textes erfordert genaues Lesen. Vgl. hierzu auch den ausführlichen Text-
K 20 auszug in **K 20**. Zu klären wären u.a., was mit folgenden Formulierungen gemeint ist: »Ausdruck des wirklichen Elends« – »Protestation gegen das wirkliche Elend« – »Geist geistloser Zustände« – »imaginäre Blumen« – »lebendige Blume« – »Kette« – »wirkliche Sonne« – »illusorische Sonne« – »kategorischer Imperativ«. Die zentrale Kategorie »Opium des Volkes«, die sowohl die opiatische wie auch die protestierende Komponente von Religion betont, ist von der von Lenin u.a. verwendeten Formulierung »Opium für das Volk« abzugrenzen.
Genauere Analysen der von Marx vorgetragenen Religionskritik finden sich z.B. bei:
Heinz Fastenrath: Religionskritik. Ein Abriss atheistischer Grundpositionen: Feuerbach, Marx, Nietzsche, Sartre, Stuttgart/Dresden 1993, S. 52–81. – Hans-Joachim Kraus: Theologische Religionskritik, Neukirchen 1982, S. 192–225. – Hans Küng: Existiert Gott? München, 4. Aufl., 2008.

Das **Foto aus dem Fußballstadion, die Handybotschaft**, aber auch die **»kultigen« Bierflaschen** und das **Marx-T-Shirt** werfen die Frage auf, ob Fußball, Handys und anderes ebenfalls »religiösen« Charakter haben können. Dabei könnten die Schülerinnen und Schüler – vor einer offenen Diskussion – zunächst einen Augenblick überlegen, was ihnen selbst »heilig« ist.
M 24, M 25 In **M 24** finden sich Argumente für die These, Sport sei eine Ersatzreligion. **M 25** lässt sich als Arbeitsblatt bearbeiten.
Weitere Anregungen zum Thema finden sich in:
Archiv der Jugendkulturen (Hg.): if god is a dj ... Religiöse Vorstellungen von Jugendlichen, Berlin 2005. – Bundeszentrale für politische Bildung (Hg.): Fußball – mehr als ein Spiel. Informationen zur politische Bildung 290, Bonn 2006. – entwurf 1/2006: Themenheft »Fussball – Gott«. – Kirchenamt der EKD (Hg.): Ein starkes Stück Leben. Ideen und Entwürfe für die kirchliche Arbeit anlässlich der FIFA Fußball-Weltmeisterschaft 2006, Hamburg 2006. – Landeszentrale für politische Bildung Baden-Württemberg (Hg.): CD-Rom »WM 2006« – Spiel »Freunde zu Gast«, Stuttgart 2006. – Landeszentrale für politische Bildung Baden-Württemberg (Hg.): Fußball und Politik. Zur Faszination eines globalen Phänomens. Politik & Unterricht 1–2006. – Publik-Forum Dossier »Fußball unser. Geld, Gott und Gefühle, Oberursel 2006. – Sehr empfehlenswert auch: www.friedenspaedagogik.de (→ »Projekte« → Fußball – lernen – global).

Vertiefungsmöglichkeiten / Weitere Ideen

■ Eine leicht verständliche Annäherung an Karl Marx ermöglichen: *Gabriela Böhm: Karl Marx. Revolutionär aus Trier, Trier 2008. – Iring Fetscher: Marx, Wiesbaden 2004. – Jostein Gaarder: Sofies Welt. Roman über die Geschichte der Philosophie, München/Wien 1993, S. 454ff. – Klaus Körner (Hg.): Karl-Marx-Lesebuch, München 2008. – Robert Kurz (Hg.): Marx lesen! Die wichtigsten Texte von Karl Marx für das 21. Jahrhundert, Frankfurt a.M. 2006. – Wilhelm Weischedel: Die philosophische Hintertreppe. 34 große Philosophen in Alltag und Denken, München 1975, S. 247–255.*

■ Da Marx in den anderen Schulfächern oft viel zu wenig behandelt wird, empfiehlt sich u.U.
M 26 anhand von **M 26** eine Wiederholung der marxistischen Gesellschaftstheorie. **Situation Arbeiterschulung**: »Stellen Sie sich vor, Sie müssten Arbeiter des 19. Jahrhunderts, die kaum lesen und schreiben können, anhand der genannten Begriffe in den Marxismus einführen. Bringen Sie die Begriffe in eine sinnvolle Reihenfolge und bilden Sie damit mögliche Argumentationsketten.«

■ Anhand von **M 27** wäre zu überlegen, ob die Analysen und Theorien von Karl Marx wirklich endgültig ad acta gelegt werden sollten. Konkretisieren könnte man dies an der Frage, ob Karl Marx auch heute noch ein Denkmal verdient. **Inszenierung eines Streitgesprächs**? M 27
Martin Riesebrodt: Cultus und Heilsversprechen. Eine Theorie der Religionen, München 2007, bes. S. 85ff.

■ **M 28** bietet den Aufhänger für ein interessantes **Gedankenspiel**: Stellen Sie sich vor, Karl Marx sei im Himmel. Was würde Gott wohl zu ihm sagen? M 28

■ Einen unterhaltsamen Zugang zu Karl Marx bieten **Karikaturen**: Welche Motive kehren immer wieder? Wofür steht »Marx«? Was ist an seiner Person und seinem Werk faszinierend? Inwiefern ist das Thema »Marx« besonders geeignet für Karikaturen?
Rolf Hecker u.a. (Hg.): Grüß Gott! Da bin ich wieder! Karl Marx in der Karikatur, Berlin 2008.

■ Wer die **Religionskritik von Karl Marx mit der von Ludwig Feuerbach vergleichen** will, wird das Foto aus dem Treppenhaus der Humboldt-Universität in Berlin hilfreich finden. Man könnte aktuelle Fotos von Jugendlichen verschiedener Subkulturen neben **M 29** stellen und M 29 überlegen, was die Jugendlichen aus ihrer Sicht jeweils zu dem Zitat von Marx sagen würden: »Stellen Sie sich vor, sie würden mit Ihrem Freund/Ihrer Freundin auf den Stufen dieser Treppe sitzen ...« Karl Marx' »11. These über Feuerbach« findet sich im Anhang folgenden Textes:
Friedrich Engels: Ludwig Feuerbach und der Ausgang der klassischen deutschen Philosophie. In: Karl Marx / Friedrich Engels: Werke, Band 21, Berlin, 5. Aufl., 1975, S. 263f.

■ Die Einheitlichen Prüfungsanforderungen in der Abiturprüfung Evangelische Religionslehre vom 16.11.2006 (München/Neuwied 2007) bieten auf der mitgelieferten CD einen Ausschnitt aus dem Film »**Leuchte auf, mein Stern Borussia**«. In diesem Zusammenhang werden interessante Aufgaben sowie ein Erwartungshorizont zum Thema »Fußballreligion« formuliert. Zu überlegen wäre allerdings, ob bei dem Bemühen, originelle Aufgabentypen zu entwickeln, nicht gelegentlich der Unterschied zwischen Lern- und Prüfaufgaben aus dem Blick gerät.

KLAUSURTEXTE

K 8 könnte für eine Klausur zu Ludwig Feuerbachs Religionskritik verwendet werden. Zunächst könnten die Schüler/innen und Schüler die Position Feuerbachs darstellen und dann die Argumente von Peter Neuner zusammenfassen und – je nach Unterrichtsverlauf – durch weitere Argumente pro und contra Feuerbach ergänzen. Denkbar wäre auch eine kreative Anschlussaufgabe, z.B. ein fiktiver Briefwechsel zwischen Ludwig Feuerbach und Peter Neuner zu einem aktuellen Thema.

Von **K 9** und **K 10** aus lassen sich sowohl Fragen zu Feuerbach als auch zum biblischen Bilderverbot stellen. Auch Anschlussfragen zu Marx, zur Elia-Geschichte und zur Bedeutung des Tetragramms liegen nahe.

K 11 bietet einen authentischen Erfahrungsbericht, der sich auf das ihm zugrunde liegende Gottesbild hin analysieren lässt. Vergleiche mit biblischen Texten (z.B. Ex 3,1–15) sind ebenso möglich wie der Vergleich mit religionskritischen Positionen.

K 12 könnte Ausgangspunkt für eine anspruchsvolle Aufgabenstellung sein: Nehmen wir an, der Kardinal-Inquisitor und der Atheist würden sich Mühe geben, den Autor des Textes zu verstehen ... a) Versuchen Sie die Position des Autors in eigenen Worten wiederzugeben. b) Stützen und erläutern Sie diese Position durch weitere Argumente. c) Geben Sie dem Kardinal-Inquisitor und dem Atheisten noch einmal Gelegenheit, kritisch zur Position des Autors Stellung zu nehmen. d) Nehmen Sie selbst Stellung und begründen Sie Ihre Position.

PRÄSENTATIONSTHEMEN

■ **Religion und Landschaft** im Werk Caspar David Friedrichs – Interpretation ausgewählter Gemälde
Caspar David Friedrich. Die Erfindung der Romantik. München 2006.

■ **Wirklichkeit und Religion** bei Caspar David Friedrich und René Magritte – ein Vergleich

■ **Leben und Religionskritik Ludwig Feuerbachs**

■ **Gedichtvergleich und mögliche Vertonungen** von: Gottfried Keller, »Ich hab in kalten Wintertagen« und Hermann Hesse, »Im Nebel«

■ **Die Fortführung der Religionskritik Ludwig Feuerbachs durch Sigmund Freud**
Heinz Henseler: Religion – Illusion? Eine psychoanalytische Deutung, Göttingen 1995. – Hans Küng: Existiert Gott? München, 4. Aufl., 2008.

■ **Inszenierung und Aufführung** von Thornton Wilders Dreiminutenstück »Der Engel auf dem Schiff« (evtl. auch Neuverfilmung oder Inszenierung eines Hörspiels)

■ **Bilderstreit und Bildersturm**: Die Auseinandersetzung um die Zulassung von Bildern im 8. Jahrhundert / im Zeitalter der Reformation.

■ **Bilderverbot und Gottebenbildlichkeit des Menschen**: Peter Kliemann / Andreas Reinert, Thema Mensch, a.a.O., Kapitel F.

■ **Mendelsohn-Bartholdys Elias-Oratorium**

■ **Paulo Coelhos Roman »Der Fünfte Berg«**
Zu dieser modernen Verarbeitung der Eliathematik vgl. Rainer Albertz: Elia. Ein feuriger Kämpfer für Gott, Leipzig 2006, S. 213ff.

■ **Interpretation von ausgewählten Gedichten Paul Celans**
John Felstiner: Paul Celan. Eine Biographie. München 1997.

■ **Leben und Werk Hildegard von Bingens**
Barbara Beuys: Denn ich bin krank vor Liebe. Das Leben der Hildegard von Bingen, München/Zürich 2003. – Eberhard Horst: Hildegard von Bingen, München 2002. – Lieselotte Saurma-Jeltsch: Die Miniaturen im »Liber Scivias« der Hildegard von Bingen. Die Wucht der Vision und die Ordnung der Bilder, Wiesbaden 1998. – Michael Zöller: Hildegard von Bingen – eine vielseitig begabte Frau aus dem Mittelalter. Fächerübergreifende Unterrichtsbausteine für die Klassen 8–10. In: Notizblock 39/2006, S. 41–51.

■ **Leben und Werk des Franz von Assisi**

■ **Karl Marx**: Leben – Werk – Wirkungsgeschichte

■ **Organisation einer kleinen Ausstellung im Schulhaus**: Was uns heilig ist …

■ **Fußball = Religion?**

Wiederholungsfragen C

1. **Stellen Sie** die Religionskritik und das Menschenbild Ludwig Feuerbachs **dar** und **setzen Sie sich kritisch** mit der Position Feuerbachs **auseinander**.
2. **Zeigen Sie** anhand von Beispielen Ihrer Wahl, dass die Bibel selbst mit der Möglichkeit rechnet, dass »Gott« nur eine Projektion des Menschen ist, und welche Konsequenzen die biblischen Texte aus diesem Projektionsverdacht ziehen.
3. **Erläutern Sie** die Bedeutung von Ex 20,4 und **zeigen Sie** anhand von Beispielen Ihrer Wahl, dass das biblische Bilderverbot auch heute noch von Bedeutung sein kann.
4. **Zeigen Sie**, wie Karl Marx mit seiner Religionskritik auf dem Ansatz von Ludwig Feuerbach aufbaut und inwiefern er diesen Ansatz weiterführt und modifiziert.
5. »Religion ist Opium des Volkes«. **Erörtern Sie** anhand von Beispielen Ihrer Wahl die Aktualität dieser These.

D Gott denken?

Kapitel A–C kann man als Exposition der Gottesthematik betrachten. In den folgenden Kapiteln soll nun einzelnen grundlegenden Fragestellungen genauer nachgegangen werden.
Kapitel D widmet sich dabei der Schwierigkeit und Notwendigkeit Gott zu denken.
In der vormodernen Theologie war es vor allem Aufgabe der sogenannten Gottesbeweise, die Denkbarkeit Gottes aufzuzeigen. Für die moderne Philosophie und Theologie bedeutete dann das Werk Immanuel Kants einen grundsätzlichen Einschnitt: Kant hatte die Möglichkeit von Gottesbeweisen aus erkenntnistheoretischen Gründen grundsätzlich für nicht möglich erklärt. Dementsprechend versuchten Theologen nach Kant in der Regel nicht mehr, Gottes Existenz im strengen Sinne zu »beweisen«.
Umso interessanter ist es, dass die Philosophie der Gegenwart wieder großes Interesse an der Denkbarkeit Gottes findet. Nicht zuletzt die neueren Publikationen von Jürgen Habermas haben das Thema »Glauben und Wissen« wieder auf die Tagesordnung philosophischer Diskurse gesetzt. Folgerichtig entdecken Ethiklehrpläne und Unterrichtsmaterialien für den Ethikunterricht, wie spannend und interessant religionsphilosophische Fragestellungen auch für nicht-religiöse Schülerinnen und Schüler sein können. Es wäre merkwürdig, wenn in diesem Kontext ausgerechnet der Religionsunterricht nicht mehr nach der Denk- und Beweisbarkeit Gottes fragen würde.

Ingolf U. Dalferth: Gott. Philosophisch-theologische Denkversuche, Tübingen 1992. – Ingolf U. Dalferth: Die Wirklichkeit des Möglichen. Hermeneutische Religionsphilosophie, Tübingen 2003. – Peter Fischer: Philosophie der Religion, Göttingen 2007. – Gott ist tot und lebt. Kursbuch 149/2002. – Götter. Journal für Philosophie – der blaue reiter 10/1999. – Kurt Hübner: Glaube und Denken. Dimensionen der Wirklichkeit, Tübingen 2001. – Jürgen Habermas: Glauben und Wissen, Frankfurt a.M. 2001. – Jürgen Habermas: Zwischen Naturalismus und Religion. Philosophische Aufsätze, Frankfurt a.M. 2005. – Jürgen Habermas / Joseph Ratzinger: Dialektik der Säkularisierung. Über Vernunft und Religion, Freiburg/Basel/Wien 2005. – Norbert Hoerster: Die Frage nach Gott, München 2005. – Otto Kallscheuer: Die Wissenschaft vom lieben Gott. Eine Theologie für Recht- und Andersgläubige, Agnostiker und Atheisten, Frankfurt a.M. 2006. – Klaus Müller: Gottes Dasein denken, Regensburg 2001. – Nach Gott fragen. Über das Religiöse. Sonderheft der Zeitschrift Merkur 9–10/1999. – Michael Reder / Josef Schmidt (Hg.): Ein Bewusstsein von dem, was fehlt. Eine Diskussion mit Jürgen Habermas, Frankfurt a.M. 2008. – Robert Spaemann: Der letzte Gottesbeweis, München 2007. – Robert Spaemann: Das unsterbliche Gerücht. Die Frage nach Gott und die Täuschung der Moderne, Stuttgart 2007. – Friedo Ricken (Hg.): Klassische Gottesbeweise in der Sicht der gegenwärtigen Logik und Wissenschaftstheorie, Stuttgart 1998. – Richard Rorty / Gianni Vattimo: Die Zukunft der Religion, Frankfurt a.M. 2006. – Philipp Thomas / Ekkehard Martens (Hg.): Religionsphilosophie, Hannover 2004. – Gunther Wenz: Gott. Implizite Voraussetzungen christlicher Theologie, Göttingen 2007.

Gott und Gehirn

SH, Seite 19

Gedacht wird Gott und alles andere, was wir denken, im Gehirn. Dementsprechend finden sich auf Seite 19 des Schülermaterials nachdenkliche Köpfe: Die berühmte Plastik »Der Denker« von **M 1**
Auguste Rodin, die Illustration aus der Manessischen Liederhandschrift zu Walther von der **M 2**
Vogelweides Gedicht »Ich saz uf eime steime«, eine Loriot-Karikatur sowie ein Zeitgenosse, der

sich am Hinterkopf kratzt. Ehe man sich dem nicht ganz einfachen Text von Dalferth widmet, könnte man als **Einstieg**

- ☐ die Frage **diskutieren**, wie wichtig es den Schülerinnen und Schülern erscheint, Gott zu *denken*;
- ☐ vergleichen und möglicherweise durch **Standbilder** ausdrücken, welche Körperhaltung man beim Nachdenken einnimmt und welche Körperhaltung einem Gespräch mit Gott angemessen ist;
- ☐ überlegen, welches Körperteil das für die Gotteserkenntnis geeignetste Organ ist;
- ☐ in Partnerarbeit die formelhaften **Thesen des Laufbandes** auf ihre Richtigkeit prüfen und sich dabei die zugrundeliegenden Voraussetzungen und Beurteilungskriterien bewusst machen.

Anschließend Lektüre des **Textes von Dalferth** in Einzelarbeit. Zusammenfassung und Diskus-
M 3 sion der Hauptgedanken im Plenum. Ein Vorschlag für ein Tafelbild findet sich in **M 3**.
In einem dritten Schritt könnten die Schülerinnen und Schüler – z.B. in Partnerarbeit – **versuchen, Gott zu denken und diese Gedanken schriftlich zu fixieren**. AA: 1. Definieren Sie »Gott«. 2. Sammeln Sie Argumente dafür, dass Gott existiert.

Vertiefungsmöglichkeiten / Weitere Ideen

■ Neurobiologischer Exkurs: Die roten Färbungen im Kopf des Rodin'schen Denkers und des oben auf der Seite abgebildeten Kopfes sowie die Messapparaturen auf dem Kopf rechts unten greifen die gelegentlich in den Medien diskutierte Frage auf, ob religiöse Gefühle und Gedanken an bestimmte Regionen des menschlichen Gehirns gebunden sind. Lässt sich das Denken an
M 4 »Gott« und religiöses Erleben organisch nachweisen? Vgl. hierzu **M 4**.
Internetrecherche unter dem Stichwort »**Neurotheologie**«.
Literaturempfehlung: *Ulrich Eibach: »Gott« – nur ein »Hirngespinst«? Zur Neurobiologie religiösen Erlebens – Kritische Bemerkungen zur Relevanz neurowissenschaftlicher Erkenntnisse und Theorien für den christlichen Glauben. EZW-Text 172, Berlin 2003. – Ulrich Eibach: Gott im Gehirn? Ich – eine Illusion? Wuppertal 2006. – Eugen Drewermann: Atem des Lebens. Band I: Das Gehirn. Die moderne Neurologie und die Frage nach Gott, Düsseldorf 2006. – Publik-Forum 18/2008, S. 22ff. – Zeitschrift »Gehirn und Geist«.*

■ Aus pädagogischer Sicht gewann das Thema »Gott und Gehirn« in letzter Zeit nicht zuletzt
M 5 im Zusammenhang mit dem sog. Konstruktivismus neue Aktualität. Vgl. hierzu **M 5**.
Gerhard Büttner (Hg.): Lernwege im Religionsunterricht. Konstruktivistische Perspektiven, Stuttgart 2006. – Hans Mendl (Hg.): Konstruktivistische Religionspädagogik. Ein Arbeitsbuch, Münster 2005.

SH, Seiten 20/21

Ergo, Gott existiert

Als Einstieg in die Doppelseite empfiehlt sich die **e-mail-Maske** auf Seite 21. Sie spielt mit einem Gedankenexperiment: Stellen Sie sich vor, in Ihrer Mailbox findet sich eines Tages eine e-mail von »Gott« ... Die Schülerinnen und Schüler könnten zunächst einzeln entscheiden, welche der acht Sätze für sie als »bewiesen« gelten. In Partnerarbeit könnten sie sich über ihre »Lösungen« und die ihnen zugrundeliegenden Begründungen austauschen.

Nach einer kurzen Vorstellung Thomas von Aquins durch die Lehrkraft wäre dann **der erste der fünf »Wege ..., das Dasein Gottes zu beweisen«** auf seine Plausibilität hin zu prüfen. Die Fotos, die an den Domino Day erinnern (ein seit 1998 jährlich stattfindendes Ereignis, bei dem jedes Mal aufs Neue versucht wird, einen neuen Weltrekord in einer Domino-Kettenreaktion, dem sogenannten »Domino-Effekt« zu erreichen), illustriert den Grundgedanken, dass »alles, was in Bewegung ist, von einem anderen bewegt sein« muss. Die anderen vier von Thomas diskutierten
M 6 »Beweise« werden in **M 6** vorgestellt.
Otto Hermann Pesch: Thomas von Aquin. Grenze und Größe mittelalterlicher Theologie, Mainz, 3., durchgesehene und ergänzte Aufl., 1995.

Neben dem Gottesbeweis »ex motu« (»aus der Bewegung«, einer Variante des kosmologischen Gottesbeweises) findet sich auf Seite 20 des Schülerheftes als weiterer Gottesbeweis noch der sog. **ethnologische Gottesbeweis** in der Formulierung Ciceros, dessen Erfahrungs- und Beobachtungsgrundlage zwar bemerkenswert ist, der sich jedoch leicht auf der Grundlage von Feuerbach widerlegen lässt.
Arbeitsauftrag:
1. Suchen Sie Beispiele, die für die jeweiligen »Beweise« sprechen.
2. Welche Voraussetzungen werden in den jeweiligen »Beweisen« gemacht?
3. Formulieren Sie zu jedem »Gottesbeweis« einen »Gegenbeweis« (vgl. hierzu **M 7** und **8a**). **M 7, M 8a**

Nachdem die Schülerinnen und Schüler selbst Stärken und Grenzen dieser Versuche, Gott zu beweisen, diskutiert haben, könnte **M 8b als vorläufige Zusammenfassung** dienen. Zu erinnern **M 8b**
ist auch daran, dass protestantische Theologie dem Unternehmen einer natürlichen Theologie mit grundsätzlicher Skepsis begegnet. Karl Barth schrieb gleich im Vorwort seiner »Kirchlichen Dogmatik«: »Ich halte die *analogia entis* für die Erfindung des Antichrist und denke, dass man ihretwegen nicht katholisch werden kann. Wobei ich mir zugleich erlaube, alle anderen Gründe, die man haben kann, nicht katholisch zu werden, für kurzsichtig und unernst zu halten.« (Karl Barth: Die Kirchliche Dogmatik. Band I,1: Die Lehre vom Wort Gottes. Prolegomena zur Kirchlichen Dogmatik, Zürich 1986, 11. Aufl., S.VIII–IX.)

Eine reizvolle Herausforderung mag es schließlich sein, abschließend zu versuchen, die eigenwillige, nicht ohne weiteres schlüssige Logik des **argumentum ornithologicum** von Jorge Luis Borges (argentinischer Schriftsteller; 1899–1986) zu rekonstruieren. Der Text kann eventuell auch als Hinführung zur Beschäftigung mit dem ontologischen Gottesbeweis dienen.

Sowohl in der Vernunft als auch in der Wirklichkeit

SH, Seite 22

Die letzte Seite des Kapitels widmet sich dem in philosophischer Hinsicht wohl reizvollstem, nämlich dem sog. **ontologischen Gottesbeweis von Anselm von Canterbury**. Anselm, der vor der Aristoteles-Rezeption des Mittelalters schreibt, setzt, anders als Thomas von Aquin, nicht bei Erfahrungen, sondern beim *Begriff* Gottes an. Zum Begriff Gottes gehört nach Anselm, dass Gott dasjenige ist, worüber hinaus nichts Größeres gedacht werden kann. Dieser Begriff impliziert nach Anselm die Existenz Gottes, denn würde Gott nicht existieren, dann könnte man sich noch etwas Größeres vorstellen.
Ehe die Schülerinnen und Schüler diesen Gedankengang anhand des abgedruckten Auszuges aus dem 2. Kapitel des Proslogion rekonstruieren, empfiehlt sich eine kurze Einführung in die Biographie Anselms. Sodann ist es sinnvoll, die ersten beiden Sätze des Textes gemeinsam zu lesen und die Frage der Textsorte (Anrede, Gebet) zu diskutieren.
Anschließend könnten die Schülerinnen und Schüler allein oder zu zweit den weiteren Gedankengang herausarbeiten und ihre Ergebnis auch schriftlich festhalten. Leitfrage wäre dabei, wie es Anselm gelingt, von der Behauptung des »Toren«, Gott gebe es nicht (2. Absatz), zu der Schlussfolgerung des letzten Satzes (»Daher muss …«) zu kommen.
Unterrichtsversuche zeigen immer wieder, dass Jugendliche die Argumentation nicht nur nachvollziehen, sondern ihr auch kaum etwas entgegenzusetzen haben. In manchen Lerngruppen mag
der Einsatz des Dialogtextes **M 9**, der eine Talkshowsituation simuliert, hilfreich und motivierend **M 9**
sein. Die Schwächen und die Problematik der Anselm'schen Argumentation formulieren **M 8a** **M 8a**
und **M 10ab**. Wer sich intensiver mit dem ontologischen Gottesbeweis auseinandersetzen will, **M 10ab**
sei auf folgende Literatur verwiesen:
Kurt Flasch: Kampfplätze der Philosophie. Große Kontroversen von Augustin bis Voltaire. Frankfurt a.M. 2008, S. 95–106. – Roland W. Henke: Gott denken. Das Abenteuer des ontologischen Gottesbeweises von Anselm bis in die Gegenwart. In: Philipp Thomas / Ekkehard Martens: Religionsphilosophie, Hannover 2004, S. 109–132. – Reinhard Hiltscher: Gottesbeweise, Darmstadt 2008. – Hans Küng: Existiert Gott? Antwort auf die Gottesfrage der Neuzeit, München, 4. Aufl., 2008. – Kirsten Meyer: »Beweise mir mit Worten, dass es Gott in Wirklichkeit gibt!« Gottesbeweise

als Übung im philosophischen Argumentieren. In: Zeitschrift für Didaktik der Philosophie und Ethik (25) 2003, Heft 1, S. 36–41. – Klaus Müller: Gott erkennen. Das Abenteuer der Gottesbeweise, Regensburg 2001. – Klaus Müller.: Gottes Dasein denken. Eine philosophische Gotteslehre für heute, Regensburg 2001. – Jörg Peters: Gottesbeweise, na klar – aber in der Mittelstufe. In: Zeitschrift für Didaktik der Philosophie und Ethik (25) 2003, Heft 1, S. 26–35.
Zu erwägen wäre auch, ob an manchen Schulen nicht auch eine Kooperation mit dem Lateinunterricht gesucht werden kann. Das Proslogion liegt als zweisprachiges Reclamheft vor:
Anselm von Canterbury: Proslogion – Anrede. Lateinisch / Deutsch. Übersetzt und hg. von Robert Theis, Ditzingen 2005.

Manche Schülerinnen und Schüler mögen sich nach diesem Arbeitsgang – ähnlich wie die auf der Seite abgebildete Frauengestalt von Hieronymus Bosch (Ausschnitt aus dem Bild »Der Steinschneider«; eine Nonne sieht zu, wie ein Kurpfuscher den »Stein der Dummheit« aus dem Kopf eines reichen Patienten zu operieren versucht) – einigermaßen verwirrt fühlen. Deshalb mag es gut sein, am Schluss dieses Kapitel anhand des Textes von **Blaise Pascal** noch einmal zu diskutieren, ob logisches Denken der einzige und beste Zugang zur Wirklichkeit Gottes ist. Gleicht das Leben einem Slalomlauf durch die Widerfahrnisse des Lebens? Was kann als Ziel des Lebens gelten? Besonderes Augenmerk sollte man auch dem letzten Abschnitt des Pascal-Textes widmen. Sowohl die Unterscheidung zwischen »Göttlichem« und »Gott« als auch die
M 12 Thematik des verborgenen Gottes münden in theologische Grundfragen. **M 12** stellt die entsprechenden biblischen Bezüge her.

Vertiefungsmöglichkeiten / Weitere Ideen

M 11 ▪ Als Abschluss des Gedankengangs eignet sich unter Umständen **M 11**, ein Text, den zunächst zwei Schüler/innen vortragen könnten und der dann noch einmal in Einzelarbeit durchgegangen werden sollte: Welche Stelle / Formulierung verstehe ich nicht? Was leuchtet mir nicht ein? Welcher Gedanke / welches Argument überzeugt mich? Einzelne Schülerinnen und Schüler, die vielleicht einen Philosophiekurs besuchen, mögen durch den Text angeregt werden, sich mit Kants Religionsphilosophie zu beschäftigen. Als Einführung in die Religionsphilosophie Kants vgl. *Peter Fischer: Philosophie der Religion, Göttingen 2007. – Douglas R. McGaughey: Über die Rolle der Religion in der moralischen Entwicklung. In: Hans Joas (Hg.): Braucht Werteerziehung Religion? Göttingen 2007, S. 101–135. – Karl Ernst Nipkow: Moralität und Religion in den Grenzen der Vernunft. In: Ders.: Pädagogik und Religionspädagogik im neuen Jahrhundert, Band 2, Gütersloh 2005, S. 389–406. – Friedo Ricken: Religionsphilosophie, Stuttgart 2003, S. 193–232.*

M 13–16 ▪ Zu **Blaise Pascal** (Biographie **M 13**) lohnt sich ein Exkurs:
Zur Vertiefung der Frage, ob Gott existiert, kann »**Die Wette**« in **M 14** bearbeitet werden. Zunächst kann der (im Anschluss an Pascal formulierte) Text mit verteilten Rollen gelesen werden. Verständnisschwierigkeiten werden geklärt.
Dann werden Kleingruppen gebildet und die Schüler/innen erhalten die Aufgabe,

1. die Argumentationsstruktur der Wette Pascals anhand von **M 16** herauszuarbeiten sowie
2. mögliche Gegenargumente zu finden. Argumente und Gegenargumente werden auf zwei DIN A 5-Folien festgehalten und anschließend von einer Gruppe der Klasse vorgestellt. In der Regel ist es so, dass die Argumentationsstruktur mit den vier Möglichkeiten leicht von allen gefunden wird. Es genügt, wenn nur eine Gruppe vorstellt und die anderen nötigenfalls ergänzen. Bei den Gegenargumenten ist es wahrscheinlich, dass nicht alle möglichen Gegenargumente von allen Gruppen gefunden werden. Hier stellt ebenfalls eine Gruppe ihr Ergebnis vor und die anderen Gruppen ergänzen entsprechend. Vertieft werden kann der Arbeitsgang dann mit **M 15**, ein Text, in dem sowohl die Argumente als auch die Gegenargumente noch einmal benannt werden.

▪ Weiterführende Überlegungen zur Schlüssigkeit von Beweisen, zum **Verhältnis von Mathematik und Theologie** im Allgemeinen und Pascal und Anselm von Canterbury im Besonderen bieten leicht zugänglich unter www.theo-web.de: *Katrin Bederna / Laura Martignon: Es war einmal ein enges Paar ...: Matheologie? In: Theo-Web – Zeitschrift für Religionspädagogik 1/2008, S. 48–71.*

■ **M 17** gibt ein Beispiel für die zeitgenössische Diskussion von Gottesbeweisen. **M 17**
Methodisch gesehen ist es naheliegend, interessierte Schülerinnen und Schüler nur mit **Antony Flews Gärtnergleichnis** (Z. 1–27) zu konfrontieren. Die anschließenden Folgerungen Flews sind eher für die Lehrkraft gedacht, ebenso **M 18**, eine Passage aus einem wissenschaftlichen Aufsatz, **M 18**
die zeigt, wie heutige Theologie auf die Anfrage Flews reagiert.

KLAUSURTEXTE

Bei **K 13** könnten die Schülerinnen und Schüler zunächst herausarbeiten, wie der Verfasser das Phänomen »gottesbeweisähnliche Gedankengänge« beurteilt. Anschließend könnten ein oder zwei der Beweisgänge des Thomas von Aquin dargestellt und kritisch diskutiert werden.
K 14 spricht wesentliche Aspekte des vorliegenden Kapitels an und ermöglicht – je nach Unterrichtsverlauf – sowohl vertiefende Nachfragen als auch eine kritische Auseinandersetzung mit dem Phänomen der Gottesbeweise insgesamt.
K 15, ein Auszug aus einem anspruchsvollen Feuilleton-Artikel, setzt die Frage der Gottesbeweise auf interessante Weise zur Feuerbach'schen These, Gott sei nur eine Idee bzw. Projektion des Menschen, in Bezug. Es lassen sich somit gut Klausurfragen zu Kapitel C anschließen. Es bestehen darüber hinaus naheliegende Querverbindungen zu den Bildungsplanthemen »Mensch« und »Wirklichkeit«.
K 16 widerspricht dem weit verbreiteten Vorurteil, der Protestantismus spiele, im Unterschied zur römisch-katholischen Tradition, den Glauben gegen die Vernunft aus.

PRÄSENTATIONSTHEMEN

■ **Wie und womit erfahren wir Gott? Zur Körpersprache der Bibel**
entwurf 1/2004: Themenheft »Körper«. – Silvia Schroer / Thomas Staubli: Die Körpersymbolik der Bibel, Gütersloh, 2., überarbeitete Aufl., 2005.
■ **Leben und Werk Thomas von Aquins**
Marie-Dominique Chenu: Thomas von Aquin in Selbstzeugnissen. Reinbek, 10. Aufl., 2004. – Rolf Schönberger: Thomas von Aquin zur Einführung, Hamburg, 3. Aufl., 2006.
■ **Leben und Werk des Anselm von Canterbury**
Rolf Schönberger: Anselm von Canterbury. Leben, Werk und Wirkung, München 2004.
■ **Der ontologische Gottesbeweis des Anselm von Canterbury als mathematische Herausforderung**
Gerhard Weisgerber: Gott beweisen. Mehr als ein Denkspaß, damit der Theologe auch einmal mit dem Mathematiker ins Gespräch kommt? In: rhs – Religionsunterricht an höheren Schulen 1/1997, S. 52–59.
■ **Die Theorie des »intelligent design« – ein neuer Gottesbeweis?**
Oberkirchenrat der Evangelischen Landeskirche in Württemberg: Zum Kreationismus und zur Theorie eines »intelligenten Designs«. In: Materialdienst der Evangelischen Zentralstelle für Weltanschauungsfragen 9/2007, S. 337–342. – Weltentstehung, Evolutionstheorie und Schöpfungsglaube in der Schule. Eine Orientierungshilfe der Evangelischen Kirche in Deutschland. EKD Text 94, hg. vom Kirchenamt der Evangelischen Kirche in Deutschland, Hannover 2008. – Karl Ernst Nipkow: Schöpfungsglaube, Kreationismus und Naturwissenschaft. In: Theo-Web 1/2008, S. 28–47.
■ **Was ist ein Beweis? Möglichkeiten, Beispiele und Grenzen aus naturwissenschaftlicher Sicht**
■ **Leben und Werk Blaise Pascals**
Jacques Attali: Blaise Pascal. Biographie eines Genies, Stuttgart 2006. – Wilhelm Schmidt-Biggemann: Blaise Pascal, München 1999.
■ **John Updikes Roman »Das Gottesprogramm. Rogers Version«**
Reinbek 1990. Vgl. besonders Teil I, Kapitel 1.

Wiederholungsfragen D

1. **Stellen Sie** zwei Gottesbeweise des Thomas von Aquin **dar** und **prüfen Sie**, inwieweit diese Beweise schlüssig sind.
2. **Entfalten Sie** den ontologischen Gottesbeweis des Anselm von Canterbury und **nehmen Sie kritisch** dazu **Stellung**.
3. **Setzen Sie sich kritisch** mit der von Blaise Pascal vorgeschlagenen Wette zur Existenz Gottes **auseinander**.
4. Gott denken? **Erörtern Sie**, ob und inwiefern es wichtig ist, Gott zu denken.

E Gott bestreiten?

Hat Kapitel D die Frage erörtert, ob es möglich sei, Gott zu beweisen oder zu denken, geht es in Kapitel E um die Bestreitung der Existenz Gottes im Zuge des (neuzeitlichen) Atheismus. Gleichsam als ein Spezialfall dieser Auffassung kann die Theodizee-Frage aufgefasst werden, die man auch den »Fels des Atheismus« genannt hat: Wie kann ein Gott, der doch gut und gerecht genannt wird, so viel Böses und Leid auf der Welt zulassen? Ob die Frage nach der Rechtfertigung Gottes tatsächlich heute noch – wie Karl Ernst Nipkow einst vermutete – zur »Einbruchstelle für den Verlust des Glaubens an Gott« und damit zu den elementaren Fragen von Jugendlichen gehört, wird heute aufgrund neuer empirischer Untersuchungen neu diskutiert und in Frage gestellt. **M 1**
Jedenfalls ist mit der Frage nach der Theodizee Gottes untrennbar die Frage nach seiner (All-) Macht verbunden, mit der dieses Kapitel eröffnet wird: Wie kann in dem ohnmächtig am Kreuz sterbenden Gott ein allmächtiger Gott gesehen werden, der Himmel und Erde erschaffen haben soll?
Himmel und Erde – unsere Welt – ist das Stichwort für die philosophische Auseinandersetzung zwischen Leibniz und Schopenhauer: Hat Gott der Allmächtige »die beste aller möglichen Welten« erschaffen (Leibniz in Anschluss an Gen 1,31: »... und siehe, es war sehr gut!«) oder ist »die schlechteste aller möglichen Welten« (Schopenhauer) nicht vielmehr Ausdruck der Ohnmacht Gottes?
Schließlich: Der Mensch des 21. Jahrhunderts fragt nicht mehr nur wie der Mensch vergangener Jahrhunderte: Wie kann Gott so viel Böses zulassen? – er fragt radikaler: Kann ein Gott existieren, der so viel Böses zulässt? Diese Frage schließt deshalb das Kapitel ab: Kann man aus allen Überlegungen folgern, dass Gott existiert, oder muss man folgern, dass Gott nicht existiert? Noch weiter zugespitzt: Wie kann und soll man mit dieser unlösbaren Frage als Erwachsener seinen Kindern gegenübertreten?

Ingolf U. Dalferth: Leiden und Böses. Vom schwierigen Umgang mit Widersinnigem, Leipzig 2006. – Ingolf H. Dalferth: Malum. Theologische Hermeneutik des Bösen, Tübingen 2008. – Eberhard Jüngel: Gott als Geheimnis der Welt. Zur Begründung der Theologie des Gekreuzigten im Streit zwischen Theismus und Atheismus, Tübingen, 5. Aufl., 2001. – Armin Kreiner: Das wahre Antlitz Gottes – oder was wir meinen, wenn wir Gott sagen? Freiburg 2006. – Hans Küng: Existiert Gott? Antwort auf die Gottesfrage der Neuzeit, München, 4. Aufl., 2008. – Michael Lönz: Von Gott sprechen. Wider den Wahn der Bilder und die Umgehung der Rede von Gott. In: rhs – Religionsunterricht an höheren Schulen 2/2007, S. 111–124. – Werner Ritter / Helmut Hanisch / Erich Nestler / Christoph Gramzow: Leid und Gott. Aus der Perspektive von Kindern und Jugendlichen, Göttingen 2006. – Werner Thiede: Der gekreuzigte Sinn. Eine trinitarische Theodizee, Gütersloh 2007.

Sie werden doch so einem nicht vertrauen!

SH, Seite 23

Der **Isenheimer Altar**, dem die Darstellung des Gekreuzigten auf S. 23 entnommen ist, lohnt einen ausführlichen Unterrichtsgang. Man wird aber überlegen müssen, ob dies im Rahmen eines Grundkurses Religion möglich ist, da der Zeitaufwand beträchtlich ist. Als erste Hintergrundinformation zu diesem Meisterwerk abendländisch-christlicher Kunst kann **M 2** dienen, **M 2**
jedoch reicht dieses Material natürlich nicht aus, um den Altar als Ganzes zu erschließen. Der Schwerpunkt der Beschäftigung sollte die Frage nach der *Allmacht und Ohnmacht Gottes* sein:

Im Schülerheft ist deshalb aus dem Gesamtkunstwerk des Altars der Ausschnitt des ohnmächtig Gekreuzigten ausgewählt, kontrastiert mit Bildern eines muskelbepackten Bodybuilders. Durch diese Bildzusammenstellung wird der Kontrast zwischen Leiden und Stärke, Allmacht und Ohnmacht thematisiert: Wie kann der allmächtige Gott in diesem leidenden Menschen anwesend sein, sich gar mit ihm identifizieren? Wie kann in unserer nach Jugendlichkeit und Stärke strebenden Gesellschaft, in der das Schwache und Hinfällige keinen Platz zu haben scheint, der am Kreuz sterbende Gott zu einem tröstlichen Bild werden? Kann man »so einem vertrauen«?
In diesem Zusammenhang sollte auch der »Sitz im Leben« des Isenheimer Altars mitbedacht werden. Der für die Kirche des Antoniter-Spitals von Isenheim, einem kleinen Dorf am Rande der Vogesen, geschaffene Altar ist im Kontext dieses Spitals zu sehen. Die meisten Erkrankten litten am sog. Antoniusfieber, einer äußerst qualvollen Erkrankung, die in früheren Jahrhunderten durch den Genuss des giftigen Mutterkorns im Getreide hervorgerufen wurde. Die Kranken wurden vor dem Altar aufgebahrt, konnten seine Tafeln im Sinne eines spirituellen Therapeutikums meditieren und dabei die Leiden Christi auf ihr eigenes Leben beziehen.

Möchte man einen »**Kurzzugang**« zum Altar wählen, so bietet sich an, die Darstellung des
M 3 Gekreuzigten anhand von **M 3** nach verschiedenen Aspekten und in Gruppen erarbeiten zu lassen. Folgende Gruppen bieten sich an:

1. Die Dornenkronen-Gruppe: Sie beschäftigt sich mit dem Dornenhaupt Christi und dem Gesicht.
2. Die Hände-Gruppe: Sie interpretiert die Handhaltungen und die Finger.
3. Die Füße-Gruppe: Sie widmet sich der Darstellung der Füße.
4. Die Körper-Gruppe: Sie beschäftigt sich mit den Wunden des Körpers und der Darstellung des Körpers insgesamt (Körperhaltung).

Gut ist es sicher, das Bild mit Hilfe einer guten Folie zu projizieren. Auf Webseiten sind gute Reproduktionen zu finden, ebenso natürlich in Bildbandausgaben zum Isenheimer Altar.
Für alle Gruppen gilt die zentrale Frage: Ist Gott ohnmächtig oder allmächtig?
Weitere Fragen drängen sich auf:

- ☐ Ist Gott in diesem Gekreuzigten gestorben?
- ☐ Hat sich Gott mit diesem Gekreuzigten identifiziert?
- ☐ Warum nimmt Gott solche Schmerzen auf sich?
- ☐ Warum kann Gott die Welt nicht anders retten?
- ☐ Warum ist Gott so schwach und nicht stark genug?
- ☐ Hat Gott seinen Sohn geopfert?

Möchte man sich in einem »**vertiefenden Zugang**« mit dem Isenheimer Altar beschäftigen, so bietet es sich an, entweder eine Schülerpräsentation vorbereiten oder den gesamten Altar in Arbeitsgruppen erarbeiten zu lassen. Die drei Schautafeln bieten dafür eine erste Orientierung,
M 4 man kann leicht drei größere Gruppen einrichten, die jeweils eine Schauseite erarbeiten und sich wieder in einzelne Arbeitsbereiche entsprechend **M 4** aufteilen. Auf diese Weise ist es möglich, bis zu 19 Schüler/innen mit einem je verschiedenen Arbeitsauftrag zu versehen. Ziel wäre es

1. zu den einzelnen Bildern bzw. den jeweiligen Personen des Altars je eine theologische (biblische) Erarbeitung (Hilfsmittel: Bibel, Internet) vorzunehmen;
2. eine künstlerische bzw. kunstgeschichtliche Einordnung zu versuchen (Hilfsmittel: Kunstbände, kleiner Bücher-Apparat, Internet – die Webseiten für den Isenheimer Altar sind Legion). Für einen solchen Unterrichtsgang müsste man etwa vier Schulstunden veranschlagen.
3. Möglich wäre es auch, den gesamten Altar als Modell zu basteln, indem man die einzelnen Schautafeln auf Pappe klebt und daraus den Altar nachstellend zusammenfügt.
4. Eine weitere interessante Möglichkeit wäre, die Schautafeln des Isenheimer Altars szenisch zu interpretieren und die Schüler/innen in einzelne »Rollen« schlüpfen zu lassen, um so die Personen auf dem Altar selbst »zum Sprechen« zu bringen. Interessante Anregungen für einen solchen Unterrichtsgang bieten die Kolleg/innen Frank Schulz, Erika Kern und Helmuth Kern.

5. Ferner ist zu beachten, dass der Isenheimer Altar in der Kursstufe häufig auch ausführlich im Kunstunterricht behandelt wird. Wenn dies der Fall ist, bietet sich natürlich eine eingehende Kooperation mit Kunstkollegen an. **M 5**

Mathias Grünewald, Isenheimer Altar. In: Dies.: Die Welt der Bilder. Eine Reise ins Unbekannte. Schülerarbeitsheft und Kommentarband für den Kunstunterricht ab Klasse 7 an allgemeinbildenden Schulen, Leipzig/Stuttgart/Düsseldorf 2001, S. 22–27. – Andreas Reinert: 24 Bilder zur Bibel. Bildkartei. In: entwurf 2–3/2007, Bild Nr. 20: Kreuzigung; Bild Nr. 21: Auferstehung, Seelze 2007. – Gottfried Richter: Der Isenheimer Altar, Stuttgart, 3. Aufl. (Neuausgabe), 2006. – Michael Schubert: Der Isenheimer Altar. Geschichte – Deutung – Hintergründe, Stuttgart 2007. – Frank Schulz / Erika Kern / Helmuth Kern: Die Welt der Bilder. Eine Reise ins Unbekannte, Leipzig u.a. 2001, S. 22ff.; Kommentarband, Leipzig u.a. 2002, S. 22ff. – Max Seidel: Der Isenheimer Altar von Mathis Grünewald, Stuttgart, unveränderte Neuauflage 2008. – Horst Ziermann: Matthias Grünewald, München 2001, S. 74–152. – www.mathis.de.ki. – www.museeunterlinden.com

Der Textauszug aus dem Buch von **Eric-Emmanuel Schmitt, Oscar und die Dame in Rosa**, der an den oben erwähnten Kontrast zwischen Stärke und Schwäche anknüpft, führt in ein sensibles Werk ein, das wahrscheinlich nicht alle Schüler/innen kennen werden: In ihm begegnet der 10-jährige, leukämiekranke Oskar »Oma Rosa«. Oskar hat nur noch 12 Tage zu leben, Ärzte und Eltern versuchen dieser schmerzhaften Tatsache auszuweichen. Einzig die »Dame in Rosa«, eine engagierte Krankenbetreuerin, begegnet seinen Fragen, Ängsten und Wünschen offen, feinfühlig und phantasievoll. Und sie hat eine Idee: »Von heute an betrachtest du jeden Tag, als wären es 10 Jahre« – das ist die Herausforderung für Oskar, der er sich stellt: Eine Idee, die Hoffnung, Mut und Lebensfreude stiftet. Liebevoll begleitet Oma Rosa Oskar auf dieser Reise.
Der Textauszug kann zunächst von zwei Schüler/innen im Wechsel vorgelesen werden. Der Text versucht das Erschrecken widerzuspiegeln, das Menschen oft befällt, wenn sie zum ersten Mal den Gekreuzigten sehen. Vor allem kleine Kinder haben damit Probleme, wenn sie zum ersten Mal in einer Kirche mit dieser Folterszene konfrontiert werden. Möglicherweise liegen ähnliche Erfahrungen auch in der Lerngruppe vor, die in Kleingruppen artikuliert werden können.
Ein erster Unterrichtsbaustein kann darin bestehen, in der Kleingruppe die Schüler/innen den auf **M 5** abgedruckten Textauszug mit Themen / Stichworten / Randnotizen versehen zu lassen, über die sie im Anschluss gerne sprechen möchten. Folgende Anschluss-Themen können möglicherweise angefragt werden: Tod und Auferstehung / Schmerzen / Gottesbilder / Warum musste Jesus sterben? / Theodizee …

Einen vollständig ausgearbeiteten Unterrichtsentwurf zu Schmitts Roman findet man bei Marion Holzhüter / Folke Keden-Obrikat: Einen Oskar für Gott. In: BRU-Magazin für den Religionsunterricht in Berufsbildenden Schulen 47/2008, S. 8–31. – Ansonsten vgl. auch: Iris Bosold: Katechetische Blätter 6/2008, Praxisbeilage.

Vertiefungsmöglichkeit / Weitere Idee

■ Möchte man das skizzierte Themenfeld weiter ausbauen, so bietet sich ein **fächerverbindender Projekttag** zu »Oscar und die Dame in Rosa« an. Die Fächer Französisch, Ethik und Religion sowie Deutsch und Biologie könnten beteiligt sein und einen Vormittag zu dieser Lektüre und den Themen des Buches gestalten. Natürlich braucht ein solcher Projekttag einige Vorbereitungszeit. Folgendes ist denkbar:
Französisch: Doppelstunde mit Lektüre einiger ausgewählter Stellen, evtl. Wiederholung einiger Szenen mit Hilfe der zum Buch erschienenen Audio-CD.
Ethik / Religion: Hier bieten sich ganz verschiedene Zugänge an, z.B. Schüler-Präsentation(en), Organisation einer Ausstellung von Bildern zum Thema Tod/Sterben, evtl. mit Kinderzeichnungen zu Gottesbildern und Todesvorstellungen, evtl. auch Kurzfilme.
Deutsch: Präsentation weiterer Kinder- und Jugendbücher zum Thema.

Biologie: Welche Auswirkungen hat eine Kreuzigung auf den Organismus? Wann ist ein Mensch, biologisch gesehen, tot?
Für alle Fächer denkbar: Interviews/Gespräche mit Gästen: Klinikseelsorger, Psychologen, Bestattungsunternehmer, Kinderärzte …

Albert Biesinger: Kinder nicht um Gott betrügen. Anstiftungen für Mütter und Väter, Freiburg, 13. Aufl., 2007. – Albert Biesinger / Helga Kohler-Spiegel: Gibt's Gott? Die großen Themen der Religion. Kinder fragen, Forscherinnen und Forscher antworten, München, 2. Aufl., 2007. – Helmut Hanisch: Die zeichnerische Entwicklung des Gottesbildes bei Kindern und Jugendlichen, Stuttgart 1996. – Christoph Th. Scheilke / Friedrich Schweitzer: Wie sieht Gott eigentlich aus? Wenn Kinder nach Gott fragen. Kinder brauchen Hoffnung, Bd. 4, Münster, 2. Aufl., 2006. – Eric-Emmanuel Schmitt, Oscar und die Dame in Rosa, Frankfurt 2007, S. 63–65. – Ders.: Oscar et la dame rose. Audio-CD, CD-ROM und Textbuch, München 2004. – Ders.: Oscar et la dame rose, Ditzingen 2004. – Kurzfilme: Siehe entwurf 1–2/2001, AV-Medien zum Thema »Sterben«, S. 62–63. – Ministerium für Kultus, Jugend und Sport Baden-Württemberg (Hg.): Vom Umgang mit Trauer in der Schule. Handreichung für Lehrkräfte und Erzieher/innen, Stuttgart 2006 (vgl. www.km-bw.de/service/download/printmedien).

SH, Seiten 24/25

Woher kommen dann die Übel?

Die Seiten 24–25 widmen sich in unterschiedlichen Zugängen dem Theodizee-Problem im engeren Sinne. Es ist möglich, die einzelnen Elemente dieser Seite in unterschiedlicher Reihenfolge aufzugreifen. Die hier vorgeschlagene Reihenfolge ist nur eine der Möglichkeiten.
Um sich die Frage und ihre Implikationen grundsätzlich klar zu machen, kann mit dem **Zitat Epikurs** begonnen werden. In Arbeitsgruppen versuchen die Schüler/innen dazu eine Grafik zu erstellen, die den Gedanken dieser logischen Schlussfolgerung visualisiert. Dabei soll, erstens, das Gottesbild Epikurs herausgearbeitet sowie, zweitens, eine erste Antwort auf seine Schlussfrage versucht werden. In einer sich anschließenden Diskussion können die verschiedenen Ant-
M 6 worten, die die Schüler/innen mitbringen, festgehalten werden (**M 6**). Das Schema von Rein-
M 7 hold Aschenberg (**M 7**) steuert einige begriffliche Klärungen bei, die besprochen und in einem Tafelbild gesichert werden können.

Klaus Berger: Wie kann Gott Leid und Katastrophen zulassen? Gütersloh 2005. – Carl-Friedrich Geyer: Epikur zur Einführung, Hamburg, 2. Aufl., 2004. – Wilfried Härle: Dogmatik. Berlin/New York, 3., überarbeitete Aufl., 2007, S. 439–455. – Malte Hossenfelder: Epikur, München, 3. Aufl., 2006. – Armin Kreiner: Gott im Leid. Zur Stichhaltigkeit der Theodizee-Argumente, Freiburg, 2. Aufl., 2005. – Georg Langenhorst (Hg.): Hiobs Schrei in die Gegenwart. Ein literarisches Lesebuch zur Frage nach Gott im Leid, Mainz 1995. – Religion betrifft uns 5/2008: Theodizee – Gott, die Welt und das Böse. – Paul Ricoeur: Das Böse. Eine Herausforderung für Philosophie und Theologie, Zürich 2006. – Walter Sparn: Leiden – Erfahrung und Denken. Materialien zum Theodizeeproblem, München 1980.

Die **Installation »Gewölbe«** (1987) von Jürgen Brodwolf kann als Darstellung des ungelösten Theodizee-Problems gesehen werden. Brodwolf schloss 1953 sein Studium an der Kunstgewerbeschule in Bern ab. Danach hielt er sich in Paris auf und übte sich autodidaktisch in der Malerei. 1955 erhielt er das Eidgenössische Kunststipendium für Malerei, ließ sich in Vogelbach im Südschwarzwald nieder und betätigte sich als Fresko-Restaurator und Glasmaler. Ein Stipendium an der Akademie der Künste in Berlin erhielt er im Jahre 1968, eine Professur an der Fachhochschule für Gestaltung in Pforzheim im Jahre 1976. 1982 bekam er eine Professur für Bildhauerei an der Staatlichen Akademie der Bildenden Künste in Stuttgart, die er bis 1994 innehatte. Im August 2005 wurde die Jürgen-Brodwolf-Stiftung gegründet mit Sitz in Kandern. Sein Werk ist vielfältig, typisch für ihn sind die in immer neuen Variationen gestalteten Menschen-Torsi, wie auch in der Installation auf S. 24.
Das Bild eignet sich, um mit Leitfragen erarbeitet zu werden:

1. Das Gewölbe: Welche Assoziationen kommen Ihnen in den Sinn, wenn Sie die Installation von Jürgen Brodwolf mit dem Titel »Gewölbe« ansehen? Welchem Zweck dient das Gewölbe und was ist die Funktion eines »Gewölbes« eigentlich?
2. Die Menschen: Die Schülerinnen und Schüler arbeiten in Gruppen an diesem Bild und versuchen einen Zusammenhang zum Theodizee-Problem herzustellen. Die zusammengekauerten Menschen-Torsi unter dem aufgespannten »Himmel« aus blauen Röhren legen die Frage nahe, ob dieser »Himmel« an dem Leiden der Menschen Anteil nimmt. Welche Gedanken und Gefühle haben Sie, wenn Sie die zusammengekauerten, stilisierten Menschen unter dem Gewölbe betrachten? Fühlen sich die Menschen »vom Himmel« verlassen? Im Plenum findet anschließend ein Austausch statt, gegliedert nach den beiden Begriffen »Gewölbe« und »Menschen«; die Ergebnisse / Assoziationen können als Tafelbild festgehalten werden.

Jürgen Brodwolf: Gewölbe (1987). In: Katharina Winnekes (Hg.): Christus in der Kunst. Von den Anfängen bis zur Gegenwart, München 1989, S. 110.– Jürgen Brodwolf: Figurenkosmos. 75 Arbeiten aus fünf Jahrzehnten, Stuttgart 2007.

Anschließend können die Schüler/innen ihre Ergebnisse bei der Erschließung des »Gewölbes« von Brodwolf mit dem Gedicht **»Hymne an Gott« von Bertolt Brecht** vergleichen (Informationen zum Gedicht vgl. **M 8**). **M 8**
Folgende Aufgaben- und Fragestellungen sind denkbar:
1. Vergleichen Sie in der Gruppe das Gedicht von Bertolt Brecht mit der Installation von Jürgen Brodwolf. Worin erkennen Sie Kongruenzen, wo Differenzen?
2. Üben Sie Kritik an dem Gedicht von Bertolt Brecht! Verteidigen Sie anschließend seine Gedanken! Bringen Sie Für und Wider der Gedanken Brechts auf eine Folie.
3. Als Hausaufgabe (oder als zusätzliche Leistung im Unterricht, eventuell sogar als zusätzliche Lernleistung einzelner Schüler/innen) kann ein Gedichtvergleich mit dem auf **M 9** wiedergegebenen Gedicht von Bertolt Brecht vorgeschlagen werden. **M 9**

Georg Langenhorst: Gedichte zur Gottesfrage. Texte – Interpretationen – Methoden. Ein Werkbuch für Schule und Gemeinde, München 2003, S. 125–127.

»Der Fels des Atheismus«, ein berühmt gewordenes Wort aus **Georg Büchners »Dantons Tod«**, kann von einem Schüler / einer Schülerin vorgestellt werden. **M 10**, eine sehr kurze Beschreibung des Lebens Büchners und seiner Werke, dient eher als Hintergrundtext zu dem im Schülerheft abgedruckten Zitat und nicht als Einführung in Leben und Werk Georg Büchners. Eine Zusammenarbeit mit den Deutsch-Kollegen bietet sich an, da das Leben und Werk Büchners für den Deutsch-Unterricht gut erschlossen ist. **M 10**
Im Religionsunterricht sollte das Zitat selbst in den Mittelpunkt rücken. Dabei kann folgendermaßen vorgegangen werden: Das Zitat wird zunächst gemeinsam gelesen, dann werden vier »Zitatstücke« verteilt (vgl. **M 11**): **M 11**
1. »Man kann das *Böse* leugnen, aber nicht den *Schmerz*«
2. »Nur der *Verstand* kann *Gott* beweisen«
3. »Warum leide ich? Das ist der *Fels* des *Atheismus*«
4. »Das leiseste *Zucken* des Schmerzes, und rege es sich nur in einem *Atom*, macht einen *Riss* in der *Schöpfung* von oben bis unten«

Die Schülerinnen und Schüler werden in vier Gruppen eingeteilt, assoziieren zu »ihrem« Zitatstück und stellen schließlich ein mind-map her (Folie, Stifte). Diese mindmaps werden anschließend der Klasse vorgestellt. Mit den *Substantiven* im Zitat (das Böse, Schmerz, Verstand, Gott, Gefühl, Fels, Atheismus, Zucken, Atom, Riss, Schöpfung) können neue Kombinationen, neue Bezüge ausprobiert und hergestellt werden, die unter Umständen ganz neue Sinngefüge erschließen; zum Beispiel: Man kann Gott leugnen, aber nicht die Schöpfung. – Nur der Schmerz kann Gott beweisen. – Warum leide ich? Das ist der Schmerz des Atheismus! – Das leiseste Zucken der Schöpfung, und regte es sich nur in meinem Verstand, macht einen Gott …

Wilhelm Große: Lektüreschlüssel zu Georg Büchner: Dantons Tod, Stuttgart 2005. – Martin Neubauer: Georg Büchner, Dantons Tod. Inhalt, Hintergrund, Interpretation, München 2006.

Vertiefungsmöglichkeiten / Weitere Ideen

M 12 ■ Als Übertragung oder Aktualisierung kann die **Kurzerzählung von Rudolf Otto Wiemer (M 12)** die Theodizeefrage vertiefen. Im Text werden verschiedene Antworten auf die Frage gegeben, die, in Gruppenarbeit herausgearbeitet, bei **M 6** ergänzt oder in einem Klassengespräch problematisiert (»Pech gehabt!«) werden können.

M 13 ■ Eine Ergänzung zum epikureischen Trilemma kann das **Zitat von Boethius (M 13)** sein. Diese kurze Sequenz aus seinem »Trost der Philosophie« stellt insofern eine Erweiterung des Gedankens vor, weil nicht nur nach der Herkunft des Bösen, sondern umgekehrt auch nach der Herkunft des Guten gefragt werden muss, wenn Gott nicht existiert. Die Frage nach der Herkunft des Bösen aus Gott übersieht nämlich häufig, dass die Leugnung der Existenz Gottes aus der Theodizee-Frage heraus notwendig auch die Frage aufwirft, woher das Gute kommt, wenn Gott nicht mehr als Grund des Guten existiert.

■ Bevor man diesen Gedankengang zur Theodizee abschließt, kann ein Text, der die verschiedenen Problemstellungen zusammenfassend beschreibt, hilfreich sein. Wer eine solche »Ergebnissicherung« einbauen möchte, dem ist mit dem Text von **Horst Georg Pöhlmann** geholfen, der den gegenwärtigen Stand der theologischen Positionierungen zur Theodizee-Frage gut zusammenfasst (**M 14**). M 14

M 15 ■ Der Frage innerhalb der Theodizee-Problematik, wie »gut« eigentlich Gott sei, kann man nicht ausweichen. Dazu kann man mit **M 15**, einem Text von Leszek Kolakowski, arbeiten, der mitten in das Problem führt, dass Gottes Handeln für die einen gut, für andere aber als böse erlebt werden kann: **»Gott oder die Güte ist relativ«** – eine kurze Aufnahme der Geschichte von der Errettung der Israeliten im Schilfmeer, während die Ägypter darin umkommen. Ein interessanter Aspekt dieses Themas ist die Tatsache, dass im Jüdischen Gottesdienst das Hallel, das eigentlich aus den Ps 113–118 besteht, am Rosch chodesch (Neumond) nur als »Halbhallel« gesungen wird (unter Auslassung von Ps 115 und 116). »Es hat sich die Erklärung eingebürgert, man sage nur das Halbhallel aus Mitleid mit den Ägyptern, die an diesen Tagen ihr Leben verloren haben. Sie lehrt, dass die Freude schwindet, wenn Menschen, selbst der Feind, sterben müssen«. (*Leo Trepp: Der jüdische Gottesdienst. Gestalt und Entwicklung, Stuttgart/Berlin/Köln 1992, S. 45.)*

■ In einem Rückgriff auf eine behandelte Hiob-Unterrichtseinheit (Klasse 9/10) kann einiges von den dort behandelten Materialien als Wiederholung eingebracht werden. Einen möglichen Zugang bietet der Text der bekannten Romanautorin **Isabel Allende**, Nichte des chilenischen Präsidenten Salvador Allende. Sie beschreibt in ihrem autobiographischen Roman »Paula«, wie sie als junges Mädchen bei ihrem Onkel Ramón, dem chilenischen Generalkonsul im Libanon, lebt. Sie besucht eine englische Mädchenschule und macht Bekanntschaft mit Onkel Ramóns »didaktischen Methoden, die die moderne Psychologie als brutal einstufen würde«. Vgl. **M 16: Hiob – ein Blödmann?** M 16

SH, Seiten 26/27

Die beste aller Welten – die schlechteste aller Welten

In der Geschichte der Theologie (und der Philosophie) ist nicht selten der Versuch unternommen worden, Gott *aus der Natur* zu »beweisen«. Anknüpfend an Röm 1,18–23 hat man in einer *theologia naturalis*, einer »natürlichen Theologie«, die man auch als *revelatio generalis* (allgemeine Offenbarung) von der *revelatio specialis* (der Offenbarung in Christus) unterschied, einen Zugang zur Existenz Gottes gesucht. Im 20. Jahrhundert waren etwa Paul Tillich, Karl Rahner und Hans Küng typische Vertreter einer natürlichen Theologie. Als Gegner einer natürlichen Theologie können zum Beispiel Karl Barth und Dietrich Bonhoeffer gelten. Während für letztere eine »natürliche Gotteserkenntnis« unmöglich erscheint und dieser schroff *exklusive* Offenbarungsbegriff etwa in die Barmer Erklärung einging (derzufolge »Jesus Christus« »das *eine* Wort Gottes« ist und *die einzige* Offenbarung Gottes darstellt), versuchen die ersteren neben der »Wortoffenbarung« auch eine »Werkoffenbarung« geltend zu machen und einen *inklusiven* Offenbarungsbegriff zu setzen, wie er von Paulus in Röm 1,20 gedacht ist: »Denn *Gottes unsichtbares Wesen*, das ist seine ewige Kraft und Gottheit, *wird seit der Schöpfung der Welt ersehen aus seinen Werken*, wenn man sie wahrnimmt.«

Kann man Gott also *in der Natur* (oder besser gesagt: *durch die Natur*) erkennen? Und wenn es so wäre, müsste dann nicht in den Werken der Schöpfung Gott selbst erkennbar sein? Ja müsste nicht die Schöpfung Gottes, die Gen 1,31 als »sehr gut« apostrophiert ist, Gott selbst entsprechen?

Paradigmatisch für die Beschäftigung mit diesen Fragen und stellvertretend für viele kann die (freilich nicht direkt, sondern über die Jahrhunderte indirekt geführte) philosophische Auseinandersetzung zwischen **Gottfried Wilhelm Freiherr von Leibniz** (1646–1716) und **Arthur Schopenhauer** (1788–1860) gelten. **Leibniz** entwickelt im Zuge einer optimistischen Weltsicht der Aufklärungszeit eine Lehre von der »*harmonia praestabilita*« (= vorher festgesetzte Harmonie) der Welt. Die Welt ist für Leibniz die »beste aller möglichen« und entspricht in ihrer Vollkommenheit dem guten, schöpferischen Willen Gottes nach Gen 1,31. In seiner Theodizee setzt er sich deshalb mit dem Problem auseinander, warum Gott das Böse in der Welt zulässt, und kommt zu dem Schluss, dass Gott das *malum physicum* (= physisches Übel, d.h. das Leiden) geschehen lasse, weil es die Schuld bestrafe und zum Guten führe; das *malum morale* (= das moralische Übel, d.h. die Sünde) konzediere Gott um der Freiheit der Menschen willen. Dennoch ist *die Welt die beste aller denkbar-möglichen.*

Ganz anders **Schopenhauer**: Schopenhauer, auch als »Thronerbe Kants« tituliert, erteilt allen positivistischen Harmoniebestrebungen religiöser und philosophischer Art eine Absage. Für ihn ist die Welt wesentlich vom Willen des Menschen geprägt (Hauptwerk: »Die Welt als Wille und Vorstellung«). Unter Wille versteht Schopenhauer das vernunft- und erkenntnislose Grundprinzip alles Seienden, das sich in den Hervorbringungen der Natur und des Geistes verwirklicht. Dieser Wille ist ziellos und sinnlos, so dass andauerndes Glück versagt bleiben muss und *Pessimismus* der Realität entspricht: Da der menschliche Wille sein Ziel verfehlt und sinnlos ist, ist auch die Welt, deren Wille er ist, verfehlt und sinnlos. *Alles Leben ist daher Leiden* (ein Grundgedanke des Buddhismus, den Schopenhauer übernimmt), das Leben ein aufgeschobener Tod, *die Welt die schlechteste aller denkbar-möglichen.*

Die Texte der beiden Philosophen sollten aber nicht der Ausgangspunkt der Erarbeitung sein. Als **Einstieg** in diese Überlegungen könnte man mit zwei Aussagen beginnen, die man entweder an die Tafel schreibt oder auf vorbereiteten, laminierten Blätter anklebt: »Die Welt ist gut«; »Die Welt ist schlecht«. Die Schüler/innen assoziieren zu diesen beiden Grundaussagen, die Stichworte werden unter den jeweiligen Aussagen festgehalten. Ein/e Schüler/in schreibt das Tafelbild ab, damit es nicht verloren geht, die Lehrkraft kopiert das Blatt bis zur kommenden Unterrichtsstunde. Dabei werden sowohl Leiden im Sinne eines *malum physicum* als auch eines *malum morale* zur Sprache kommen. Die Lehrkraft sollte diese schon beim Aufschreiben entsprechend ordnen. Beispiel:

Die Welt ist gut	Die Welt ist schlecht
• Liebe zwischen den Menschen • Freundlichkeit • Nächstenliebe	• Die Menschen sind hinterhältig und schlecht
• Schöne, perfekte Schöpfung • So viele Tier- und Pflanzenarten • Harmonie alles Seienden	• Die Natur ist eigentlich feindlich, man muss sie beherrschen, um leben zu können. • Kampf aller gegen alle / ums Überleben

Eine Art Ergebnissicherung für diesen Gedankengang wird wieder mit dem Schema von Reinhold Aschenberg erreicht werden können. Mit seiner Hilfe ist es möglich, die verschiedenen Übel zu unterschieden (vgl. **M 7**).

Dieser Gedankengang kann mit dem auf der Doppelseite abgedruckten **Bild eines Dschungels** weiterverfolgt werden. Das Wort »Dschungel« und die sich damit verbindenden Assoziationen stehen dabei zugleich für die Faszination und das Angst Einflößende dieses Lebensbereiches. Mit den dazugehörigen bedrohlichen und schönen Tieren kann diese Ambivalenz reflektiert werden. Wie sehen wir die Welt? Eher als Chance, als gute Schöpfung, oder als gefährlichen Ort, an dem man sich vor Bösem hüten muss? Es kann darüber nachgedacht werden, warum wir welche Tiere als bedrohlich, andere als harmlos einstufen. Da die *eigenen* Erfahrungen mit Schlangen, Tigern und Haien gegen Null tendieren werden, kann überlegt werden, was uns dazu bewegt, Angst vor ihnen zu entwickeln.

Eine kurze Auswertung im Plenum wird ergeben, dass wohl beides richtig ist, jede genannte Beobachtung und Erfahrung ihre Gültigkeit hat und Menschen die eine wie die andere Erfahrung und Beobachtung machen können. Mit dieser Vorgabe kann man dann in einer Einführung zu den beiden Philosophen das Problem deutlich machen, das zwischen den beiden Polen besteht. Dabei lässt sich die Aussage von Gen 1,31 »... und siehe, es war sehr gut« kontrastie-
M 17 ren mit den Negativerfahrungen menschlichen Lebens. **M 17** und **18** dienen dabei nur dazu,
M 18 einen ersten Einblick in die Philosophie von Leibniz und Schopenhauer zu geben. Denkbar ist freilich auch, Leben und Werk der beiden Philosophen durch Schülerpräsentationen vorstellen zu lassen.

M 17 bietet neben einem einführenden Text zu Leibniz einen größeren Ausschnitt als den im SH abgedruckten Text, ebenso **M 18** für Schopenhauer. Es empfiehlt sich dennoch zuerst gemeinsam den im Schülerheft gedruckten Text gemeinsam zu lesen, evtl. Verstehensfragen zu klären und daran anschließend in Kleingruppen die Materialblätter 17 und 18 zu bearbeiten (arbeitsteilige Gruppen). Beide Texte eignen sich, durch die Schüler/innen visualisiert zu werden. Dazu erhalten die Schüler/innen Folien und versuchen, den jeweiligen Gedankengang von Leibniz
M 19 und Schopenhauer in einer Text-Skizze nachzuzeichnen. Als Beispiel vgl. **M 19**.

Sabine Appel: Arthur Schopenhauer. Leben und Philosophie, Düsseldorf 2007. – Gerhard Biller / Martin Schnieder / Ursula Franke (Hg.): Gottfried Wilhelm Leibniz: Philosophische Schriften, 7 Bände, Berlin 1875–1890, Nachdruck Berlin 2006. – Kuno Fischer: Leibniz. Hg. und eingeleitet von Thomas Sören Hoffmann, Wiesbaden 2008. – Eike Christian Hirsch: Der berühmte Herr Leibniz. Eine Biographie, München 2007. – Eberhard Jüngel: Das Dilemma der natürlichen Theologie und die Wahrheit ihres Problems. Überlegungen zu einem Gespräch mit Wolfhart Pannenberg. In: Ders.: Entsprechungen: Gott – Wahrheit – Mensch. Theologische Erörterungen, München 1987, S. 158–177. – Arthur Schopenhauer: Die Welt als Wille und Vorstellung. Erster Band (1819; zweite, vermehrte Auflage 1844; dritte, verbesserte und beträchtlich vermehrte Aufl. 1859). In: Gesammelte Werke in 10 Bänden, Zürich 2007. – www.dober.de/religionskritik/theodizee2.html.

Vertiefungsmöglichkeiten / Weitere Ideen

■ Als Vertiefung zu diesem Arbeitsgang können die in der **Fußleiste** über die Seiten 23 bis 28 verteilten **Psalmenzitate** dienen. Die Schüler/innen suchen sich *ein* Zitat aus, das sie besonders anspricht oder abstößt, und überlegen, welche Bilder ihnen dazu einfallen. Die Einfälle können aufgeschrieben, gezeichnet oder gemalt werden, es können kurze Texte oder Kurzgeschichten dazu verfasst werden, es können Zweiergespräche über einzelne Erlebnisse stattfinden. Die Möglichkeiten sollten bewusst breit gestreut werden.

■ Es lohnt sich ferner, in diesem Zusammenhang dann auch einmal einen ganzen Psalm in der Bibel anzuschauen und gemeinsam zu besprechen, etwa den 22. Psalm. Seine Verwendung durch Jesus am Kreuz kann dabei ebenso thematisiert werden wie seine bleibende Bedeutung für das
M 20 Judentum, insbesondere seine tragische Aktualität in der Zeit des Nationalsozialismus, vgl. **M 20**.

■ Einen guten Überblick zur Theodizee-Problematik bietet auch die im Bayerischen Fernsehen 1995 gesendete Filmreihe »Gott und das Leid« von Armin Kreiner (jeweils 30 Minuten, Farbe, VHS-Cassette, ausleihbar bei den Landesmedienzentren).

Ingo Baldermann: Wer hört mein Weinen? Kinder entdecken sich selbst in den Psalmen, Neukirchen-Vluyn, 8. Aufl., 2006. – Frieder Harz: Kinder und Religion. Was Erwachsene wissen sollten, Seelze 2006. – Klaus-Peter Jörns: Die neuen Gesichter Gottes: Was die Menschen heute wirklich glauben, München 1997. – Zvi Kolitz: Jossel Rackovers Wendung zu Gott. Aus dem Jiddischen übertragen und herausgegeben von Paul Badde, Möhlin und Villingen, 2. Aufl., 1995.

Wenn es keinen Himmel gibt …

SH, Seite 28

Die letzte Seite dieses Kapitels beschäftigt sich in Fortführung der Gedanken der vorigen Doppelseiten konsequenterweise mit der Frage, ob es Gott gibt oder nicht. Denn der durch die Theodizeefrage und der durch Schopenhauer aufgeworfenen Problematik des Bösen in der Welt kann man nicht ausweichen. Es stellt sich die Frage, ob man angesichts dieser Erkenntnis noch an die Existenz eines Gottes glauben und welche Konsequenz dies für die Erziehung von Kindern haben kann.

In einem Vorgriff auch auf die **Rückseite des Schülerheftes** können zunächst die dort gemachten Umfragewerte reflektiert werden. Wie schätzen die Schüler/innen diese Umfragwerte ein? Wie sähen die Werte aus, wenn man eine Umfrage in der Klasse durchführte? Fünf themenrelevante Fragen können ausgesucht und eine kleine Befragung durchgeführt werden. Das Ergebnis der Klasse kann mit den Werten auf dem Heftumschlag verglichen werden.

Der **Text von Natalia Ginzburg** kann daran angeschlossen werden. Er wird in Kleingruppen gelesen und die Argumente für und wider die Existenz Gottes werden herausgearbeitet. Die Grundfrage, ob man seinem Kind sagen darf, Gott gebe es nicht, oder ob man ihm sagen darf, Gott gebe es, sollte ausführlich diskutiert werden. Mit welchem Recht sagt man das eine / das andere? Die Argumente können an der Tafel gesammelt werden. Wie würde ich selbst meine Kinder erziehen, würde ich von Gott erzählen und gesetzt den Fall: *Was* würde ich ihnen von Gott erzählen?

Ein weiterer Schwerpunkt der Diskussion könnte den »Verlust der Vertikalität« zum Inhalt haben: Wenn es keinen Himmel gäbe und die Menschen keine Transzendenzerfahrung mehr hätten – was ginge verloren? Wenn das Leben sich nur in »horizontalen«, weltimmanenten Bezugsmöglichkeiten abspielte, was würde sich ändern?

Albert Biesinger: Kinder nicht um Gott betrügen. Anstiftungen für Mütter und Väter, Freiburg, 13. Aufl., 2000. – Albert Biesinger u.a. (Hg.): Brauchen Kinder Religion? Neue Erkenntnisse – Praktische Perpektiven, Weinheim/Basel 2005. – Gerhard Büttner / Veit-Jakobus Dieterich (Hg.): Die religiöse Entwicklung des Menschen. Ein Grundkurs, Stuttgart 2000. – Hans-Jürgen Fraas: Die Religiösität des Menschen. Ein Grundriss der Religionspsychologie, Göttingen 1990. – Friedrich Schweitzer: Lebensgeschichte und Religion. Religiöse Entwicklung und Erziehung im Kindes- und Jugendalter, Gütersloh, 6. Aufl., 2007. – Friedrich Schweitzer: Das Recht des Kindes auf Religion. Ermutigungen für Eltern und Erzieher, Gütersloh, 2. Aufl., 2000.

Wenn es keinen Himmel gibt …, so lautet die Überschrift dieser Seite. Wenn es keinen Gott gäbe, woher käme die Welt? **Die Abbildung, auf der Gott mit Hilfe eines Zirkels die Erde erschafft,** sollte der letzte Zugang auf dieser Seite sein und die Schüler/innen dazu anleiten, über den die Welt erschaffenden Gott zu reflektieren – oder ihn zu bestreiten. Für Hintergrundinformationen vgl. **M 21**. M 21
Zunächst sind einige Beobachtungen an dieser Abbildung notwendig: Die Farbgebung ist eigenwillig, das Blatt sieht aus, als ob es zerknüllt worden und wieder glattgestrichen worden wäre, unten rechts ist es eingerissen. Frage: Warum zerknüllt jemand diese Abbildung, um sie dann doch wieder glatt zu streichen? Und was zeigt dieses Bild eigentlich?
Nach diesen anfänglichen Fragen gibt es verschiedene Wege, dieses Bild im Unterricht zu erschließen (hier sind nur einige Möglichkeiten genannt):

1. Bildimmanente Methoden

a) Schreibmeditation

Die Schüler/innen teilen sich in Kleingruppen (nicht mehr als 3 bis 4 Personen) auf. Jeder nimmt ein Blatt Papier und notiert sich auf seinem Blatt einen Gedanken, eine Frage, eine These … Dieses Blatt wird dann im Uhrzeigersinn weitergereicht. So erhält jede/r das Blatt des Nachbarn, dessen Notiz er dann kommentieren kann. Dann wird das Blatt weitergegeben, bis es, im Kreis gewandert, wieder zum Absender kommt. Jede/r liest dann die Kommentare der anderen zu seiner Notiz. Anschließend wird diskutiert unter der Fragestellung: »Hat Gott die Welt erschaffen?«. Jede Gruppe formuliert dazu eine These, die sie aufschreibt (Folienstück oder DIN A 6-Zettel) und später ins Plenum einbringt.

b) Bildinterview
Die Schüler/innen werden in zwei Halbplena eingeteilt. Die erste Hälfte stellt Fragen an das Bild, die an der linken Hälfte der Tafel notiert werden (gleichzeitig schreibt ein/e Schüler/in die Fragen mit auf ein DIN A 4 – Blatt). Wenn sich die Fragen erschöpft haben, ist die andere Hälfte der Schüler/innen gefragt: Sie formulieren nun Antworten auf die notierten Fragen, die Antworten werden auf der rechten Seite der Tafel (mit anderer Farbe) aufgeschrieben (und ebenfalls von dem/der Schüler/in notiert). Der Vorteil dieser Methode liegt darin, dass viele Augen mehr sehen als nur zwei und so viele auch ungewöhnliche Fragen zustande kommen, auf die eine einzelne Person so gar nicht gekommen wäre. Ferner wird man durch die Fragen der anderen auch auf Details aufmerksam zu, die einem sonst entgangen wären. Wenn die Antworten alle zufriedenstellend waren, kann die Lehrkraft noch weitere Details erklären (siehe Bildbeschreibung) oder diese vorher auf ein Informationsblatt abdrucken. Das DIN A 4-Blatt, auf dem die Fragen und Antworten notiert sind, wird von der Lehrkraft bis zur nächsten Stunde für alle Schüler/innen kopiert (Ergebnissicherung).

2. Bildkontextuelle Methoden
Bild-Text-Vergleich
Die Schüler/innen vergleichen nach der Erschließung des Bildes (s.o.) in Kleingruppen das Verhältnis von Bild und Bibeltext, hier Gen 1,1–2,4a. Folgende Fragestellungen legen sich nahe:
- ☐ Welche Szene wird in dem Bild dargestellt? (Warum diese?)
- ☐ Welche Informationen gibt das Bild, die der Text nicht hat? (Was bedeutet das?)
- ☐ Welche Informationen aus dem Text fehlen in dem Bild? (Was ist die Absicht?)
- ☐ Wie legt das Bild den Text aus? (Wie kommt diese Interpretation zustande?)

Auf einer vorbereiteten Folie mit einer Tabelle zu den vier Fragen werden die Antworten aus den Gruppen abgerufen und am Tageslichtprojektor eingetragen. Das Ergebnis wird bis zur kommenden Stunde von der Lehrkraft für die Schüler/innen kopiert (Ergebnissicherung).

Die Lehrkraft kann diese Beobachtungen, Fragen und Antwortmöglichkeiten ergänzen und gegebenenfalls hilfreich eingreifen, ansonsten aber eher als Moderator/in des Prozesses dienen. Am Ende können die verschiedenen Vorstellungen über »Gott und die Welt« in eine angeregte Diskussion münden, deren Ergebnis aber bewusst offen gehalten werden sollte.

Vertiefungsmöglichkeiten / Weitere Ideen

■ Zu Recht wird gegenwärtig auch diskutiert, ob und wie der **Religionsunterricht** auch **in**
M 22 **einer Fremdsprache** unterrichtet werden kann. In diesem Zusammenhang mag **M 22** ein interessantes Material darstellen: Die englische Kulturanthropologin Kate Fox beschreibt, wie ihre Landsleute einen »**tacit atheism**« praktizieren. Neben einer Rekapitulation des Textinhaltes könnte es interessant sein, in englischer Sprache zu diskutieren, ob die Situation in Deutschland anders ist und was einen »tacit atheism« von den kämpferischen Atheismen früherer Jahrhunderte unterscheidet.

Manfred L. Pirner: Empirische Unterrichtsforschung zum bilingualen Religionsunterricht und Konsequenzen für den »normalen« Religionsunterricht. In: Theo-Web. Zeitschrift für Religionspädagogik 2/2007, S. 42–52.

■ In einem 4-stündigen Kurs Religion kann man die verschiedenen Ausprägungen des Atheis-
M 23 mus mit **M 23** vertiefen, einer Art kleinen **Landkarte des Atheismus**, die versucht, die wichtigsten atheistischen Denker des 19. und 20. Jahrhunderts in ihrem Zusammenhang kurz darzustellen. Eine solche Kurzdarstellung hat ihren Reiz, steht aber auch in der Gefahr zu verkürzen. Deshalb soll M 23 nur einen ersten Zugang zu einem Denker ermöglichen, der dann durch vielerlei andere Informationen ausgebaut werden sollte. Gedacht ist an eine breit angelegte Zweier-

arbeit, bei der die Zweiergruppen sich je einen Denker herausgreifen und diesen in mehreren Stunden, auch außerhalb des Unterrichts, erschließen. Eine intensive Arbeit im Computerraum oder Recherchen in der Bibliothek werden hilfreich sein, für den einen oder anderen Denker kann auch die Lehrkraft Materialien zur Verfügung stellen. Die »Forschungsergebnisse« können dann in Präsentationen der Klasse vorgestellt werden, diese Präsentationen können gefilmt und anschließend ausgewertet werden. Möglicherweise entstehen so auch große Wandplakate, auf denen die einzelnen Personen mit ihren Hauptaussagen sowie auch die gegenseitigen Abhängigkeiten und Interdependenzen im Denken sichtbar werden.

Hans Albert: Das Elend der Theologie. Kritische Auseinandersetzung mit Hans Küng, Aschaffenburg 2005. – Paolo Flores d'Archais / Joseph Ratzinger: Gibt es Gott? Wahrheit, Glaube, Atheismus, Berlin 2006. – Richard Dawkins: Der Gotteswahn. Aus dem Amerikanischen von Sebastian Vogel, Berlin 2007. – www.dober.de/religionskritik. – Peter Fischer: Philosophie der Religion, Göttingen 2007. – Norbert Hoerster: Die Frage nach Gott, München 2005. – Gerd Haffmans (Hg.): Kleiner Atheismus-Katechismus, Zürich 1993. – Gerhard Lohfink: Welche Argumente hat der neue Atheismus? Eine kritische Auseinandersetzung, Bad Tölz 2008. – Alister McGrath und Joanna Collicutt McGrath: Der Atheismus-Wahn. Eine Antwort auf Richard Dawkins und den atheistischen Fundamentalismus, Aßlar 2007. – Paul Schulz: Codex Atheos. Die Kraft des Atheismus, Cuxhaven 2006. – Hans-Joachim Störig: Kleine Weltgeschichte der Philosophie. Sonderausgabe, Frankfurt 1998, S. 347–726. – Karl-Heinz Weger (Hg.): Religionskritik von der Aufklärung bis zur Gegenwart. Autoren-Lexikon von Adorno bis Wittgenstein. 93 Beiträge mit Literaturhinweisen und einem Register, Freiburg im Breisgau, 2. Aufl., 1988.

■ Zur These, dass man »Kinder nicht um Gott betrügen darf«, kann man neben der oben angegebenen Literatur auch einen anderen Weg einschlagen: Das von der Giordano Bruno Stiftung geförderte Buch »**Wo bitte geht's zu Gott? fragte das kleine Ferkel**« ist ein Beispiel für ein atheistisches Kinderbuch, das das Bundesfamilienministerium als jugendgefährdend indizieren wollte, weil es die drei monotheistischen Religionen Judentum, Christentum und Islam verunglimpfe und besonders das Judentum »als besonders angsteinflößend und grausam« darstelle. Tatsächlich lässt das Kinderbuch im Text praktisch kein Klischee aus, in den Illustrationen sind die Vertreter der Weltreligionen überaus abschreckend dargestellt. Eine Publikation, die zu Diskussionen Anlass gibt (vgl. **M 24**). Die Bundesprüfstelle für jugendgefährdende Schriften ist in **M 24**
ihrer Verhandlung am 6.3.2008 dem Antrag des Bundesfinanzministers nicht gefolgt …

Michael Schmidt-Salomon / Helge Nyncke: Wo bitte geht's zu Gott? fragte das kleine Ferkel. Ein Buch für alle, die sich nichts vormachen lassen, Aschaffenburg 2007.

KLAUSURTEXTE

K 17 greift die häufig von Schüler/innen gestellt Frage auf, warum Gott seinen Sohn opfern bzw. warum er selbst leiden müsse. Sie zielt auf das Zentrum soteriologischen Denkens. Mögliche Fragestellungen: Warum ist das Kreuz keine Einrichtung zur Rettung göttlicher Souveränität und Allmacht? Inwiefern nimmt Gott den Abgrund der Trennung in sich selbst auf?

In **K 18** wird explizit die Frage nach Gottes Allmacht gestellt: Der Text selbst ist eine Ansammlung von Fragen, die Schüler/innen häufig in Diskussionen im Unterricht einbringen und knüpft an zentrale Verstehensvoraussetzungen an. Weiterführende Fragestellungen: Zeigt der Allmächtige die distanziert abwartende Autorität eines Tyrannen oder ist seine Allmacht als eine sich den Menschen zuwendende Liebe zu denken?

Das Gedicht **K 19** führt mit der ersten Zeile direkt in das Theodizee-Problem: Wie kann ein Gott…? Dass der Autor das Grauenhafte nicht ausklammert (fast fühlt man sich an das epikureische Trilemma erinnert) und gleichzeitig in den beiden letzten Abschnitten eine ins Zentrum des Rechtfertigungsgeschehens am Kreuz führende Antwort anbietet, macht diesen Text so wertvoll. Die Fragen könnten auf die Darstellung der Theodizee-Problematik und auf die mögliche Antwort, die sich in dem Gedicht anbietet, zielen.

K 20, ein klassischer Marx-Text, knüpft an die Zusammenhänge, die mit Kapitel C (SH, S. 18) thematisiert sind, ebenso an wie an die Voraussetzungen, die durch die Beschäftigung mit Feuerbach (SH, S. 12–13) eingeführt sind. Mit dem Stichwort »Himmel« greift der Text auch auf Kapitel B zurück, dient hier aber in der Verknüpfung aller dieser Assoziationen letztlich der Frage, ob es Gott tatsächlich gibt (SH, S. 28) und was Religion letztlich ist: Ist Religion (»das religiöse Elend«) wirklich *»in einem der Ausdruck des wirklichen Elendes und in einem die Protestation gegen das wirkliche Elend«*? Und wenn es so wäre: Welche Schlussfolgerungen müssten für das Gottesbild gezogen werden?

Der Text von Nietzsche (**K 21**) greift noch einmal die Kontroverse der Doppelseite 26/27 (Leibniz und Schopenhauer) auf und problematisiert sie grundsätzlich: Warum sollen nach Nietzsche die Worte Optimismus und Pessimismus abgeschafft werden? Welche Perspektiven sind noch denkbar, wenn die Begriffe »gut« und »böse« ausgedient haben? – Zur Erschließung der Position Nietzsches vgl. **M 23** sowie die dort empfohlene Literatur. **M 23**

PRÄSENTATIONSTHEMEN

■ **Der Isenheimer Altar**

Elke Blattmann: Der Sternenhimmel und der Isenheimer Altar, Stuttgart 2005. – Gottfried Richter: Der Isenheimer Altar, Stuttgart, 3. Aufl. (Neuausgabe), 2006. – Michael Schubert: Der Isenheimer Altar. Geschichte – Deutung – Hintergründe, Stuttgart 2007. – Max Seidel: Der Isenheimer Altar von Mathis Grünewald, Stuttgart, unveränderte Neuauflage 2008. – www.wikipedia.de: Artikel »Isenheimer Altar«. – www.joerg-sieger.de/isenheim.htm – Sendung im Südwestrundfunk über den Isenheimer Altar, in drei Folgen: Folge 1: 23.12.2006; Folge 2: 13.01.2007; Folge 3: 20.01.2007. Siehe www.wissen.swr.de

■ **Gottfried Wilhelm Leibniz – eine Einführung in sein Leben und sein Denken**

Reinhard Finster / Gerd van den Heuvel: Gottfried Wilhelm Leibniz. Mit Selbstzeugnissen und Bilddokumenten, Reinbek bei Hamburg, 5. Aufl., 1990. – Eike Christian Hirsch: Der berühmte Herr Leibniz, Eine Biographie, München 2007. – Hans Heinz Holz (Hg.): Leibniz: Philosophische Schriften, 4 Bände, Frankfurt a.M. 1986, Neuausgabe 1996. – Hans Joachim Störig: Kleine Weltgeschichte der Philosophie. Erweiterte Neuausgabe, Frankfurt 1992, S. 334–346. – Wilhelm Weischedel: Die philosophische Hintertreppe, München Neuauflage 2002. – http://de.wikipedia.org/wiki/Gottfried_Wilhelm_Leibniz

■ **Arthur Schopenhauer – eine Einführung in sein Leben und sein Denken**

Ludger Lütkehaus: Arthur Schopenhauer: Die Welt als Wille und Vorstellung, München 1998. – Rüdiger Safranski: Schopenhauer und die wilden Jahre der Philosophie, Frankfurt 2001. – Arthur Schopenhauer: Aphorismen zur Lebensweisheit, Frankfurt 2008. – Hans Joachim Störig: Kleine Weltgeschichte der Philosophie. Erweiterte Neuausgabe. Frankfurt 1992, S. 506–521. – Wilhelm Weischedel: Die philosophische Hintertreppe, München Neuauflage 2002. – http://de.wikipedia.org/wiki/ Arthur_Schopenhauer

■ **Georg Büchner und der Fels des Atheismus**

Georg Büchner: Dantons Tod. Ein Drama, Köln 2005. – Wilhelm Große (Hg.): Georg Büchner: Dantons Tod. Lektüreschlüssel, Ditzingen 2005. – Karlheinz Hasselbach (Hg.): Georg Büchner. Literaturwissen für Schule und Studium, Ditzingen 1997. – Martin Neubauer (Hg.): Georg Büchner: Dantons Tod. Inhalt, Hintergrund, Interpretation, München 2005.

■ **Die dunklen Seiten Gottes**

Walter Dietrich / Christian Link: Die dunkeln Seiten Gottes. Band 1: Willkür und Gewalt, Neukirchen-Vluyn, 4. Aufl., 2002; Band 2: Allmacht und Ohnmacht, Neukirchen-Vluyn, 2. Aufl., 2004. – Hans Küng: Existiert Gott? Antwort auf die Gottesfrage der Neuzeit, München, 4. Aufl., 2008.

■ **Bertolt Brecht und die Religion**

Rüdiger Bernhardt: Brecht. Das lyrische Schaffen. Interpretationen zu den wichtigsten Gedichten, Königs Erläuterungen Spezial, Hollfeld 2008. – Ulrich Kittstein: Bertolt Brecht, Stuttgart 2008. – Hans Pabst: Brecht und die Religion, Zürich 1982.

■ **Dietrich Bonhoeffer und der leidende Gott**

Eberhard Bethge: Dietrich Bonhoeffer. rororo-Monographie, Reinbek bei Hamburg 2006. – Roland Biewald / Jens Beckmann: Das Bonhoeffer Werkbuch: Spurensuche – didaktische Überlegungen, Praxisbausteine, Gütersloh 2007. – Veit-Jakobus Dieterich: Dietrich Bonhoeffer. Ein Materialheft für die Oberstufe, Stuttgart 2006, Lehrerband zum Materialheft, Stuttgart 2007. –

Martin Kuske / Ilse Tödt: Dietrich Bonhoeffer: Nachfolge, Gütersloh 2008. – Walter Stäbler (Hg.): Dietrich Bonhoeffer. Leben – Denken – Wirkung. Leseheft des Dietrich-Bonhoeffer-Gymnasiums, Metzingen 2007.

■ **Richard Dawkins und der moderne Atheismus**

Hans Albert: Das Elend der Theologie. Kritische Auseinandersetzung mit Hans Küng, Aschaffenburg 2005. – Richard Dawkins: Der Gotteswahn. Aus dem Amerikanischen von Sebastian Vogel, Berlin 2007. – Peter Fischer: Philosophie der Religion, Göttingen 2007. – Norbert Hoerster: Die Frage nach Gott, München 2005. – Alister McGrath und Joanna Collicutt McGrath: Der Atheismus-Wahn. Eine Antwort auf Richard Dawkins und den atheistischen Fundamentalismus, Aßlar 2007.

■ **Die Entwicklung des Gottesbildes bei Kindern und Jugendlichen**

Helmut Hanisch: Die zeichnerische Entwicklung des Gottesbildes bei Kindern und Jugendlichen. Eine empirische Vergleichsuntersuchung mit religiös und nicht-religiös Erzogenen im Alter von 7–16 Jahren, Stuttgart/Leipzig 1996. CD: Leipzig 1996.

Wiederholungsfragen E

1. **Erklären Sie** Hintergründe und Aufbau des Isenheimer Altars und **stellen Sie** dessen wesentlichen theologischen Aussagen **dar**.
2. **Beschreiben Sie** das Problem einer »Theodizee« und **zeigen Sie** an einem Beispiel die Unlösbarkeit dieser Frage nach der Gerechtigkeit Gottes.
3. **Erläutern Sie** die unterschiedlichen Philosophien von G.W. Leibniz und A. Schopenhauer in der Ambivalenz der Erfahrung von Welt.
4. **Erklären Sie** die grundlegenden Ausformungen des Atheismus und **erläutern Sie** das philosophische System eines Denkers aus dem 19. oder 20. Jahrhundert.
5. **Beschreiben Sie**, wie eine Welterklärung ohne die »Hypothese Gott« auskommen könnte, und **beurteilen Sie**, was dabei verloren ginge und was dadurch gewonnen wäre.

F Gott erfahren?

Religionslehrerinnen und Religionslehrer machen seit langem die Beobachtung, dass viele Jugendliche nicht mehr wie in früheren Jahren daran interessiert sind, über die Existenz oder Nicht-Existenz Gottes zu streiten. Wichtiger als kontroverse Argumentationen und begriffliche Überlegungen ist ihnen, aber auch zahlreichen Erwachsenen, die Frage, ob und wo sie Gott in ihrem Leben erfahren können. So scheint sich die von Karl Rahner schon vor Jahrzehnten geäußerte bzw. bestätigte These, der Christ der Zukunft werde ein Mystiker sein oder er werde nicht sein, zu bewahrheiten. Rahner hat Ähnliches an verschiedenen Stellen geäußert. Das im Schülerheft, S. 29 abgedruckte Zitat lautet im Zusammenhang: »Man hat schon gesagt: Der Christ der Zukunft wird ein Mystiker sein, oder er wird nicht sein. Ich glaube, dass dieser vielleicht etwas prononcierte Satz im Großen und Ganzen richtig ist. Das heißt aber doch im Grund nichts anderes, als dass eine unmittelbare, persönliche Gotteserfahrung gefunden werden muss, die natürlich immer noch in irgendeiner Weise von der Eigenart unserer Zeit geprägt ist. Aber es geht um eine Gotteserfahrung, die letztlich den Menschen von seinem gesellschaftlichen Milieu bis zu einem gewissen Grad unabhängig macht und ihn höchstens in Kirchlichkeit einweist, aber nicht eigentlich von traditioneller Kirchlichkeit herkommt. Das ist vielleicht etwas überspitzt formuliert.« *(Karl Rahner. Im Gespräch. Hg. von Paul Imhof und Hubert Biallowons. Band II, München 1983, S. 34f)*

So erfreulich das neue Interesse an Religiosität und erfahrbarer Religion manchem auf den ersten Blick erscheinen mag, so problematisch erweist sich das Phänomen bei näherer Betrachtung: Es ist keineswegs ausgemacht, dass sich die freigesetzten Emotionen auf den Gott des Alten und Neuen Testaments richten. Oft scheint eher eine diffuse, keineswegs immer christlich geprägte Religiosität im Vordergrund zu stehen. Von den Mystikerinnen und Mystikern vergangener Jahrhunderte mühsam entwickelte Differenzierungen sind oft nicht mehr bekannt und drohen ver-
M 1 loren zu gehen. Umso wichtiger ist es, sich gerade auch im Rahmen des Oberstufenunterrichts genauer mit Fragen der Mystik zu beschäftigen.

Das vorliegende Kapitel geht auf Seite 29 zunächst von »mystischen« Alltagserfahrungen aus und fragt dann auf der folgenden Doppelseite nach den Möglichkeiten methodisch initiierter Meditation. Die Seiten 32/33 bieten mit einem Text von Meister Eckhart ein anspruchsvolles Beispiel philosophisch reflektierter Mystik. Die Schlussseite des Kapitels problematisiert noch einmal das Phänomen mystischer Erfahrung.

Die Kapitelüberschrift »Gott erfahren?« deutet dabei einen Themenbereich an, der weit über das Thema der Mystik und Meditation hinausgeht. Religionssoziologisch relevant wäre vor allem der Bereich des schnell anwachsenden charismatischen Christentums, auf das in Begleitmaterialien verwiesen wird und das zumindest durch Exkurse und Schülerreferate angesprochen werden könnte.

Klaus Berger: Was ist biblische Spirititualität? Gütersloh 2003. – Michael von Brück: Wie können wir leben? Religion und Spiritualität in einer Welt ohne Maß, München 2005. – Anton Bucher: Psychologie der Spiritualität. Handbuch, Basel 2007. – Peter Dinzelbacher: Wörterbuch der Mystik. Stuttgart, 2. Aufl., 1998. – entwurf 1/2008: Themenheft »Spiritualität und Mystik« – Evangelischer Erwachsenenkatechismus. 6., völlig neu bearbeitete Auflage, im Auftrag der VELKD hg. von den Geschäftsführern der Katechismuskommission der VELKD, Gütersloh 2000, S. 131ff (»Der mystische Weg zu Gott«). – Dietlind Langer u.a.: Christliche Mystik im Zeitgespräch, Stuttgart 2008. – Peter Kliemann: Glauben ist menschlich. Argumente für die Torheit vom gekreuzigten Gott, Stuttgart, 13. Aufl., 2008, S. 233ff. – Erwin Möde: Christ-

liche Spiritualität und Mystik. Eine systematische Hinführung, Regensburg 2009. – Dietrich Ritschl / Martin Hailer: Grundkurs Christliche Theologie. Diesseits und jenseits der Worte, Neukirchen, 2., durchgesehene Aufl., 2008, S. 193ff (»Gott spüren – Mystik«). – Georg Schmid: Mystik der Weltreligionen, Stuttgart 2000. – Dorothee Sölle: Mystik und Widerstand: Du stilles Geschrei, Hamburg 2002. – Fulbert Steffensky: Schwarzbrot-Spiritualität, Stuttgart 2006. – Josef Sudbrack: Mystik. Sinnsuche und die Erfahrung des Absoluten, Darmstadt 2002. – Ernst Tugendhat: Egozentrik und Mystik. Eine anthropologische Studie, München 2003. – Jörg Zink: Dornen können Rosen tragen. Mystik – die Zukunft des Christentums, Stuttgart 2002. – Jörg Zink: Die goldene Schnur. Anleitung zu einem inneren Weg, Stuttgart 1999.

Immer näher an den Sternenstaub

SH, Seite 29

Der schwedische Schriftsteller **Per Olov Enquist** beschreibt in einem sehr lesenswerten Roman über die Geschichte der schwedischen Pfingstbewegung Kindheitserfahrungen von Endlichkeit und Erhabenheit, die die Schülerinnen und Schüler dazu anregen können, sich über ähnliche Erfahrungen auszutauschen. Wichtig ist dabei zunächst das respektvolle Zuhören.

Das postkartenähnliche Sehnsuchtsmotiv eines Sonnenuntergangs am Meer, hinter dem sich dann ein weiterer Sonnenuntergang am Meer verbirgt, legt aber auch schon die Frage nahe, wohin das von Enquist geschilderte **Aufdecken von »Schicht um Schicht«** eigentlich führt. Was liegt hinter der nächsten Schicht? Führt all das schon zu dem, »von dem man als Gott sprach, was man Gott nannte«? Das Plenumsgespräch kommt vermutlich besser in Gang, wenn die Schülerinnen und Schüler sich zunächst in Einzelarbeit mit dem Bildmotiv beschäftigen, z.B. kurze, assoziative Texte dazu verfassen und sich dann mit einem Partner über das Geschriebene austauschen.

Impuls: Das **Postkartenmotiv** ist »schön« und kitschig. Ist Kitsch immer etwas Negatives? Warum? Was ist das Verlockende am Kitsch? Brauchen wir manchmal Kitsch?

M 2 gibt weitere Impulse für ein Gespräch in Gruppen oder im Plenum: Kenne ich auch solche **M 2**
»magischen Momente«? Welche Definitionen bieten Lexika und Internet zu den Begriffen »Magie« und »Mystik«? Sind Magie und (christliche) Mystik miteinander vereinbar?
Michaela Diers: Sich öffnen für den Augenblick. Mystik im Alltag, Freiburg 2005. – Josef Imbach: Ruf ins Leben. Mystik im Alltag, Würzburg 2009. – Ralph Sauer: Mystik des Alltags. Jugendliche Lebenswelt und Glaube, Freiburg/Basel/Wien 1990. – Gisela Zuniga: Alles ist da – Mystik im Alltag, Freiburg 2009. – Zum Begriff Magie vgl.: Peter Kliemann: Das Haus mit den vielen Wohnungen. Eine Einführung in die Religionen der Welt, Stuttgart, 2., verbesserte Aufl., 2006, S. 26ff.

Die auf Seite 29 beginnende **Fußleiste** nennt – in dieser Hinsicht der »Bibel in gerechter Sprache« folgend – verschiedene **biblische Gottesnamen** und signalisiert dadurch bereits ein mögliches Spannungsverhältnis von »magischen« Erfahrungen und biblischen Gotteserfahrungen. Eine Konkordanz hilft beim Auffinden der entsprechenden Stellen. Aufgabe: Welcher Gottesname spricht mich am meisten an? Welchen finde ich am problematischsten? Über welchen Gottesnamen will ich mich näher informieren? Grundlegende Hintergrundinformationen **M 3**
bietet **M 3**.
Otto Betz u.a. (Hg.): Calwer Bibellexikon. 2 Bände, Stuttgart 2003.
Arbeitsauftrag: Kennt die Bibel auch **weibliche Gottesnamen**? Vgl. z.B. Jes 42,14; Hos 11,1–4; Ps 22,10f; Ps 123,2; Spr 1,20–33; Mt 23,37. Welcher dieser Gottesnamen spricht Sie am meisten an? Was könnte damit über Gott ausgesagt sein? Vgl. zu diesem Thema auch unten, Kapitel G, M 17.

Vertiefungsmöglichkeiten / Weitere Ideen

M 4 ■ Als Einstieg in das Thema eignet sich auch **M 4** oder ein anderer, aktueller Bericht über Gottesdienste von **Pfingstkirchen**. Einige wenige Schülerinnen und Schüler werden vielleicht Erfahrungen mit charismatisch geprägter Frömmigkeit haben, auf die meisten wird diese Art
M 5 von Religiosität vermutlich fremd und irritierend wirken. **M 5** bietet die notwendigen Hintergrundinformationen. Weitere Informationen finden sich z.B. in:
Alexander Gmeinhardt (Hg.): Die Pfingstbewegung als ökumenische Herausforderung, Göttingen 2005. – Reinhard Hempelmann u.a. (Hg.): Panorama der neuen Religiosität. Sinnsuche und Heilsversprechungen zu Beginn des 21. Jahrhunderts, Gütersloh 2005. – Michael Hochgeschwendter: Amerikanische Religion. Evangelikalismus, Pfingstlertum und Fundamentalismus, Frankfurt a.M. 2007. – Walter J. Hollenweger: Charismatisch-pfingstliches Christentum. Herkunft – Situation – Ökumenische Chancen, Göttingen 2002. – Paul Schmidgall: Hundert Jahre Deutsche Pfingstbewegung. 1907–2007, Nordhausen 2007. – www.pfingstbewegung.de – www.bfp.de – www.tos-dienste.de

■ **Begriffsklärung / Problematisierung** in Zweiergruppen, eventuell Entwurf eines kurzen Lexikonartikels: Was ist der Unterschied zwischen einem Erlebnis und einer Erfahrung? Wann ist eine Erfahrung eine religiöse Erfahrung? Sind religiöse Erfahrungen immer auch christliche Erfahrungen?

SH, Seiten 30/31

Nichts geht einfach so

Die folgenden beiden Seiten widmen sich der Frage, wie Meditation »funktioniert«. Was muss ich tun und lassen, damit ich meditative Erfahrungen machen kann? Der **Text von Jörg Zink** deutet die Vielfalt der Möglichkeiten an und mag anregen, von eigenen meditativen Erfahrungen zu berichten. Da es beim Meditieren immer auch um das Leer-Werden geht, zeigt die Doppelseite, abgesehen von dem Zink-Text, viel freie Fläche, Wüstensand, wenige geheimnisvolle Gebilde, vor
M 6 allem einen runden Stein. Erinnerungen an zenbuddhistische Steingärten drängen sich auf.

Möglicherweise taucht im Zusammenhang mit der vorliegenden Doppelseite die Frage auf, ob man nicht einmal selbst meditieren könne. Ob **meditative Übungen** Platz **im Klassenzimmer** haben, hängt von der Lerngruppe, den Räumlichkeiten und vor allem den Meditationserfahrungen der Lehrperson ab. Grundsätzlich gilt, dass man andere nur zu Übungen anleiten sollte, mit denen man selbst Erfahrungen gesammelt hat. Auch sollte klargestellt werden, dass ein grundsätzlicher Unterschied zwischen Entspannungs- und Stilleübungen und dem langen, schwierigen Weg wirklicher Meditation besteht.

Eine unproblematische, vielfach erprobte **meditative Übung zum Labyrinth von Chartres** findet sich bei: *Peter Kliemann: Impulse und Methoden. Anregungen für die Praxis des Religionsunterrichts, Stuttgart, 2. Auflage, 2003, S. 34–37.* – Zum »philosophischen« Hintergrund dieser Übung vgl.: *Spiele öffnen Welten. Schule und Spielmodule in unterschiedlichen Fachrichtungen. Heft 50 der Reihe »Deutschland & Europa«, hg. von der Landeszentrale für politische Bildung Baden-Württemberg, Stuttgart 2005, S. 6–9 (www.lpb-bw.de >> Zeitschriften).*
Religionspädagogische **Überlegungen und Anregungen zur Verwendung meditativer Übungen im Religionsunterricht** sowie weiterführende Literaturhinweise finden sich z.B. bei:
Benedikta Hintersberger / Theodor Hausmann: Mit Jugendlichen meditieren. Übungen und Anleitungen für Schule und Unterricht, München 2005. – Almuth und Werner Huth: Handbuch der Meditation, München 1996. – Dies.: Praxis der Meditation, München 2000. – Michael Langer / Winfried Verburg (Hg.): Zum Leben führen. Handbuch religionspädagogischer Spiritualität, München 2007. – Ludwig Rendle: Zur Mitte finden. Meditative Formen im Religionsunterricht. Donauwörth 2002. – Ludwig Rendle (Hg.): Ganzheitliche Methoden im Religionsunterricht. Ein Praxisbuch, München 2007. – Mirjam Schambeck: Mystagogisches Lernen. In: Georg Hilger / Stephan Leimgruber / Hans-Georg Ziebertz: Religionsdidaktik. Ein Leitfaden für Studium, Ausbildung und Beruf, München 2001, S. 273–384.

Vertiefungsmöglichkeiten / Weitere Ideen

■ Interessant ist die Frage, ob eigentlich auch unsere Kirchengebäude zum Meditieren einladen. **M 7** könnte die Schülerinnen und Schüler zum Schreiben eigener Texte anregen: **Wie fühle ich mich in einer »leeren« Kirche?** Wie fühle ich mich im Sonntagsgottesdienst / im Jugendgottesdienst? Religionssoziologische Untersuchungen belegen, dass viele Jugendliche leere Kirchengebäude als auratische Orte, die die Selbstfindung erleichtern, erleben. Vgl. dazu: M 7

Heiner Barz: Jugend und Religion. Band II: Postmoderne Religion. Die junge Generation in den Alten Bundesländern, Opladen 1992, bes. S. 58ff. – Hartmut Rupp (Hg.): Handbuch der Kirchenpädagogik. Kirchenräume wahrnehmen, deuten und erschließen, Stuttgart 2006.

■ **Besuch in einem Kloster**: www.orden-online.de / www.kommunitaeten.de

■ **Einladung eines Meditationslehrers / einer Meditationslehrerin**

■ Wäre es denkbar, an unserer Schule einen **»Raum der Stille«** einzurichten? Besteht Interesse an einer **Arbeitsgemeinschaft Meditation**?

Nichts wollen, nichts wissen, nichts haben

SH, Seiten 32/33

Die Lektüre des anspruchsvollen Textes von Meister Eckhart erfordert einige Mühe. Da der Text aber zu den Schlüsseltexten der deutschsprachigen Mystik gehört und die Schülerinnen und Schüler an die eigentlichen theologischen Fragestellungen heranführt, lohnt sich die Anstrengung. Für die Lehrkraft erschließen sich fachwissenschaftliche Zusammenhänge über **M 8**. M 8

Methodisch könnte man so vorgehen, dass man die Schülerinnen und Schüler zunächst auf einem Blatt Papier oder auch Plakaten jeweils zwei, drei Fortsetzungen zu folgenden Satzanfängen formulieren lässt: **»Ich will …« – »Ich weiß …« – »Ich habe …«.** Austausch und Auswertung in Kleingruppen: Mit welcher Gewissheit kann ich diese Sätze sagen? Was bringt es mir, dass ich bestimmte Dinge will, weiß und habe?

Erinnerung an die in der Regel in früheren Schuljahren durchgenommenen **Seligpreisungen der Bergpredigt** – Hinweise zur **Biografie Meister Eckharts** (Kurzreferate von Schülerinnen und Schülern?)

Hilfestellung für das Verständnis des Textes: Worin unterscheiden sich nach Meister Eckhart äußere und innere Armut? Was ist für ihn der Unterschied zwischen »Gott« und Gott? (Fixierung der Ergebnisse in jeweils zwei Spalten in Einzelarbeit und/oder an der Tafel)

Meister Eckhart wurde 1329 wegen Ketzerei verurteilt. Die abgedruckte Predigt wurde vermutlich kurz zuvor gehalten. Möglichkeit für ein **Rollenspiel**: Nehmen Sie die Rolle des Anklägers ein: Welche Formulierungen erfüllen Ihrer Meinung nach den Tatbestand der Ketzerei?

Wer sich näher mit Meister Eckhart beschäftigen möchte, sei z.B. auf folgende **Literatur** verwiesen:

Kurt Flasch: Meister Eckhart, München 2006. – Dietmar Mieth: Meister Eckhart. Mystik und Lebenskunst, Düsseldorf 2003. – Ders. (Hg.): Einheit und Gott. Die bedeutendsten Schriften zur Mystik, Düsseldorf 2007. – Gerhard Wehr: Meister Eckhart. Mit Selbstzeugnissen und Bilddokumenten, Reinbek, 6. Aufl., 2004.

Vertiefungsmöglichkeiten / Weitere Ideen

■ Angeregt durch den Meister Eckhart-Text mögen Schülerinnen und Schüler Interesse am Thema Mystik ingesamt finden und nach anderen Mystikerinnen und Mystikern fragen. Die **Zusammenstellung von Zitaten** in **M 9** kann zu weiteren Recherchen im Internet und eventuell auch Kurzreferaten und Präsentationen Anlass geben. Arbeitsauftrag: Welches Zitat spricht mich am meisten an? Mit welchem kann ich am wenigsten anfangen? Welches irritiert mich am meisten? – Gestaltung von Lernplakaten zu einzelnen Mystikerinnen und Mystikern. M 9

M 1 ■ **M 1** könnte man mit Schülerinnen und Schüler so erarbeiten, dass »Einleitung« und »Schlussgedanken« gemeinsam gelesen und die Porträts der einzelnen Mystiker arbeitsteilig erarbeitet werden.

SH, Seite 34

Was ist Mystik?

Attraktivität und Problematik des Begriffs Mystik liegen nicht zuletzt auch in seiner Unklarheit begründet. In den vorchristlichen Mysterienreligionen meinte das Adjektiv *mystikos* so viel wie »geheim«, »geheimnisvoll« – eine Stimmung, die die **Installation** des Koreaners **Nam June**
M 10 **Paik** aufgreift. Vgl. hierzu **M 10**.
Nach einer Auseinandersetzung mit diesem Kunstwerk könnten die Schülerinnen und Schüler auf dem Hintergrund des bisherigen Unterrichtsgangs nach einer Arbeitsdefinition von »Mystik«
M 11 – M 12 suchen. **M 11** und **M 12** geben hierbei ebenso Hilfestellung wie Lexika und das Internet.

Schließlich wäre nach einer Wertung des Phänomens Mystik zu fragen. Methodisch könnte man dabei so vorgehen, dass die Schülerinnen und Schüler sich jeweils in Gruppen auf drei bis fünf der im **Text von Georg Schmid** angebotenen Formulierungen verständigen, die ihrer Meinung am ehesten entsprechen. Dies könnte dann die Grundlage für ein strukturiertes Streitgespräch oder eine Podiumsdiskussion bilden. Wenn die Begeisterung für Mystik zu groß werden sollte,
M 13 bietet **M 13** weiteres Material für kritische Rückfragen.

Vertiefungsmöglichkeiten / Weitere Ideen

■ Theologisch und religionspädagogisch spitzt sich das Problem der Mystik in der Frage nach dem **Verhältnis von Erfahrung und Glaube** zu. Ein bloßes Plädoyer für Erfahrungsorientierung kann gerade auch aus protestantischer Sicht nicht das letzte Wort sein, zumal in vielen Kontexten nicht ausreichend zwischen Erfahrung und Erlebnis differenziert wird.

Peter Biehl: Erfahrung. In: Lexikon der Religionspädagogik (LexRP), Neukirchen 2001, Band I, Sp. 421–426. – Godwin Lämmermann: Religionsdidaktik. Bildungstheologische Grundlegung und konstruktiv-kritische Elementarisierung, Stuttgart 2005, bes. S. 198ff. – Ingolf Dalferth: Gedeutete Gegenwart. Zur Wahrnehmung Gottes in den Erfahrungen der Zeit, Tübingen 1997, bes. S. 86ff.

■ Pro- und Contra-Diskussion: Stimmt **Rahners These**, der Christ der Zukunft werde ein Mystiker sein? Wo liegen mögliche Grenzen eines mystisch ausgerichteten Gottesglaubens?

KLAUSURTEXTE

K 22, ein leicht lesbarer Text, gibt Anlass, Fragen zu verschiedenen Aspekten von Kapitel F zu stellen: nach der Unterscheidung von modischer und ernsthafter Mystik, nach dem Spezifischen einer christlichen Mystik, nach dem Zusammenhang von Gottsuche und weltlichem Engagement, nach der Berechtigung der Rahner-These, nach der Bedeutung von Zen-Gärten oder auch nach dem Gedankengang eines Vertreters der »christliche(n) Mystik, die im 12. und 13. Jahrhundert ihre Hochphase hatte« (Z. 23 f).

Aus **K 23**, einem anspruchsvolleren Text, lässt sich erarbeiten, inwiefern auch in der unio mystica die Differenz zwischen Gott und Mensch bewahrt bleiben muss. Anschlussfragen könnten nach biblischen Beispielen (vgl. hierzu Kapitel B und C) fragen, an denen sich die Unverfügbarkeit Gottes aufzeigen lässt.

K 24, der Text einer Jugendlichen aus Italien, erfordert eine eigenständige Interpretationsleistung. Geklärt und problematisiert werden sollte u.a. die Verwendung der Begriffe »Gebet« und »Mystik«. Der Text entstand als Reaktion auf einen Internet-Aufruf des weltberühmten Fotografen Oliviero Toscani: »Betest du? Wenn ja, wie? Sind deine Gebete traditionell, improvisiert, kunstvoll, durch Technik oder Politik beeinflusst? Sprichst du sie voller Liebe und Glauben oder gehörst du gar keiner Kirche oder einem religiösen Bekenntnis an?«

- **Gottesvorstellungen und Gotteserfahrungen in Per Olov Enquists Roman »Lewis Reise«**
Per Olov Enquist: Lewis Reise, München/Wien 2003.
- **Erfahrung und Glaube in der Pfingstbewegung**
- **Historischer Hintergrund und Aktualität von 1. Kor 14**
- **Die Entdeckung der weiblichen Namen Gottes in der feministischen Theologie**
Irene Leicht u.a. (Hg.): Arbeitsbuch Feministische Theologie, Gütersloh 2003.
- **»Die Bibel in gerechter Sprache« – ein gelungene Bibelübersetzung?**
www.bibel-in-gerechter-sprache.de; www.ekd.de – Stellungnahme des Rates der EKD vom 31.3.2007
- **Hildegard von Bingen und Meister Eckhart – ein Vergleich**
- **Meditation im Zen-Buddismus**
Bei den Medienzentren ausleihbar: Rückkehr der Stille. Zen-Buddhismus in Deutschland, Video (40 Minuten)

- **Kampf und Kontemplation: Geschichte und Lebensform der Kommunität von Taizé**
- **Meditation – Kontemplation – Gebet: Gemeinsamkeiten und Unterschiede**
Johann Hinrich Claussen: Zurück zur Religion. Warum wir vom Christentum nicht loskommen, München 2006, S. 285–291 (»Kleine Handreichung über das Beten«). – Johann Hinrich Claussen: O Gott! Warum und wie wir beten oder auch nicht, München 2008. – Evangelischer Erwachsenenkatechismus. 6., völlig neu bearbeitete Aufl., im Auftrag der VELKD hg. von den Geschäftsführern der Katechismuskommission der VELKD, Gütersloh, 2000, S. 739ff. – Oliviero Toscani (Hg.): Beten. Gebete von Jugendlichen aus aller Welt, München 2000.
- **Mystik im Protestantismus**
Klaus Hägels: Deiner wart ich mit Verlangen. Mystische Spiritualität entdecken mit dem Evangelischen Gesangbuch, Berlin 2006. – Gerhard Wehr: Mystik im Protestantismus. Von Luther bis zur Gegenwart, München 2000.
- **Dag Hammerskjöld – ein Mystiker des 20. Jahrhunderts?**
Ruth und Karl-Heinz Röhlin: Dag Hammerskjöld. Mystiker und Politiker. Visionen für heute, München 2005.
- **Erich Fromm: Haben oder Sein**
Erich Fromm nimmt in seiner berühmten und auch für Oberstufenschüler verständliche Schriften ausdrücklich auf die im SH auf S. 32 f abgedruckte Eckhart-Predigt Bezug: *Gesamtausgabe. Rainer Funk (Hg.): Erich Fromm, Gesamtausgabe. Stuttgart 1980, Band II, S. 314ff. – Zur Vertiefung vgl. Volker Frederking: Durchbruch vom Haben zum Sein. Erich Fromm und die Mystik Meister Eckharts, Paderborn u.a. 1994.*

Wiederholungsfragen F

1. **Erläutern Sie** den Begriff »Mystik«, **beschreiben** Sie anhand von Beispielen Ihrer Wahl »mystische Erfahrungen« und **setzen Sie sich kritisch** mit diesem Phänomen **auseinander**.
2. **Erklären Sie**, was man unter »Meditation« versteht und vergleichen Sie Meditation und Gebet.
3. **Erläutern Sie**, wie Meister Eckhart Mt 5,3 verstanden wissen will.
4. **Erörtern Sie**, ob und inwiefern folgende These ihre Berechtigung hat: »Der Christ der Zukunft wird ein Mystiker sein, oder er wird nicht sein.«

G 3 = 1?

Kapitel G widmet sich dem komplexen, deshalb in der Praxis der Schule häufig nicht behandelten Thema der Trinitätslehre und bildet den (vorläufigen) Abschluss eines Gedankenganges, der bei Kapitel D begonnen hat: Gott denken? (Kann und soll man Gott *denken*?) Gott bestreiten? (*Warum* wird Gott bestritten?) Gott erfahren? (*Wie* wird Gott erfahren?) Die christliche Theologie hat in einem langen Prozess mit einem Modell, einer Metatheorie geantwortet – dem Denk-
M 1 modell der Trinitätslehre (**M 1**). Mit dem Wort »*Modell*« ist schon gesagt: Gott ist größer als das, was wir von ihm denken, was wir an ihm bestreiten und was wir mit ihm erfahren können. Doch wir machen uns auch in der Trinitätslehre ein »Bild« von Gott, und wir können nicht wissen, ob Gott mit diesem Modell adäquat definiert (»begrenzt«) ist. Wie könnten wir auch! Gott als der definitiv nicht zu Definierende, der niemals *norma normata*, sondern immer *norma normans* bleiben wird, ist von uns auch durch die Trinitätslehre nicht zu fassen. Wir bleiben beständig an die Worte Augustins erinnert: »Si comprehendis, non est Deus!« – Wenn du es begriffen hast, ist es nicht Gott.

Die Trinitätslehre hat sich jedoch in einer langen Geschichte für das Paradox des »einen Wesens in drei Personen« (*una essentia, tres personae*) als tragfähige Diskussionsgrundlage etabliert. Einschlägiger Beleg dafür ist der allen christlichen Konfessionen gemeinsame Text des Glaubensbekenntnisses.

Die Texte und Bilder des Kapitels G knüpfen an dieses Bekenntnis an und führen in die Überlegungen zur Trinitätslehre ein, indem sie die Unsagbarkeit des göttlichen Wesens durch den Begriff Dreieinigkeit erläutern, aber auch damit verknüpfte Fragestellungen aufgreifen, etwa warum Gott auch (k)eine Frau sein kann, welche Rolle Maria dabei spielt, warum Gott Mensch wurde, und warum Christen sich durch Muslime dem Vorwurf des Tritheismus ausgesetzt sehen.

Karl Barth: Die Kirchliche Dogmatik, Bd. I,1: Die Lehre vom Wort Gottes. Prolegomena zur kirchlichen Dogmatik, Zürich 1946, §§ 8–9, S. 311–403. – Leonardo Boff: Kleine Trinitätslehre, Düsseldorf 2007. – Johannes Calvin: Institutio Christianae Religionis (Unterricht in der christlichen Religion). Nach der letzten Ausgabe übersetzt und bearbeitet von Otto Weber, Neukirchen/Vluyn, 4. Aufl. 1986, S. 54–78 (I,13,1–29). – Deutscher Katecheten-Verein (Hg.): Katechetische Blätter 3/2004: Themenheft Trinität. – Franz Dünzl: Kleine Geschichte des trinitarischen Dogmas in der Alten Kirche, Freiburg 2006. – entwurf 4/2009: Themenheft «Trinität«. – Gisbert Greshake: Der dreieine Gott. Eine trinitarische Theologie, Freiburg 2007. – Wilfried Härle: Dogmatik, Berlin/New York, 3. Aufl., 2007, S. 384–408. – Jürgen Moltmann: Trinität und Reich Gottes. Zur Gotteslehre, München 1994. – Karl-Heinz Ohlig: Ein Gott in drei Religionen? Vom Vater Jesu zum »Mysterium« der Trinität, Mainz/Luzern 1999. – Karl Rahner: Der eine Gott und der dreieine Gott, Regensburg 1983. – Joseph Ratzinger / Benedikt XVI.: Der Gott Jesu Christi. Betrachtungen über den Dreieinigen Gott, München 2006. – Dietrich Ritschl / Martin Hailer: Grundkurs Christliche Theologie. Diesseits und jenseits der Worte. Neukirchen, 2., durchgesehene Aufl., 2008, S. 100–122. – Norbert Scholl, Das Geheimnis der Drei. Kleine Kulturgeschichte der Trinität, Darmstadt 2006. – Michael Welker / Miroslav Vol (Hg.): Der lebendige Gott als Trinität. Jürgen Moltmann zum 80. Geburtstag, Gütersloh 2006. – Die deutschen katholischen Bischöfe: Der Glaube an den dreieinen Gott. Eine Handreichung der Glaubenskommission der Deutschen Bischofskonferenz zur Trinitätstheologie. Heft Nr. 83, hg. vom Sekretariat der Deutschen Bischofskonferenz, Bonn 2006. – Zeitzeichen 5/2008: Themenheft »Vater, Sohn, Heiliger Geist. Wie die Trinität hilft, von Gott zu sprechen.«

Wer fände die Worte es auszudrücken? – vestigia trinitatis

SH, Seite 35

Um einen ersten Einstieg in die vestigia trinitatis (Spuren der Dreieinigkeit) zu bekommen, könnte man zusammen mit den Schüler/innen in einem **Brainstorming zur Zahl 3** versuchen herauszufinden, wo in der Natur überall die Dreizahl vorkommt. Welche grundlegenden Ordnungen verbergen sich in den vielen Dreiheiten, die man in der Natur findet? Und was hat es damit auf sich? Vieles kommt einem in den Sinn: Der Baum mit Wurzel, Stamm und Krone; der Fluss mit Quelle, Strom und Mündung; der Mensch mit Leib, Geist und Seele; unsere Welt mit Himmel, Erde, Unterwelt; der Raum als Breite, Höhe, Tiefe; die Zeit mit Vergangenheit, Gegenwart und Zukunft; die Familie mit Vater, Mutter und Kind; das Leben als Werden, Sein und Vergehen usw. – denn: »Aller guten Dinge sind drei« und »Wer die Drei versteht, versteht die Welt«. Es ist sicher spannend, im Plenum oder in Kleingruppen, auf Plakaten oder auf Folien diese Dreiheiten zusammenzutragen. Man kann sich inspirieren lassen von **M 2**, einem Text zur **Zahlensymbolik der Drei**. M 2

Kein Wunder also, dass schon früh Theologen in den Zahlen, vor allem aber in dieser Dreiheit der Dinge ein ***vestigium trinitatis*** (eine »Spur der Trinität«) in unserer Welt erkennen wollten. Diese *vestigia trinitatis* werden als *analogia entis*, also als eine echte Spur des seienden Schöpfergottes in seiner Schöpfung verstanden, wie ein Merkzeichen, ein Lesezeichen des Schöpfers im Geschaffenen. Während für katholische Theologen eine solche *analogia entis* kein großes Problem darstellte (auch noch nicht für Martin Luther!), hat die Dialektische Theologie (allen voran Karl Barth) der Lehre von der *analogia entis* heftig widersprochen (KD I,1, S. 354–367): Das einzige *vestigium trinitatis* bestehe in der Gestalt, die Gott selbst in seiner Offenbarung angenommen habe, also in Jesus Christus. Gleichwohl: Die altkirchlichen und mittelalterlichen Theologen wollten natürlich durch die Rede von den *vestigia trinitatis in creatura* nicht das Geheimnis Gottes auflösen. Sie waren auf der Suche nach einer angemessenen Sprache für das Unaussprechliche der Dreieinigkeit und suchten Bilder und Vergleiche, die dies *annäherungsweise* verdeutlichen konnten. Und natürlich glaubten sie nicht, dass den Dingen die Trinität immanent sei, sondern eher, dass die Trinität sich darin widerspiegeln könnte.

In diesem Sinne ist auch der Text aus den **Confessiones des Augustinus** zu lesen, der die »allmächtige Dreifaltigkeit« in diesem Werk, aber auch in *De trinitate* in immer neuen Anläufen zu verstehen versucht. Der Text reflektiert den im Menschen zu findenden Dreiklang von »sein, wissen und wollen« – übrigens eine interessante Frontstellung zum Text auf S. 32–33 des Schülerheftes, wo der Dreiklang »wollen, wissen, haben« lautete. Nimmt man die drei Stichworte des Augustinus auf, so kann man drei Fragen arbeitsteilig in Kleingruppen bearbeiten: »Wer bin ich?«; »Was kann ich wissen?«; »Was will ich?« – drei zugegebenermaßen schwierige Fragen, die dann, wenn man sie beantworten könnte, dennoch »weit etwas anderes als die Dreifaltigkeit« wären, die nach Augustinus darüber hinaus »unwandelbar im Sein, unwandelbar im Wissen, unwandelbar im Wollen« sei. Wenn es uns aber schon so schwer fällt, über das Sein, Wissen und Wollen von uns selbst zu sprechen – wie viel mehr über das Sein, Wissen und Wollen von Gott? (vgl. **M 3**) M 3

Aurelius Augustinus: Bekenntnisse / Confessiones. Lateinisch – Deutsch, übersetzt von Wilhelm Thimme, Düsseldorf/Zürich 2004. – Aurelius Augustinus: De trinitate (Bücher VIII–IX.XIV–XV). Neu übersetzt und mit Einleitung herausgegeben von Johannes Kreuzer. Lateinisch – Deutsch, Darmstadt 2001. – Franz C. Endres / Annemarie Schimmel: Das Mysterium der Zahl. Zahlensymbolik im Kulturvergleich, München 2005. – Karen Gloy u.a.: Artikel »Zahl / Zahlenspekulation / Zahlensymbolik«. In: TRE, Band 36, S. 447–478. – Eberhard Jüngel: Das Verhältnis von »ökonomischer« und »immanenter« Trinität. Erwägungen über eine biblische Begründung der Trinitätslehre – im Anschluss an und in Auseinandersetzung mit Karl Rahners Lehre vom dreifaltigen Gott als transzendentem Urgrund der Heilsgeschichte. In: Ders.: Entsprechungen: Gott – Wahrheit – Mensch. Theologische Erörterungen, München 1986, S. 265–275. – Roland Kany: Augustins Trinitätsdenken. Bilanz, Kritik und Weiterführung der modernen Forschung zu »De trinitate«, Tübingen 2008.

Ein volkstümlicher **Christus mit 3-fachem Antlitz** (ein sog. Trivultus) ist heute im Tiroler Volkskunstmuseum in Innsbruck zu sehen. Er kann Anlass sein zu überlegen, wie man sich einen dreigesichtigen / Drei-Personen-Gott eigentlich vorzustellen habe, ohne seine Einheit aufgeben zu
M 4 sollen. Als Vertiefung bietet sich **M 4** an: Hier sind in konzentrierter Weise in einem Holzschnitt (Paris, 1524) wichtige systematisch-theologische Anmerkungen zur Trinitätstheologie versammelt.

Wolfgang Braunfels: Dreifaltigkeit. In: Lexikon Christlicher Ikonographie, Bd. 1, Sp. 525–537. – Willibald Kirfel: Die dreiköpfige Gottheit. Archäologisch-ethnologischer Streifzug durch die Ikonographie der Religionen, Bonn 1948, S. 147–194. – Herbert Schade: Drei Gesichter, drei Köpfe. In: Lexikon Christlicher Ikonographie, Bd. 1, Sp. 537–539.

Das Apostolische Glaubensbekenntnis, das auf S. 35 abgedruckt ist, werden die meisten Schüler/innen kennen. Ob jedoch die Dreigliedrigkeit des Credos allen noch bewusst ist, ist zwei-
M 5 felhaft. Dem kann mit **M 5** abgeholfen werden, mit Hilfe dessen sich die Schüler/innen das Glaubensbekenntnis in seinem Inhalt, in Erinnerung rufen und sich den Aufbau und seine sprachliche Struktur verdeutlichen können.
In diesem Zusammenhang kann auch darüber gesprochen werden, was Glaube ist oder besser,
M 6 was es denn nun eigentlich bedeutet zu glauben. Dazu bietet der Text von Hans Küng (**M 6**) eine gute Zusammenfassung, die in arbeitsteiligen Gruppen erarbeitet werden kann.
Außerdem könnten in einer Präsentation die möglicherweise vom Konfirmandenunterricht her bekannten Erklärungen Martin Luthers zum Glaubensbekenntnis im Kleinen Katechismus ins Be-
M 7 wusstsein gehoben und diskutiert werden (**M 7**).

Heinrich Denzinger: Enchiridion symbolorum definitionum et declarationum de rebus fidei et morum (Kompendium der Glaubensbekenntnisse und kirchlichen Lehrentscheidungen). Lateinisch-Deutsch, hg. von Peter Hünermann, Freiburg, 40. Aufl., 2004, S. 62–64 (Nr. 125–126) und S. 82–85 (Nr. 150). – EKD (Hg.): Die Bekenntnisschriften der Evangelisch-Lutherischen Kirche, Göttingen, 12. Aufl., 1998. – Katechismus der Katholischen Kirche. Kompendium, München u.a. 2005. – Hans Küng: Credo. Das Apostolische Glaubensbekenntnis – Zeitgenossen erklärt, München 2003. – Wolfhart Pannenberg: Das Glaubensbekenntnis. Ausgelegt und verantwortet vor den Fragen der Zeit, Gütersloh, 6., überarbeitete Aufl., 1995. – Peter Rosien (Hg.): Mein Credo. Persönliche Glaubensbekenntnisse, Kommentare und Informationen. Bd. 1, Oberursel 1999; Bd. 2, hg. von Harald Pawlowski, Oberursel 2000; Bd. 3, hg. von Harald Pawlowski und Peter Rosien, Oberursel 2001.

Auch die auf S. 35 beginnende **Unterzeile mit den Sprüchen und den Zeichnungen** ist eine eigene Überlegung wert. Sie zeigt Abbildungen, mit Hilfe derer sich Menschen die Bedeutung
M 8 der Drei klarmachen wollten (vgl. die größeren Abbildungen in **M 8**). Die Sprüche weisen darauf hin, dass die Dreizahl gerade in Sprichwörtern stets eine große Rolle spielt. Im Anschluss an die Zeichnungen könnte es interessant sein zu überlegen, wie die Schüler/innen selbst die Trinität zeichnerisch darstellen könnten.

Vertiefungsmöglichkeiten / Weitere Ideen

■ Möglicherweise kann das Thema durch eine Präsentation »**Zahlensymbolik der Bibel**« und/oder »**Zahlensymbolik im Kulturvergleich**« ergänzt werden. Neben der christlichen Zahlensymbolik ist die jüdische Zahlenmystik in der Kabbala oder die islamische Zahlenmystik sehr interessant. Vorsicht ist jedoch geboten: Gerade in diesem Genre tummeln sich viele esoterikverdächtige Bücher (»Lebenszahlen«; »Schicksalszahlen«; »Tarot« – nicht ganz ungefährlich für manche Schülerinnen und Schüler)! Auch eine (sonst eher seltene) Zusammenarbeit mit Fachkolleg/en aus der Mathematik wäre denkbar – denn auch die Zahl Pi, die Primzahlen und vieles mehr lassen sich philosophisch deuten und interpretieren!

M 9 ■ Mit Hilfe von **M 9** können in einem Vergleich der beiden wichtigsten Glaubensbekenntnisse (Nicänum und Nicäno-Constantinopolitanum) mit dem heute gebräuchlichen Apostolikum einige bedeutende Unterschiede herausgearbeitet werden. Besondere Möglichkeiten ergeben sich natürlich für Schüler/innen mit Latein- oder Griechischkenntnissen.

Reizvoll und interessant ist es auch, die alten Formulierungen durch Schülerinnen und Schüler umformulieren oder auch eigene Glaubensbekenntnisse aufschreiben zu lassen, wie das durch das **»Credo-Projekt«** der Zeitschrift Publik-Forum vor einigen Jahren angeregt worden ist (insgesamt sind drei Bände persönlicher Glaubensbekenntnisse von Zeitgenossen entstanden, für Beispiele siehe **M 10**). Für diese Idee gibt es verschiedene Umsetzungsmöglichkeiten. Man kann z. B. einige Gedichte / Bekenntnisse aus den Büchern kopieren und laminiert in die Mitte des Raumes legen oder auf Folie kopieren und einige vorlesen, um die Schüler/innen anzuregen. Die Ergebnisse könnte man in einem kleinen privaten Buch (Tagebuch) sammeln, oder, wenn das zu persönlich erscheint, die einzelnen Bekenntnisse gestalten und individuell sammeln lassen. Sicherlich gibt es auch interessante Möglichkeiten, die Bekenntnisse vom Layout her ansprechend zu gestalten. Diese Möglichkeiten sollten mit der Klasse erörtert und gemeinsam entschieden werden. **M 10**

- Auch die Geschichte der Entstehung des Glaubensbekenntnisses ist reizvoll und kann eventuell als Schülerpräsentation vorgetragen werden. Alternativ dazu kann **M 11** als Hausaufgabe oder in Gruppenarbeit bearbeitet werden. **M 11**
- Vertiefend kann, etwa in einer **Buchpräsentation**, das Buch von Hans Küng, Credo vorgestellt werden. Will man eine Unterrichtseinheit »Lektüre einer theologischen Ganzschrift« einbauen, kann dieses Buch auch in Abschnitten im Unterricht gelesen und behandelt werden, indem man die einzelnen Abschnitte als Referate an Schüler/innen vergibt. Gerade als Rekapitulation der wesentlichen Inhalte des christlichen Glaubens eignet sich dieses Buch ausgezeichnet.
- Wie verstehen gläubige Menschen heute die Trinitätslehre? Mit **M 12** können drei verschiedene **Stimmen zur Trinitätsvorstellung** in das Gespräch eingebracht werden. Die Schriftstellerin Gabriele Wohmann, die Bischöfin Maria Jepsen und die Professorin Sabine Pemsel-Maier machen sich je ihre eigenen Gedanken über die Trinität. Möglich ist, die jeweilige Position in arbeitsteiligen Gruppen von den Schülerinnen und Schülern erarbeiten und sie im Plenum vorstellen zu lassen. **M 12**

Gott = Mensch?

SH, Seite 36

Im Zentrum dieser Seite steht ein **Text von Jack Miles**. Miles hat 1996 mit seinem Buch über die Biografie Gottes, aus der dieser Text stammt, nicht nur in den USA Aufsehen erregt und den Pulitzer-Preis gewonnen. In seinem Text thematisiert er die Spannung von Monotheismus, auf dem »die Bibel« beharre, und den verschiedengestaltigen Äußerungen/Manifestationen Gottes in der Bibel, die Miles »Vielfalt" und »*Mischung mehrerer Persönlichkeiten in einer Gestalt*« nennt. Er spricht von der »*Spannung zwischen seiner Einheit und seiner Vielfalt*«, wobei er (sehr anthropomorph) »Einheit« mit »Charakter« und »Vielfalt« mit »Persönlichkeit« gleichsetzt: *»Entweder bloß Einheit (Charakter) oder bloße Vielfalt (allein Persönlichkeit) wäre soviel einfacher gewesen. Aber er ist beides«*. Das mache Gott »spannend«, dass er einerseits »einfach« und andererseits »kompliziert«, einerseits »ausgeglichen« und andererseits »unausgeglichen« sei und »Ungereimtheiten« in sich berge. Diese »*Mischung mehrerer Persönlichkeiten*« in Gott nennt er (theologisch gesehen problematisch) »Gottes Angst« und meint damit die »*Subidentitäten*« in Gott, die die Theologie für gewöhnlich mit Begriffen wie »die dunklen Seiten Gottes«, oder, dogmatischer formuliert: »*deus absconditus*«, benannt hat.
Einmal abgesehen davon, dass man gegen diese Analyse der »Persönlichkeit Gottes« unter theologischen Gesichtspunkten einiges ins Feld führen könnte, hat Miles sicherlich damit Recht, dass die Bibel von Gott häufig in sehr anthropomorpher Weise spricht: Er ist nicht der »unbewegte Beweger« der aristotelisch geprägten griechischen Philosophen, sondern er ist bewegt durch Liebe und Zorn, durch Zuwendung und Vernichtung. Insoweit kann der Text einen guten Zugang zu dem Phänomen bieten, dass Gott in der Tat (übrigens im Alten wie im Neuen Testament!) durchaus mit einer »dunklen Seite« dargestellt ist – eine Beobachtung, die auch immer wieder von Schüler/innen benannt wird und der »Güte eines verzeihenden Gottes«, wie man sie im Anschluss an z.B. Lk 15 so gerne betont, widerspricht.

Zunächst ist sicher die Lektüre des Textes und seine Analyse zu empfehlen. Der Text lässt sich gut in Kleingruppen erarbeiten, die Schüler/innen können die Text- und Argumentationsstruktur leicht herausarbeiten und ein Tafelbild vorbereiten (oder auf einer Folie die Textstruktur skizzieren).

Eine weitere Aufgabe könnte darin bestehen, die Schüler/innen (in Kleingruppen mit Moderationskarten) *dunkle Seiten Gottes* benennen und als »Prädikate Gottes« aufschreiben zu lassen (auf je eine Moderationskarte eine »Eigenschaft Gottes« mit dazugehöriger Bibelstelle; z.B. »Der vernichtende Gott« – Sodom und Gomorra, Gen 19 // »Der strafende Gott« – Das Weltgericht, Mt 25). Auf einem Plakat mit der Überschrift »Die dunklen Seiten Gottes« könnten diese »Eigenschaften Gottes« dann im Plenum gesammelt und überlegt werden, warum die Bibel Gott auf so unterschiedliche Art darstellt.

Das Ergebnis könnte vertieft werden mit dem Text von Walter Dietrich und Christian Link
M 13 (**M 13**), die sich diesem Phänomen von alttestamentlicher und systematisch-theologischer Seite ausführlich und mit großer Umsicht gewidmet haben. Hilft die Antwort, die die beiden Autoren zu geben versuchen, weiter? Eine Frage, die durchaus kontrovers diskutiert werden könnte …

Walter Dietrich / Christian Link: Die dunklen Seiten Gottes, Bd. 1: Willkür und Gewalt, 4. Aufl. Neukirchen-Vluyn 2002; Bd. 2: Allmacht und Ohnmacht, Neukirchen-Vluyn, 2. Aufl., 2004. – Heiko Rohrbach: Befreiung von biblischen Alpträumen, Stuttgart, 2. Aufl., 1995. – Hanspeter Schmitt: Der dunkle Gott. Gottes dunkle Seiten, Stuttgart 2006.

Die Spannung zwischen dem Glauben an *einen Gott* und dem unbedingten Festhalten am Monotheismus einerseits sowie seiner schon in der Bibel begegnenden *drei Personen* (Mt 28,19) andererseits macht das Besondere des christlichen Gottes aus – nicht für alle verständlich, wie die ebenfalls auf S. 36 abgedruckte **Sure 4,171** zeigt. Bekanntlich lautet der **Vorwurf des Islam, das Christentum sei keine monotheistische Religion**, sondern habe drei Götter (Tritheismus).
M 14 Es ist sinnvoll, sich mit Hilfe des Textes **M 14** die Hintergründe für die Ablehnung der Trinitätslehre durch den Islam klar zu machen. Das Plenum der Schüler/innen kann entsprechend der Abschnitte auf dem Arbeitsblatt in drei Kleingruppen geteilt werden, die

1. herausarbeiten, was es mit dem strikten islamischen Monotheismus auf sich hat;
2. wichtige Stellen eruieren, die die Ablehnung des Polytheismus rechtfertigen und
3. herauslesen, warum der Koran die Gottessohnschaft Christi und die christliche Trinitätslehre ablehnt.

In einem weiteren Schritt kann auch überlegt werden, ob die Kritik des Islam an einem vermeintlich tritheistischen Gottesbild des Christentums zutrifft. Ziel wäre es, die wesentlichen
K 26 Argumente gegen eine solche Auffassung herauszuarbeiten. Wer **K 26** nicht als Klausur einsetzen will, kann dazu das Gespräch zwischen Horst Georg Pöhlmann und Mehdi Razvi zur Trinität verwenden.

Helmut Fischer: Haben Christen drei Götter? Entstehung und Verständnis der Lehre von der Trinität, Zürich 2008. – Tashin Görgün: Der Mensch als Geschöpf und Stellvertreter des Schöpfers. Schöpfung aus klassisch-islamischer Sicht. In: zur debatte 6/2006, S. 10–12. – Felix Körner: Kirche im Angesicht des Islam. Theologie des interreligiösen Zeugnisses, Stuttgart 2008. – Martin Luther: Predigt am 25.12.1541. WA XLIX, S. 238ff; siehe auch: Emanuel Hirsch: Hilfsbuch zum Studium der Dogmatik, Berlin, 4. Aufl., 1964, Nachdruck 2002, S. 21f. – Andreas Renz / Stephan Leimgruber: Christen und Muslime. Was sie verbindet, was sie unterscheidet, München 2004, S. 163ff. – Helen Schüngel-Straumann: Der Schöpfergott und die Weltverantwortung des Menschen. In: zur debatte 6/2006, S. 12–14. – Jutta Sperber: Dialog mit dem Islam, Göttingen 1999. – Monika Tworuschka / Udo Tworuschka: Die Welt der Religionen: Islam, Göttingen 2007.

Vertiefungsmöglichkeiten / Weitere Ideen

■ Erarbeitung der beiden zueinander in Spannung stehenden Texte von **Eugen Drewermann und Ralf Miggelbrink** (**M 15**), anschließend fishbowl oder Podiumsdiskussion, in der zwei gegensätzliche Positionen vertreten werden; Grundfrage: Ist Gott gütig oder zornig? **M 15**

■ **Das trinitarisch-christliche Gottesbild in muslimischer Perspektive**: Präsentation des Problems und möglicher Lösungsansätze durch eine/n Schüler/in. Als Grundlage können die beiden Texte von Mahmoud Hamdi Zakzouk und Hans Zirker (**M 16 a b**) dienen. **M 16 a b**

■ **Interview mit einem Muslim**: Mit vorbereiteten Fragen ließe sich leicht ein Interview organisieren, entweder mit einem Imam einer nahegelegenen Moschee oder einem sonstigen muslimischen »Experten«.

Mach's wie Gott, werde Mensch!

SH, Seite 37

Eine zentrale Aussage des Christentums, wie Christinnen und Christen sie an jedem Weihnachtsfest neu feiern, ist die Menschwerdung Gottes in Jesus Christus. Viele wichtige Stellen im Neuen Testament (etwa Phil 2,5–11) legen hierauf ihre besondere Betonung, das Weihnachtsfest gehört neben Karfreitag/Ostern und Pfingsten zu den »Hochfesten« im Christentum. Sure 4,171 mag dies kritisieren, doch die zentrale Aussage, dass Gott in Jesus Christus Mensch wurde, ist im Christentum nicht wegzudenken. Das Bild von **Sandro Botticelli, Die mystische Geburt** bringt die Menschwerdung Christi in einzigartiger Weise zum Ausdruck. Die Erarbeitung des Bildes kann auf unterschiedliche Weise geschehen:

1. Da das Bild sehr viele verschiedene Ebenen beinhaltet, ist es ratsam, das Bild langsam zu entdecken. Das kann geschehen mit der Methode *Bilddetektive*, bei der ein vorbereiteter Karton mit einem großen Loch langsam über eine Folie des Bildes gezogen wird, damit die einzelnen Szenen nach und nach bearbeitet werden können.
2. Ein sehr gelungener und nachdrücklich zu empfehlender Unterrichtsentwurf zu diesem Bild, der mit einer *Bildaufteilung* in Arbeitsgruppen arbeitet, mit vielfältigen Anregungen und Hinweisen zu einzelnen Arbeitsschritten im Unterricht findet sich bei *Christel Zeile-Elsner: Weihnachten in Bildern. In: entwurf 3/2005, S. 29–33.*

Bernhard Heinser (Hg.): Weihnachten. Prosa aus der Weltliteratur, Zürich, 6. Aufl., 1990. – Karl-Josef Kuschel: Das Weihnachten der Dichter. Große Texte von Thomas Mann bis Reiner Kunze, Düsseldorf 2004 (auch als Audio-CD erhältlich). – Hans Küng: Menschwerdung Gottes, München 2002. – Karl Rahner: Gott ist Mensch geworden. Zur Bedeutung von Weihnachten, Freiburg, 2. Aufl., 1995. – Christine Willers-Vellguth: Das große Werkbuch Advent und Weihnachten. Gottesdienste, Impulse, Geschichten, Lieder, Freiburg 2006.

Vertiefungsmöglichkeiten / Weitere Ideen

■ Thema **Weihnachten: Gott wird Mensch**. Recherche im Internet und im Gesangbuch: Was genau meinen Menschen, wenn sie die These aufstellen: »Gott ist Mensch geworden«?
Eberhard Jüngel: Freue sich, wer immer kann. In: entwurf 3/2005, S. 4–7.

■ **Gottebenbildlicheit des Menschen und Menschwerdung Gottes:** Vergleich der Gottebenbildlichkeits-Aussage mit der Aussage der Menschwerdung Gottes.
Peter Kliemann / Andreas Reinert: Thema Mensch. Schülerheft und Materialband, Stuttgart 1998/1999, Kapitel F.

■ **Analyse von Kirchenliedern zu Advent und Weihnachten**, evtl. in Kooperation mit dem Fach Musik. Beispiele:

Advent: »Macht hoch die Tür« (EG 1); »Es kommt ein Schiff, geladen ...« (EG 8); »Mit Ernst, o Menschenkinder« (EG 10); »Wie soll ich dich empfangen« (EG 11); »Tochter Zion, freue dich« (EG 13); »Die Nacht ist vorgedrungen« (EG 16); Weihnachten: »Gelobet seist du, Jesu Christ« (EG 23); »Vom Himmel hoch, da komm ich her« (EG 24); »Lobt Gott, ihr Christen alle gleich« (EG 27); »Es ist ein Ros entsprungen« (EG 30); »Fröhlich soll mein Herze springen« (EG 36); »Ich steh an deiner Krippen hier« (EG 37); »Kommt und lasst uns Christum ehren« (EG 39); »Ihr Kinderlein kommet« (EG 43); »O du fröhliche« (EG 44); »Stille Nacht, heilige

Nacht« (EG 46); »Weil Gott in tiefster Nacht erschienen« (EG 56). Für manche dieser Lieder lassen sich im Internet, in der Literatur und in Musikverlagen auch ausgezeichnete Materialien finden; Beispiel: *Albrecht Goes: Es kommt ein Schiff, geladen bis an sein höchsten Bord. Eine Adventsmeditation zu einem alten Kirchenlied, mit 18 Dias, Aachen o.J.*

■ **Meine schönste Weihnachtsgeschichte:** Schülerinnen und Schüler suchen ihre schönste Weihnachtsgeschichte, stellen sie vor und erläutern, warum sie ihnen wichtig ist.

SH, Seiten 38/39

Ist Gott eine Frau?

Mit dem Text **Ist Gott eine Frau?** von Eduard Kopp wird ein spezielles Problem der Trinitätslehre in den Blick genommen. Wie verhält sich die theologische Rede von der Dreieinigkeit Gottes zur feministischen Theologie und – speziell im katholischen Glauben – zur Mariologie? Beiden Fragestellungen wird auf dieser Doppelseite nachgegangen.

Der Text von Eduard Kopp informiert zunächst über den Hintergrund der Tatsache, dass biblisch gesehen Gott vor allen Dingen männliche Attribute zugeschrieben werden, zeigt dann aber auch auf, dass dem biblischen Gottesbild ebenso weibliche Attribute zueigen sind (wenn auch in weit geringerer Zahl), und endet in der These, dass Gott offensichtlich zwar weder Mann noch Frau ist, dass die Bibel aber anthropomorph und insofern mit männlichen und weiblichen Eigenschaften von Gott spricht. Damit formuliert Eduard Kopp den gegenwärtigen Konsens der wissenschaftlichen Forschung zu dieser Fragestellung. Einzelne Formulierungen sind jedoch missverständlich und müssen eventuell durch die Lehrkraft ergänzt oder korrigiert werden. So wird zwar Gott z.B. in Jes 49,15 mit einer »Frau« und einer »Mutter« verglichen oder Paulus vergleicht sich in 1. Thess 2,7 f mit einer »sorgenden Mutter«, ein Beleg dafür, dass »der auferstandene Jesus Christus mit einer stillenden Mutter verglichen wurde«, wäre jedoch erst noch zu erbringen. Auch dass die »sophia« als »Gastgeberin Gottes« auftrete, ist biblisch nicht zu belegen. Diese Unstimmigkeiten sollten durch die Lehrkraft mündlich korrigiert werden.

Im Anschluss an den Text und seine Erarbeitung ist es in diesem Zusammenhang aber wichtig, dass eine eingehendere Beschäftigung mit der **Feministischen Theologie** geschieht. Das kann entweder über eine Schüler/innen-Präsentation erreicht werden oder durch einen Vortrag der Lehrkraft, der wesentliche Elemente der Feministischen Theologie erläutert.

Wurden dadurch die **weiblichen Gottesbilder in der Bibel** noch nicht ausführlich behandelt, kann eine kleine »Expedition in die Bibel«, bei der nach solchen Gottesbildern geforscht wird,
M 17 sicher erhellend wirken (**M 17**). Als Text zur Vertiefung (bzw. zur vertiefenden Einführung in die
M 18 Felder feministischer Theologie) eignet sich auch der provozierene Text **M 18** von Mary Daly (z.B. als Hausaufgabe).

Bettina Eltrop / Anneliese Hecht (Hg.): Frauen-Gottesbilder, Stuttgart 2001. – Elisabeth Gössmann / Helga Kuhlmann / Elisabeth Moltmann-Wendel (Hg.): Art. Gott/Göttin. In: Wörterbuch der Feministischen Theologie (WFT), Bd. 2, Gütersloh, 2. Aufl., 2002, S. 244–257. – J. Christine Janowski: (Art.): Feminismus / Feministische Theologie II. Religionsphilosophisch; III. Fundamentaltheologisch; IV. Dogmatisch. In: RGG^4, Bd. 3 (F-H), Tübingen 2000, Sp. 68–71. – Othmar Keel: Gott weiblich. Eine verborgene Seite des biblischen Gottes, Gütersloh 2008. – Hanne Leewe / Reiner Andreas Neuschäfer: Ich hatte von dir nur vom Hörensagen vernommen. Gottesbilder. Religionsunterricht praktisch, Sekundarstufe II, Göttingen 2005, S. 116–122. – Irene Leicht / Claudia Rakel / Stefanie Rieger-Goertz: Arbeitsbuch Feministische Theologie, Gütersloh 2003. – Kurt Marti: Gedanken zur Weiblichkeit Gottes. In: Ders.: Der Heilige Geist ist keine Zimmerlinde, Stuttgart, 2. Aufl., 2001, S. 161–167. – Peter Schäfer: Weibliche Gottesbilder im Judentum und Christentum, Frankfurt a.M. 2008. – Luise Schottroff / Marie-Theres Wacker: Kompendium Feministische Bibelauslegung, Gütersloh, 2. Aufl., 1999. – Helen Schüngel-Straumann: Die Dominanz des Männlichen muss verschwinden. In: Britta Hübener / Hartmut Meesmann: Streitfall Feministische Theologie, Düsseldorf, 1993, S. 72–84. – Helen Schüngel-Straumann: Denn Gott bin ich, nicht Mann: Gott als Mutter in Hosea 11. In: Bibel heute 4/1999, S. 102–105. – Silvia Schroer: Die Weisheit hat ihr Haus gebaut. Studien zur Gestalt der Sophia in den biblischen Schriften, Mainz 1996.

Eine ganz anderes Problem stellt sich mit der Frage nach einer möglichen Mariologie: Inwiefern kommt die *Mariologie* der Trinität »in die Quere«? Die Hochschätzung von **Maria als »Mutter Gottes«** im orthodoxen und katholischen Christentum führt immer wieder zu Fragen nach dem *Stellenwert* von Maria gegenüber der Trinität. Darauf will die Darstellung Marias (als »Teil« / Person der Trinität?) in dem Bild der Trinität aus der Kirche Urschalling / Chiemgau (um 1500) hinweisen. Zwischen Sohn und Gott, die beide Maria zu stützen scheinen, sieht man sie als den Heiligen Geist / als Heilige Geistin (?) in der Mitte der beiden anderen Personen der Trinität dargestellt, um die Weiblichkeit Gottes zum Ausdruck zu bringen. Als Informationstext zu dieser sehr eigenwillige Darstellung aus Urschalling kann **M 19** dienen. **M 19**

Dabei ist es vermutlich erforderlich, die sich konfessionell unterscheidenden christlichen Aussagen über Maria als Information einzubringen. Dies kann durch eine Schüler/innen-Präsentation geschehen oder durch eine Kurzinformation, die in einer gemeinsamen Internet-Recherche mit den Schüler/innen (arbeitsteilige Aufträge) leicht zu bewerkstelligen ist. Natürlich können auch durch **M 20**, das einige grundlegende Informationen zusammenträgt, die wesentlichen Informationen vermittelt werden. **M 20**

Katholisches Bibelwerk (Hg.): Maria. In: Bibel heute 3/2000 (Katholische Position). – Susanne Hausammann: Wege und Irrwege zur kirchlichen Einheit im Lichte der orthodoxen Tradition, Göttingen 2005 (Orthodoxe Position). – Gerd Lüdemann / Alf Özen: Jungfrauengeburt? Die wirkliche Geschichte von Maria und ihrem Sohn Jesus, München 1997 (Protestantische Position). – Julia Rüttgers: Jesus Christus. Abiturwissen Religion, Freising 2000. – Uwe Stamer: Abiturwissen Jesus Christus, Stuttgart, 3. Aufl., 1997, S. 24–34 (Grundinformationen). – Schalom Ben Chorin: Die Heimkehr. Jesus, Paulus und Maria in jüdischer Sicht. 3 Bände, München 1983 (Jüdische Position). – Verena Wodtke-Werner: Heiliger Geist oder Heilige Geistin im Trinitätsfresko von Urschalling? In: Elisabeth Moltmann-Wendel (Hg.): Die Weiblichkeit des Heiligen Geistes. Studien zur Feministischen Theologie, München 1995, S. 77–114, v.a. 94–114. – Anton Ziegenaus: Geboren aus der Jungfrau Maria. Klarstellungen. Mariologische Studien XIX, Regensburg 2007 (Katholische Position).

Anschließend an die Erörterungen zu Maria kann das **Magnifikat** erschlossen werden. Das Magnifikat ist weit mehr als ein frommer Text einer frommen Frau und erschöpft sich in seiner Bedeutung nicht in seiner liturgischen Verwendung (im Stundengebet), seiner musikalischen Verarbeitung (etwa bei Claudio Monteverdi, Johann Sebastian Bach, Antonio Vivaldi und anderen) oder seinem Stellenwert innerhalb der Mariologie. Vielmehr ist das Magnifikat auch ein revolutionär-eschatologischer Text, in dem Maria Gott als den preist, der sich ihr und allen Geringen, Machtlosen und Hungernden zuwendet, um sie aufzurichten, während er die Mächtigen, Reichen und Hochmütigen von ihren Thronen stürzt.

Im Unterricht kann versucht werden, diesem revolutionären Charakter des Liedes nachzuspüren, indem man mit **M 21** einige Textzeilen in Gruppen verteilt und die Schüler/innen dazu assoziieren lässt. Ziel wäre es herauszuarbeiten, welches Gottesbild hinter den Erwartungen Marias steht, warum sie sich die Änderungen von *Gott* erhofft bzw. warum sie noch nicht eingetreten sind, wenn Gott dafür einsteht. In einem zweiten Schritt könnte mit **M 22** das Magnifikat mit 1. Sam 2,1–10 verglichen und Übereinstimmungen und Unterschiede herausgearbeitet werden. Abschließend kann mit **M 23** eine gute Interpretation dieses »Kampfliedes für Gerechtigkeit« gegeben werden, evtl. auch als Hausaufgabe. **M 21** **M 22** **M 23**

Peter Bubmann / Michael Landgraf (Hg.): Musik in Schule und Gemeinde. Grundlagen – Methoden – Ideen, Stuttgart 2006, S. 157–160. – Christoph Burger: Marias Lied in Luthers Deutung. Der Kommentar zum Magnifikat (Lk 1,46b-55) aus den Jahren 1520/21. Spätmittelalter und Reformation, Neue Reihe, Tübingen 2007. – Carlo M. Martini / Stefan Liesenfeld: Marias Lobgesang. Besinnung auf das Magnifikat, Oberpframmern 2003. – Annegret Puttkammer: Kampflied für Gerechtigkeit. Maria als Sängerin des Magnifikat (Lk 1,39–56). In: Katholisches Bibelwerk (Hg.): Bibel heute 3/2000, S. 73–75. – Hermann Schalück: Lied der Befreiung. Das Magnifikat neu verstehen, Kevelaer 2002. – Andrea Qualbrink / Stefan Voges: Mein Geist jubelt über Gott. Von einem Gott, der anspricht, Stuttgart 2006.

Als abschließenden (und auch bilanzierenden) Text zum Themenkomplex Trintiät / Weibliche M 24 Aspekte Gottes kann **M 24** klärend wirken. Wilfried Härle arbeitet darin heraus, dass die Rede von Gott in der Trinitätslehre sich nicht nur mit anderen theologischen Topoi verbinden lässt, sondern auch weit davon entfernt ist, ein »Kreuzworträtsel« oder »Gehirnakrobatik« zu sein.

Vertiefungsmöglichkeiten / Weitere Ideen

■ Die Überlegungen zu den weiblichen Gottesbildern können auch aus der Kunstgeschichte ergänzt werden, zum Beispiel durch die Darstellung der **Erschaffung des Menschen** durch **Michelangelo** in der Sixtinischen Kapelle. Die Frage, wen Gott erschuf, nämlich den ersten Menschen, ist schnell geklärt; die Frage, wen er dabei im Arm hält, ist nicht so leicht zu lösen. Nach fast einhelliger Überzeugung hat Michelangelo in seinem Bild eine Anspielung auf Weisheit 7,22–8,1 und Hiob 28, aber vor allem Spr 8,22–31, nach der die Weisheit schon bei Gott war, »ehe er etwas schuf, von Anbeginn her« (siehe **M 25**), vorgenommen. Dies kann durch einen Vergleich der Texte oder einen Text-Bild-Vergleich herausgearbeitet werden; interessant wäre es sicher auch, diesen Gedankengang noch zu vertiefen und der Rolle der Weisheit innerhalb der Feministischen Theologie nachzudenken.

Irmtraud Fischer: Gotteslehrerinnen. Weise Frauen und Frau Weisheit im Alten Testament, Stuttgart 2005. – Peter Kliemann / Andreas Reinert: Thema Mensch. Stuttgart 1998/1999. Schülerheft, S. 24/25; Lehrerkommentar, S. 39–44; Materialband, S. 94–96. – Silvia Schroer: Die personifizierte Weisheit als bibeltheologische Schlüsselfigur. In: Katholisches Bibelwerk (Hg.): Weisheit und Frau Sophia. In: Bibel und Kirche 4/2004, S. 195–202. – Angelika Strotmann: Frau Weisheit, der Gott Israels und die Frauen. Eine kleine Forschungsgeschichte zur personifizierten göttlichen Weisheit in der feministischen Exegese. In: Katholisches Bibelwerk (Hg.): Weisheit und Frau Sophia. In: Bibel und Kirche 4/2004, S. 203–208.

■ **Projekt Maria**. Erschließung und Darstellung der Geschichte der Marienverehrung, von den biblischen Anfängen über die Zeit nach Jesu Tod bis hin zur allmählichen Herausbildung des Marienglaubens und seiner schließlichen Bestätigung der Jungfräulichkeit Mariens durch die katholische Kirche (Mariendogma) in diversen Arbeitsgruppen. Haltung der evangelischen und orthodoxen Kirchen. Maria in Kunst und Brauchtum.

Herbert Haag / Joe H. Kirchberger / Dorothee Sölle: Maria. Die Gottesmutter in Glaube, Brauchtum und Kunst, Freiburg 2004. – Papst Benedikt XVI: Maria. Papst Benedikt XVI. über die Gottesmutter, Augsburg 2008. – Klaus Schreiner: Maria: Jungfrau, Mutter, Herrscherin, Köln 2006. – Dorothee Sölle: Maria. Eine Begegnung mit der Muttergottes, Freiburg 2005.

■ **Einladung / Befragung katholischer Kolleg/innen:** Welches Verhältnis zu Maria haben Sie? Wie ordnen Sie Ihr Marienbild in das Spektrum der christlichen Konfessionen ein?

■ Die Weiblichkeit Gottes in **Hosea 11**. Eine weitere Vertiefungsmöglichkeit bietet sich mit M 26 **M 26**, einem Hinweis auf die weiblichen Züge im Gottesbild von Hosea 11.

Helen Schüngel-Straumann: Denn Gott bin ich, nicht Mann: Gott als Mutter in Hosea 11. In: Bibel heute 4/1999, S. 102–105. – Ulrike Bechmann / Anneliese Hecht: »Gott ist wie eine Mutter ...«. Weibliche Gottesbilder neu entdecken am Beispiel von Hos 11. In: Bettina Eltrop / Anneliese Hecht (Hg.): Frauen-Gottesbilder, Stuttgart 2001, S. 60–68.

KLAUSURTEXTE

K 25 ist ein zusammenfassender dogmatischer Text zur Trinitätslehre, mit Hilfe dessen die Schüler/innen noch einmal die wesentlichen Inhalte geboten bekommen, gleichzeitig aber auch weiterführende Fragen beantworten können. Die Frage nach dem Zusammenhang von Trinitätslehre und Christologie bzw. Pneumatologie kann angegangen werden; es kann aber auch gefragt werden, welche Bedeutung es heute noch hat, wenn wir Gott in seinen drei Personen als Vater, Sohn und Geist ansprechen.

Das in **K 26** dokumentierte Gespräch zwischen Horst Georg Pöhlmann und Mehdi Razvi bietet Anlass, auf den strittigen Gehalt der Trinitätslehre einzugehen und nach der Schwierigkeit, die die Dreieinigkeit Gottes im Gespräch mit Juden und Muslimen bedeutet, zu fragen. Wie ist ein Dialog zwischen Muslimen und Christen heute angesichts der Trinitätslehre und beiderseitigen Vor-Urteilen überhaupt möglich? Gibt der Text einen gangbaren Weg an?

Der Text von Dorothee Sölle in **K 27** greift noch einmal auf Kapitel E zurück und bringt Gott im Kontext der Gottesbestreitung zur Sprache. Gefragt werden kann danach, ob der Theismus für eine Trinitätslehre notwendig oder gerade hinderlich ist und wie sich die Rede von der Dreieinigkeit Gottes zum Atheismus verhält.

■ **K 28** und **K 29**, zwei Texte von Lucie Panzer, knüpfen an das Glaubensbekenntnis an und »buchstabieren« einzelne Teile des Credos durch. **K 28** thematisiert den ersten Glaubens-Artikel (Gott als *Schöpfer*). Gefragt werden kann nach dem Aufbau des Credos, der Bedeutung des ersten Artikels (Luthers Erklärung im Kleinen Katechismus) und nach der Bedeutung des Schöpfungsglaubens in unserer Zeit. **K 29** setzt auch beim ersten Artikel ein, thematisiert aber den »*Allmächtigen*« und fragt nach dem Vater-Bild, das wir von Gott haben (mit negativen und positiven Assoziationen).

■ **K 30** ist ein kämpferischer Text von Helen Schüngel-Straumann aus den Anfängen der feministischen Theologie. Von der Darstellung der Thesen des Textes aus kann auf die Anliegen der Feministischen Theologie eingegangen werden, aber auch nachgefragt werden, ob die spezielle Interpretation des Gottesnamens »Herr« durch Schüngel-Straumann wirklich glücklich ist (vgl. auch das Material zu Kapitel B) und nicht eher dem Anliegen der Feministischen Theologie schaden könnte.

PRÄSENTATIONSTHEMEN

■ **Aurelius Augustinus und die Trinität**

Aurelius Augustinus: Confessiones / Bekenntnisse. Lateinisch und deutsch, eingeleitet, übersetzt und erläutert von Joseph Bernhart, Frankfurt 1987. – Aurelius Augustinus: De trinitate / Über die Trinität. Bücher VIII–XI, XIV–XV, Anhang: Buch V. Neu übersetzt und mit Einleitungen hg. von Johann Kreuzer, Darmstadt 2001. – Stephen A. Cooper: Augustinus für zwischendurch, Göttingen 2007. – Andrew Knowles / Pachonio Penkett: Augustinus und seine Welt, Freiburg 2007. – Henri Marrou: Augustinus. Mit Selbstzeugnissen und Bilddokumenten dargestellt von Henri Marrou, Frankfurt 1984.

■ **Vestigia trinitatis**

Karl Barth: Die Kirchliche Dogmatik, Bd. I,1: Die Lehre vom Wort Gottes. Prolegomena zur kirchlichen Dogmatik, Zürich 1946, §§ 8–9, S. 352–366.

■ **Zahlensymbolik der Bibel / Zahlensymbolik im Kulturvergleich**

Franz C. Endres / Annemarie Schimmel: Das Mysterium der Zahl. Zahlensymbolik im Kulturvergleich, München 2005. – Helmut Werner: Lexikon der Numerologie und Zahlenmystik – Über den Zusammenhang von Zahl, Schicksal und Charakter. Das gesamte Wissen alter Schulen und neuzeitlicher Systeme, Köln 2001. – Hajo Banzhaf: Symbolik und Bedeutung der Zahlen, München 2006. – Otto Betz: Das Geheimnis der Zahlen, Stuttgart 1989. – Hans Hutmacher: Symbolik der biblischen Zahlen und Zeiten, Paderborn u.a. 1993.

■ **G´´tt im Islam – die kritische Haltung des Islam zur Trinitätslehre und die unterschiedlichen Konzepte des Monotheismus in Christentum und Islam**

■ **Abrahamitische Ökumene**

Martin Bauschke: Der Spiegel des Propheten: Abraham im Koran und im Islam, Frankfurt 2008. – Karl-Josef Kuschel: Was Juden, Christen und Muslime trennt – und was sie eint, Düsseldorf 2001.

■ **Weihnachten – ein Fest und seine theologische Aussage**

Stefan Scholz: Spurensuche. Texte zu Advent und Weihnachten, Regensburg 2002.

■ **Ist Gott eine Frau? Anliegen und Inhalte der Feministischen Theologie**

Elisabeth Gössmann / Helga Kuhlmann / Elisabeth Moltmann-Wendel (Hg.): Wörterbuch der Feministischen Theologie (WFT), Gütersloh, 2. Aufl., 2002. – Luise Schottroff / Marie-Theres Wacker: Kompendium Feministische Bibelauslegung, Gütersloh, 2. Aufl., 1999. – Irene Leicht / Claudia Rakel / Stefanie Rieger-Goertz: Arbeitsbuch Feministische Theologie, Gütersloh 2003. – J. Christine Janowski: (Art.): Feminismus / Feministische Theologie II. Religionsphilosophisch; III. Fundamentaltheologisch; IV. Dogmatisch. In. RGG^4, Bd. 3 (F-H), Tübingen 2000, Sp. 68–71.

■ **Maria – Mutter Jesu und Gottesgebärerin? Von den biblische Quellen über die Mariologie der Katholischen Kirche zur Maria der Feministischen Theologie**

■ **Weisheit in Israel**

Hans Jochen Boecker / Hans-Jürgen Hermisson / Johann Michael Schmidt / Ludwig Schmidt. Altes Testament. Neukirchener Arbeitsbücher. Neukirchen, 5. Aufl., 1996, S. 200–225. – D.J. Clines / H. Lichtenberger / H.-P. Müller (Hg.): Weisheit in Israel. Beiträge des Symposiums »Das Alte Testament und die Kultur der Moderne« anlässlich des 100. Geburtstags Gerhard von Rads, Münster 2003. – Bernhard Lang: Die Weisheit des Alten Testament, München 2007.

■ **Das Triptychon in der Moderne**

Marion Ackermann (Hg.): Drei. Das Triptychon in der Moderne. Ostfildern 2009.

Wiederholungsfragen G

1. **Erklären Sie**, was man unter »vestigia trinitatis« versteht und **stellen Sie** das Modell der Trinitätslehre dar.
2. **Erläutern Sie** anhand des Apostolischen Glaubensbekenntnis wesentliche Aussagen des christlichen Glaubens.
3. **Entfalten Sie**, was – theologisch gesehen – mit der »Menschwerdung Gottes« gemeint ist.
4. **Setzen Sie sich** mit dem Vorwurf des Islam **auseinander**, das Christentum sei keine monotheistische Religion.
5. **Zeigen Sie**, inwiefern Gott in der Bibel auch »weibliche Züge« zukommen und **ziehen Sie daraus Schlüsse** für das Gottesbild des Christentums.

H Gott macht gesund

Dieses Kapitel bezieht das Thema »Gott« auf eine Frage der alltäglichen Lebensgestaltung. Die These »Gott macht gesund!« regt in verschiedener Weise zum Gespräch an, denn die Konturen unseres modernen Alltags sind gerade auch unter dem Gesichtspunkt der Gesundheit höchst widersprüchlich:
Die Frage nach einem möglichst gesunden Lebensstil und nicht zuletzt nach einer gesunden Ernährung beschäftigt täglich Millionen von Menschen in einer Weise, die gelegentlich einen dogmatisch-religiösen Habitus annimmt und nicht selten auch zu sozialen Ausgrenzungen führt. Unsere gegenwärtige Lebenserwartung ist aufgrund medizinischen Fortschritts und »gesunder« Ernährung höher denn je zuvor, doch eine stark anwachsende Anzahl von demenzkranken alten Menschen gibt dem Wunsch »Mens sana in corpore sano (sit)!« eine ganz neue Bedeutung. (Das Originalzitat findet sich übrigens in Juvenals Satiren (10,356) und steht dort im Zusammenhang mit dem Thema Gebet: Der Mensch solle die Götter um körperliche und seelische Gesundheit bitten, nicht um törichte Dinge ...) Erkrankungen an Magersucht stehen neben unübersehbaren Phänomenen der Überernährung. Das Ideal eines sportlichen, leistungsfähigen Körpers steht im Widerspruch zu Trainingsexzessen und Dopingskandalen im Leistungssport. Wir haben zwar mehr Freizeit als die meisten Generationen vor uns, klagen aber gleichzeitig über Stress und die ungesunde Hetze des Alltags.
Und macht uns nun Gott gesund? Die Bibel berichtet von zahlreichen Wunderheilungen. Die Kirchengeschichte kennt zahlreiche Beispiele von krankmachender Religiosität. Darüber lohnt es sich zu sprechen und nachzudenken. Vor allem aber ist es sinnvoll, sich den Unterschied zwischen dem altertümlichen Begriff »Heil« und einem bloß körperlichen und seelischen Wohlergehen klarzumachen. Richtiges Essen und Trinken und Körperertüchtigung mögen in physiologischer Hinsicht höchst sinnvoll und angebracht sein, aber im Hinblick auf die Identität des Menschen gilt aus christlicher Sicht: Gott macht »gesund«, und zwar er ganz alleine und nicht wir uns selbst aufgrund irgendwelcher Leistungen und Tätigkeiten. Dies mag sich auch auf das körperliche und seelische Wohlbefinden des Menschen auswirken, ist mit diesem aber in keiner Weise gleichzusetzen.

Regina Ammicht Quinn: Körper – Religion – Sexualität. Theologische Reflexionen zur Ethik der Geschlechter, Main 1999. – Bundeszentrale für politische Bildung (Hg.): Fluter 9/2003. – Wie geht's? Das Gesundheitsheft – Bundeszentrale für politische Bildung (Hg.): Körperkult und Schönheitswahn. Aus Politik und Zeitgeschichte 18/2007. – Simone Ehm / Michael Utsch /Hg.): Wie macht der Glaube gesund? Zur Qualität christlicher Gesundheitsangebote. EZW-Text 199/2008. – entwurf 1/2004: Themenheft »Körper«. – Andrea Hauner / Elke Reichart: Bodytalk. Der riskante Kult um Körper und Schönheit, München 2004. – Manfred Lütz: LebensLust. Wider die Diät-Sadisten, den Gesundheitswahn und den Fitness-Kult. Ein Buch über Risiken und Nebenwirkungen der Gesundheit und darüber, wie man länger Spaß am Leben hat, München 2002. – Verena Wetzstein (Hg.): Was macht uns gesund? Heilung zwischen Medizin und Spiritualität, Freiburg 2006.

Gutes Essen – böses Essen

SH, Seiten 40/41

Die Medien weisen uns, immer von neuem informierend und mahnend, darauf hin: Gesundheit und Krankheit hängen nicht zuletzt mit Fragen der Ernährung zusammen. Doch Essen und Trinken ist mehr als ein ernährungswissenschaftliches und medizinisches Problem: Essen und Trinken

ist in allen Kulturen ein wichtiger Bestandteil des sozialen Lebens und in vielen Religionen wird sakralen Mahlzeiten ein hoher ritueller Stellenwert zugemessen. Im Christentum gelten Brot und Wein, bei der Abendmahlsfeier gereicht, als »gutes Essen und Trinken« schlechthin.
Aber auch unsere gegenwärtigen Lebensverhältnisse bieten Anlass genug, um über den Stellenwert von Essen und Trinken nachzudenken: In vielen Familien sind gemeinsame Mahlzeiten die Ausnahme geworden. Der schnelle Imbiss zwischendurch ersetzt für viele von uns allzu oft die gesellige Tischgemeinschaft. Daran ändert auch die Tatsache nichts, dass sich Kochsendungen aller Art zurzeit im Fernsehen großer Beliebtheit erfreuen.
Die vorliegende, einer Benetton-Broschüre entnommene Doppelseite bringt zweierlei auf sehr eindrückliche Weise zusammen: die Frage nach einer im medizinischen Sinne gesunden Ernährung einerseits und einen faszinierenden Blick auf andere, den meisten von uns fremde Kulturen und Religionen andererseits.
Klaus Berger: Manna, Mehl und Sauerteig. Korn und Brot im Alltag der frühen Christen, Stuttgart 1993. – Peter Biehl: Symbole geben zu lernen, Bd. 2: Zum Beispiel Brot, Wasser und Kreuz. Beiträge zur Symboldidaktik und Sakramentendidaktik, Neukirchen 2002. – BRU-Magazin 36/2002: Themenheft »Essen und Trinken«. – Marvin Harris: Wohlgeschmack und Widerwillen. Die Rätsel der Nahrungstabus, München 1995. – Perry Schmidt-Leukel (Hg.): Die Religionen und das Essen, Kreuzlingen/München 2000. – Alexander Schuller / Jutta Anna Kleber (Hg.): Verschlemmte Welt. Essen und Trinken historisch-anthropologisch, Göttingen 1994. – www.kulinaristik.de

Am Anfang der Unterrichtssequenz könnte eine **Bestandsaufnahme** (Einzel- oder Gruppenarbeit, Moderationskarten) darüber stehen, was man persönlich für **»gutes« und »böses« Essen** hält. Der Austausch der Begründungen im Plenum führt schnell zu kontroversen Diskussionen.
Da in unserem Kulturkreis eine Kategorisierung über ernährungswissenschaftliche Kriterien dominiert, ergeben sich aus der Doppelseite (Links »good food«? Rechts »evil food«?) schnell und überraschend **kultur- und religionswissenschaftliche Fragen**: Haben die Schülerinnen und Schüler auf Reisen und bei Auslandsaufenthalten eigene Erfahrungen mit dem Thema gemacht? Woher kommen Unterschiede in den Ernährungsgewohnheiten? Gibt es objektive Kriterien für »gesundes« Essen? Warum ist von »evil food« und nicht von »bad food« die Rede? – Wiederholende Rückgriffe auf frühere Unterrichtseinheiten (etwa Judentum und Islam) bieten sich hier ebenso an wie Kurzreferate zu weniger bekannten Religionen.
Die meisten der angeführten Speiseregeln werden von den Schülerinnen und Schülern vermutlich als »willkürlich«, »überholt« und »abergläubisch« zurückgewiesen. Diese Sichtweise lässt sich durch das **Feuerbach-Zitat** noch provozierend zuspitzen: *Ist* der Mensch nur das, was er *isst*? Geht es nur um die physiologische Verarbeitung von Nährstoffen? Wodurch ist der Mensch
M 1 – M 2 noch definiert? **M 1** und **M 2** bieten für diese Frage zusätzliche Gesichtspunkte.

Naheliegend ist es, im Rahmen des Religionsunterrichts auch auf die **Bedeutung des christlichen Abendmahls** als Form des »guten Essens« einzugehen und dabei eventuell auch Unterschiede zu anderen festlichen und rituellen Mahlzeiten herauszuarbeiten. Für mögliche Ge-
M 3 – M 4 sprächsimpulse und Informationen vgl. **M 3** und **M 4**. Da der letzte Abendmahlbesuch der Schülerinnen und Schüler oft lange zurückliegt, lohnt es sich u.U. auch den Ablauf eines Abendmahlsgottesdienstes zu rekonstruieren und dabei – auf die eigene Konfirmation zurückblickend – auch auf die damit verbundenen Erfahrungen, Gefühle und Widerstände einzugehen. Denkbar ist auch eine Stunde mit dem katholischen Parallelkurs zu Gemeinsamkeiten und Unterschieden des Abendmahlverständnisses.
Christoph Ammann u.a. (Hg.): Abendmahl, Leipzig 2007. – Michael Meyer-Blanck / Walter Fürst (Hg.): Typisch katholisch – typisch evangelisch. Ein Leitfaden für die Ökumene im Alltag, Freiburg/Rheinbach, 3., überarbeitete und erweiterte Aufl. 2006. – Andreas Reinert: Das Markus-Evangelium. Ein Arbeitsheft zur Erschließung eines ganzen biblischen Buches. Beilage zu entwurf 2–3/2007, S. 17–19. – Silke Stürmer: Iss und trink – Gemeinsam das Abendmahl feiern. Dokumentarfilm mit umfangreichem Zusatzmaterial. DVD, 23 Minuten (Bestelladresse: www.evangelisches-medienhaus.de).

Vertiefungsmöglichkeiten / Weitere Ideen

■ Kurzreferat zur Bewegung »slow food«
www.slowfood.de

■ Gemeinsame Lektüre von 1. Kor 8 ff **M 4**
Walter Hollenweger: Konflikt in Korinth. Memoiren eines alten Mannes. Zwei narrative Exegesen zu 1. Korinther 12–14 und Ezechiel 37, München 1978.

■ Lektüre von Confessio Augustana, Artikel 26: Verhältnis von Gnade und Speiseregelungen? **M 5**

■ Gemeinsame Kurs-Mahlzeit mit »gutem« Essen, »guten« Texten und – für alle einsichtigen – »guten« Ritualen (vorbereitet von einer Projektgruppe)

■ Mahlgemeinschaften Jesu – aufgezeigt am Beispiel eines Evangeliums

■ »Von wahrer Reinheit und Unreinheit« (Mk 7,1–23): Exegetische Recherchen und Interpretationsversuche

■ Sollten wir nicht eigentlich alle Vegetarier sein? (Vgl. Gen 1,29 f; Gen 9,1–3; Kol 2,16; Röm 14,1–3)
Helmut Engels: »Nehmen wir an …« Das Gedankenexperiment in didaktischer Absicht, Weinheim/Basel 2004, S. 128–132 (»Menschen auf der Speisekarte«). – Ethik und Unterricht 1/1997: Themenheft Tierethik. – Hans Werner Ingensiep / Heike Baranzke: Das Tier, Stuttgart 2008. – Bernd Janowski / Peter Riede (Hg.): Die Zukunft der Tiere. Theologische, ethische und naturwissenschaftliche Perspektiven, Stuttgart 1999. – Bernd Janowski / Ute Neumann-Gorsolke / Uwe Gleßmer (Hg.): Gefährten und Feinde des Menschen. Das Tier in der Lebenswelt des alten Israel, Neukirchen-Vluyn 1993 (Standardwerk). – Claus Leitzmann: Vegetarismus. Grundlagen, Vorteile, Risiken. München, 2., aktualisierte, Aufl., 2001. – rhs – Religion an höheren Schulen 6/2001: Noahs Erben – Mensch und Tier im Alten Testament. – Helena Röcklingsberg: Das seufzende Schwein. Zur Theorie und Praxis einer Tierethik, Erlangen 2001. – Steven Rosen: Die Erde bewirtet euch festlich. Vegetarismus und die Religionen der Welt, München 1992. – Jean-Claude Wolf: Tierethik. Neue Perspektiven für Menschen und Tiere, Erlangen, 2., durchgesehene Aufl., 2005.

Was braucht der Mensch?

SH, Seiten 42/43

Das der Zeitschrift »Schrot und Korn« entnommene **Interview mit der Rocksängerin Nina Hagen** bietet weitere Anknüpfungspunkte für das Thema gesunde Ernährung, konfrontiert – darüber hinausgehend – jedoch auch mit grundlegenden Fragen einer weltanschaulichen Orientierung. Nina Hagen spricht u.a. von ihrer Erfahrung mit Gebeten, von einem Nah-Tod-Erlebnis, von der »Seele«, dem »wahren Seins-Zustand«, dem Sinn des Fastens und von der nicht nur für sie zentralen Frage »Was braucht der Mensch?«.

Zwei **Votivtafeln** erinnern daran, dass Nina Hagens Erfahrungen eines göttlichen Beistands in einer langen Tradition der Volksfrömmigkeit stehen. Abergläubische Elemente, die einer akademischen Dogmatik einige Mühe machen, sind dabei ebenso wenig zu übersehen wie das Bemühen, »Gott« sehr konkret und intensiv mit eigenen Lebenserfahrungen zu verbinden. **M 6 – M 8**

Das dem Himmel entgegenschwebende **Bodybuilder-Herz** ironisiert das Bemühen des Menschen, durch richtige Ernährung und gesunde Lebensweise das eigene Leben zu perfektionieren. Findet die Auferstehung des Leibes heute im Fitness-Studio statt? Krankheiten und Schicksalsschläge, wie sie z.B. auch in Votivtafeln dokumentiert sind, bereiten einer solchen Hybris schnell ein Ende. Womöglich spiegelt sich in der Grabplatte des Götz von Berlichingen eine realistischere Haltung gegenüber Leben und Tod. Interessant ist nicht zuletzt, dass der Ritter seine sprichwörtliche »eiserne Faust« abgelegt hat und seine beiden Hände unversehrt sind: Wird damit auf die Auferweckung des ganzen Menschen verwiesen? Was genau ist damit im Unterschied zu anderen Vorstellungen von einem Leben nach dem Tod genau gemeint?
Ulrich Dehn / Erika Godel (Hg.): »Du salbest mein Haupt mit Öl …« Wellness – Körperkultur oder Sinnfrage? EZW-Text 183/2006. – Johann Figl / Hans-Dieter Klein (Hg.): Der Begriff der Seele in der Religionswissenschaft, Würzburg 2002. – Gisbert Greshake / Jakob Kremer: Resur-

rectio mortuorum. Zum theologischen Verständnis der leiblichen Auferstehung, Darmstadt, 2. Aufl., 1992. – Hans-Martin Gutmann / Cathrin Gutwald (Hg.): Religiöse Wellness. Seelenheil heute, München 2005. – Hartmann Hinterhuber: Die Seele. Natur- und Kulturgeschichte von Psyche, Geist und Bewusstsein, Wien 2001. – Andreas Reinert: Körper-Kult. Körper-Konzepte in Bibel und Gegenwart. In: entwurf 1/2004, S. 3–10. – Werner Thiede: Auferstehung der Toten – Hoffnung ohne Attraktivität? Grundstrukturen christlicher Heilserwartung und ihre verkannte religionspädagogische Relevanz, Göttingen 1991.

Für den Unterrichtsverlauf bietet sich z.B. folgendes Vorgehen an:

- ☐ Einstieg mit einer kurzen **Besinnung: Was braucht der Mensch?** (Erstellung einer mindmap in Gruppenarbeit; eventuell im stummen Schreibgespräch)
- ☐ Erster Austausch im Plenum
- ☐ **Lektüre des Interviews mit Nina Hagen** (mit verteilten Rollen)
- ☐ Schriftliches Festhalten der eigenen Gedanken in Einzelarbeit oder nach Methode Placemat (vgl. hierzu z.B. Ludger Brüning / Tobias Saum: Erfolgreich unterrichten durch Kooperatives Lernen. Strategien zur Schüleraktivierung, Essen 2007, S. 25 f oder www.kooperatives-lernen.de).
- ☐ In Gruppen: **Vergleich der eigenen Gedanken mit den Thesen Nina Hagens**
- ☐ Zweite Plenumsrunde
- ☐ **Arbeit an den Bildelementen der Doppelseite** in Partnerarbeit:
  - Wie beantworten die Maler/Stifter der Votivtafeln die Frage »Was braucht der Mensch?«?
  - Welches Menschenbild hat der durch das Bodybuilderherz symbolisierte Mensch?
  - Welche Vorstellung vom Menschsein hatte der Gestalter der Grabplatte Götz von Berlichingens?
  - Was »braucht« die Fliege auf dem Tischtuch?
- ☐ Abschließendes Plenum, eventuell Überleitung zum Text auf Seite 44 des Schülerheftes

M 9 ab – M 10 **Vertiefungsmöglichkeiten / Weitere Ideen**

■ Anhand der Materialien **M 9 – M 10** Erörterung der Frage: **Gesundheitskult als Ersatzreligion?** (Bezug zu Seite 18 des Schülerheftes)

M 11 – M 12

■ **Macht Glauben gesund?** Einstieg mit Folie »Glaubliforte« (**M 11**) – Lektüre von **M 12** – Internetrecherche zur »John Templeton Foundation« – Interviews mit Ärzten/Kurzreferate zu entsprechenden Publikationen, z.B.:
Simone Ehm / Michael Utsch (Hg.): Kann Glauben gesund machen? Spiritualität in der modernen Medizin. EZW-Text 181/2005. – Psychologie heute 3/2005: Themenheft »Glaube und Gesundheit. Warum Hoffnung heilen kann«. – Eva Schindele: Macht Glauben gesund? In: Detlef Clas / Gábor Paál (Hg.): Gottes Bilder. Warum wir glauben, Filderstadt 2006, S. 125–142.

■ **Recherche** zu den in der **Fußleiste** des Kapitels aufgeführten **»alternativen« Heilverfahren** (Zusatzimpuls: Die zwischen den Therapiebegriffen abgebildeten Heilpflanzen stammen aus dem im 17. Jahrhundert an die Decke der Bamberger Benediktinerabteikirche St. Michael gemalten »Himmelsgarten«. Gesprächsthema: Verhältnis von alternativer Medizin und »Schulmedizin« damals und heute)
Reinhard Hempelmann u.a.: Christliche Identität, alternative Heilungsansätze und moderne Esoterik. Grundsätze zur Orientierung für Kirche und Gemeinde. In: Materialdienst der Evangelischen Zentralstelle für Weltanschauungsfragen 3/2007 und 4/2007. – Werner Dressendörfer: Der »Himmelsgarten« in St. Michael zu Bamberg, Gerchsheim 2007.

■ **Konkordanz-Recherche zum Begriff »Arzt«**
Vgl. insbesondere den Bibelvers Ex 15,26 (»Ich bin der Herr, dein Arzt.«). Im Evangelischen Kirchengesangbuch lohnt sich ein Blick auf Lied Nr. 320 (Strophe 4: »Ein Arzt ist uns gegeben …«).

Moralischer Sprengstoff

SH, Seite 44

Der **Beitrag von Eberhard Jüngel** formuliert den Zielpunkt des bisherigen Untersuchungsgangs in theologischer Sprache. Zentrales Argument ist der im christlichen Religionsunterricht immer wieder zu thematisierende und immer wieder neu ungewohnte und sperrige Gedanke der Rechtfertigung des Sünders allein durch Gottes Gnade. Dass diese Gnade nach christlicher Auffassung in Christus ihren Grund hat, unterstreicht die wenig bekannte Darstellung Jesu als eines Apothekers.
Der »Seifenbläser« findet sich in einer Totentanzdarstellung in der Heiliggrabkapelle der St. Michaelskirche in Bamberg. Das Zitat »Auch wer gesund stirbt, ist definitiv tot.« stammt von dem Kölner Arzt und Theologen Manfred Lütz, der mit zahlreichen kritischen Publikationen zum Thema »Gesundheitsreligion« an die Öffentlichkeit getreten ist (vgl. **M 9b**). Beide Elemente unterstreichen die Grenzen, die all unsere Bemühungen um gesundes Leben und gesunde Ernährung bestimmen.
Zur Vertiefung des Jüngeltextes vgl. Seite 4 des Schülerheftes sowie die dazu empfohlene weiterführende Literatur.
Nach der Lektüre des Jüngel-Beitrags empfiehlt es sich, möglichst viele Schülerinnen und Schüler zu aktivieren und sich selbst als (theologisch versierte) Lehrkraft zunächst zurückzuhalten. Drei Fragen bieten sich in Partner- oder Gruppenarbeit zur Rekonstruktion des Jüngel-Textes an: 1. Warum kann und muss der Mensch für sein eigenes Heil nichts tun? 2. Inwiefern enthalten Jüngels Thesen »moralischen Sprengstoff«? 3. Inwiefern handelt es sich um einen »heilsamen Skandal«? – Nach Beantwortung dieser Fragen sollten die Schülerinnen und Schüler a) festhalten, was ihnen unklar oder diskussionswürdig erscheint und b) überlegen, wie sie selbst zu den Aussagen Jüngels stehen. Als ergänzende Bibelstelle könnte eventuell noch 1. Kor 1,18–23 als weiterführender Impuls mitgegeben werden.

Bei der Erschließung der **Abbildungen »Christus als Apotheker«** sollte die Lehrkraft eine knappe und gut überlegte kunstgeschichtliche Erläuterung (vgl. **M 13–M 17**) geben. Fragen für ein Unterrichtsgespräch: Bedeutet die Abbildung eine Aufwertung oder eine Abwertung des Apothekerstands und der Medizin? In welchem Verhältnis stehen der Glaube an Christus und das Vertrauen in die richtige Medizin? **M 13 – M 17**

Für eine kritische Diskussion der **Äußerung von Manfred Lütz** bietet sich etwa folgender Impuls an: Zu wie viel Prozent ist der Satz Ihrer Meinung nach richtig? Anschließend könnten zwei Schüler/innen das Interview mit Manfred Lütz in **M 9b** vortragen. Dann könnte man fragen, ob sich die Meinung/die vergebene Prozentzahl nun verändert hat und warum?

Ein **zusammenfassender Arbeitsauftrag**, auch als Vorbereitung auf das folgende Kapitel I, könnte so lauten:
Bearbeiten Sie eine der folgenden drei Aufgaben:
☐ Formulieren Sie in etwa 5–10 Zeilen in eigenen Worten eine allgemein verständliche und präzise lexikalische Definition des Begriffs »Rechtfertigung«.
☐ Schreiben Sie Ihrem Patenkind einen Brief, in dem Sie ihm möglichst einfach und anschaulich erklären, was mit dem Gedanken der Rechtfertigung gemeint ist.
☐ Entwerfen Sie einen möglichen Dialog zwischen Nina Hagen und Eberhard Jüngel.

Vertiefungsmöglichkeiten / Weitere Ideen
■ Interessieren sich die Schülerinnen und Schüler für das Gemälde **»Christus als Apotheker«**, lässt sich vieles entdecken: Das Motiv stammt zunächst aus dem protestantischen Umfeld und dient seit etwa 1620 zur Illustration der lutherischen Rechtfertigungslehre. Der als tatsächlicher Apotheker beim Wägevorgang dargestellte Christus bereitet selbst die Arzneien zur Erlösung des an ihn glaubenden Menschen. Seit etwa 1650 taucht das Motiv in abgewandelter Form auch in der katholischen Volkskunst auf. Bis ins 19. Jahrhundert als Andachts- und Kultbild verwendet, dient es seitdem als besinnliches Schmuckbild für Apotheken und Apothekerwohnungen.

Christus wird als Schmerzensmann und Heiland dargestellt, eine Hand ist zum Segen erhoben, die andere zeigt die Waage als Symbol der die Taten der Menschen abwägenden Gerechtigkeit. Auf dem Apothekertisch steht ein Eucharistiekelch, über ihm schwebt eine Hostie. In diesen Zusammenhang gehört das im Schülerheft abgebildete Ölgemälde aus dem 2. Drittel des 18. Jahrhunderts, das sich heute im Deutschen Apothekenmuseum in Heidelberg befindet. Weitere Informationen zu der Abbildung im Schülerheft sowie eine Vergrößerung dieses Bildes finden sich in **M 13** und **M 14**. Wer anhand des Bildmaterials die »kontrovers-« bzw. differenztheologischen Akzente im Detail herausarbeiten möchte, könnte mit Hilfe von **M 15** und **M 16** interessante Vergleiche anstellen und sei auf folgende Literatur verwiesen:

M 13 – M 14
M 15 – M 16

Wolfgang-Hagen Hein: Christus als Apotheker, Frankfurt a.M., 2. Aufl., 1992. – Fritz Krafft: Christus ruft in die Himmelsapotheke. Die Verbildlichung des Heilandsrufs durch Christus als Apotheker. Begleitbuch und Katalog zur Sonderausstellung im Museum Altomünster (29.11.2002–26.1.2003), Altomünster 2002. – Ders.: Christus als Apotheker: Ursprung, Aussage und Geschichte eines christlichen Sinnbildes, Marburg 2001. – Ders.: »Die Arznei kommt vom Herrn und der Apotheker bereitet sie«, Stuttgart 1999. – Ders.: Die Pharmazie im Dienste der Propagierung lutherischer Rechtfertigungslehre. Zur Bildaussage eines weitverbreiteten protestantischen Sinnbildmotivs. In: Berichte zur Wissenschaftsgeschichte 2003, S. 157–182.

M 18 ■ **M 18** kann dazu anregen, das in diesem Kapitel thematisierte Verhältnis zur eigenen Körperlichkeit humorvoll anzugehen und eventuell ein eigenes Körper-Gedicht zu verfassen.

KLAUSURTEXTE

Anhand von **K 31**, einem etwas längeren, aber leicht verständlichen Text, kann man die Schülerinnen und Schülern nach ihrer persönlichen Einschätzung des Phänomens »Gesundheitskult« fragen. Das Lütz-Zitat von S. 44 wird wieder aufgenommen. Eine Frage nach der theologischen Perspektive könnte sich anschließen.

K 32 ermöglicht eine die Nachhaltigkeit prüfende, »kompetenzorientierte« Interpretationsaufgabe: Die Schüler/innen können einen ihnen aus dem Konfirmandenunterricht bekannten Text der Tradition auf die aktuelle Fragestellung eines »guten«, »gesunden« Lebensstils beziehen.

K 33 lädt zur Rekonstruktion des Rechtfertigungsgedankens und zur kritischen Stellungnahme ein: Erleichtert »das Nachdenken über die Erfahrung der Liebe unter uns Menschen« (Z. 19) das Verständnis dieser theologischen Denkfigur?

PRÄSENTATIONSTHEMEN

■ **Speisegesetze in Judentum und Islam – ein Vergleich**

■ **Gemeinsamkeiten und Unterschiede des Abendmahlsverständnisses in verschiedenen christlichen Konfessionen**

■ **Darstellungen des Abendmahls in der bildenden Kunst**

Zu Tisch, bitte! Rund 150 Bildvariationen zu Leonardo da Vincis »Abendmahl«. Zusammengestellt von Martin Bregenzer u.a.. CD-ROM, Stuttgart 2002.

■ **Gutes Essen = Vegetarismus?**

■ **Martin Luthers Schrift »Von den guten Werken«**

Oswald Bayer: Martin Luthers Theologie. Eine Vergegenwärtigung, Tübingen 2003, S. 256ff.

■ **Wundergeschichten der Bibel**

Stefan Alkier / Bernhard Dressler: Wundergeschichten als fremde Welten lesen lernen. – Didaktische Überlegungen zu Mk 4,35–41. In: Bernhard Dressler / Michael Meyer-Blanck (Hg.), Religion zeigen. Religionspädagogik und Semiotik, Münster 1998, S. 163–187. – Klaus Berger: Darf man an Wunder glauben, Gütersloh 1999. – Roland Biewald: Wunder und Wundergeschichten, Leipzig 2002. – Rudolf Englert: »Das kann nicht wahr sein!« Wundergeschichten. In: Ulrike Baumann u.a.: Religionsdidaktik. Praxishandbuch für die Sekundarstufe I und II, Berlin 2005, S. 183–198. – Bernd Kollmann: Neutestamentliche Wundergeschichten, Stuttgart 2002. – entwurf 4/2006: Themenheft Wunder.

■ **Johann Christoph Blumhardt**

Dieter Ising: Johann Christoph Blumhardt. Leben und Werk, Göttingen 2002.

■ **Heilungswunder in Lourdes**
www.lourdes-france.org
■ **Das Fastenverständnis der Aktion »Sieben Wochen ohne«**
www.7wochenohne.de
■ **Leib-Seele-Vorstellungen im Christentum**
Matthias J. Fritsch / Knut Wenzel: Das Verhältnis von Leib und Seele. Offene theologische Fragen und neue philosophische Herausforderungen. In: Orientierung 17/2002, S. 181–187. – Gerd Jüttemann / Michael Sonntag (Hg.): Die Seele. Ihre Geschichte im Abendland, Göttingen 2005.
■ **Leib-Seele-Vorstellungen in anderen Kulturen und Religionen**
Hartmann Hinterhuber: Die Seele. Natur-und Kulturgeschichte von Psyche, Geist und Bewusstsein, Wien 2001.
■ **Martin Luthers Schrift »Von der Freiheit eines Christenmenschen«**
Eberhard Jüngel: Zur Freiheit eines Christenmenschen. Eine Erinnerung an Luthers Schrift, Gütersloh, 3., durchgesehene Aufl., 1991. – Peter Kliemann / Andreas Reinert: Thema Mensch, Kapitel E.

Wiederholungsfragen H

1. **Erörtern Sie** die Berechtigung der These, das Bemühen um gesunde Ernährung und einen gesunden Körper habe in unserer heutigen Gesellschaft den Charakter einer Ersatzreligion angenommen.
2. »Der Mensch ist, was er isst.« **Setzen Sie sich kritisch** mit diesem Zitat Ludwig Feuerbachs **auseinander**.
3. **Erläutern Sie**, was man in der christlichen Theologie unter »Rechtfertigung« versteht.
4. **Zeigen Sie** anhand von Alltagsbeispielen ihrer Wahl, inwiefern der Gedanke der Rechtfertigung auch für Menschen heute noch von Bedeutung sein kann.

I Gott spricht gerecht

Kapitel I wendet sich, anknüpfend an Seite 44 des Schülerheftes, noch einmal der Thematik der Rechtfertigung zu. Am Ende des Unterrichtsganges soll an dieser Stelle zum Ausdruck gebracht werden, dass das »Evangelium von der Rechtfertigung des Gottlosen als Zentrum des christlichen Glaubens« (Eberhard Jüngel) anzusehen ist – zumindest aus protestantischer Sicht. In diesem Kapitel wird somit das Entscheidende der Gottesfrage in den Blick genommen; im Zusammenhang damit werden auch Fragen thematisiert, die sich mit den Begriffen »Weltgericht« und/oder »Allversöhnung« befassen. Zugespitzt gefragt: Steht am Ende des Lebens für den einzelnen Menschen ein strafendes Gericht oder eine gnädige Allversöhnung? Mag dieses Kapitel auch nur drei Heft-Seiten umfassen, so ist schon durch diese Fragen und die Auswahl der Texte und Bilder die große Bedeutung des Heftabschlusses zum Ausdruck gebracht: Die Parabel vom Verlorenen Sohn, der Text Bonhoeffers über billige und teure Gnade sowie das Polyptychon (mehrgliedriges Altarbild) Rogier van der Weydens über das Jüngste Gericht führen jeweils auf ihre eigene Weise ins Zentrum der neutestamentlichen Gotteslehre und damit des christlichen Glaubens.

Eberhard Bethge: Dietrich Bonhoeffer, Hamburg, 22. Aufl., 2006. – Bibel und Kirche 4/2008: Themenheft »Das Jüngste Gericht«. – Ottmar Fuchs: Das Jüngste Gericht. Hoffnung auf Gerechtigkeit, Regensburg 2007. – Jürgen Habermas: Wahrheit und Rechtfertigung. Philosophische Aufsätze. Erweiterte Ausgabe, Frankfurt, 2. Aufl., 2004. – Wilfried Härle: Vollendung als partikulares oder universales Heil. In: Ders.: Dogmatik, Berlin/New York, 3. Aufl., 2007, S. 610–629. – J. Christine Janowski: Eschatologischer Dualismus? Erwägungen zum »doppelten Ausgang« des Jüngsten Gerichts. Jahrbuch für Biblische Theologie, Band 9, Neukirchen-Vluyn 1994, S. 175–218. – Eberhard Jüngel: Das Evangelium von der Rechtfertigung des Gottlosen als Zentrum des christlichen Glaubens. Eine theologische Studie in ökumenischer Absicht, Tübingen, 5. Aufl., 2006. – Hans Küng: Rechtfertigung. Die Lehre Karl Barths und eine katholische Besinnung, München, 6. Aufl., 2004. – Alister E. McGrath: Iustitia Dei: A History of the Christian Doctrine of Justification, Cambridge, 3. Aufl., 2005. – Jürgen Moltmann: »Sein Name ist Gerechtigkeit«. Neue Beiträge zur christlichen Gotteslehre, Gütersloh 2008. – Herbert Vorgrimler: Geschichte der Hölle, München 1993.

SH, Seite 45

Coming home?

Das **Gleichnis vom Verlorenen Sohn**, wie es üblicherweise genannt wird (obwohl es eigentlich kein Gleichnis, sondern eine *Parabel* ist und vielleicht besser den Titel »Die Parabel vom gütigen Vater« tragen sollte) ist wohl den meisten Schülerinnen und Schülern bekannt. Für einen ersten Zugang könnte man mit der Überschrift dieser Seite beginnen und fragen, was es bedeutet, heimzukommen. Die Schülerinnen und Schüler können in Einzelarbeit einige Aspekte des »Nach-Hause-Kommens« – nach einem anstrengenden Tag in der Schule, nach einem längeren Urlaub … – zusammentragen. Daran wäre die Frage anzuschließen, was es bedeutet, ein Zuhause zu haben, für was diese Chiffre symbolisch und in Wirklichkeit steht. Eine Verbindung zum Kapitel B »Heimat« des Unterrichtsmodells »Thema Mensch« ist denkbar.

Nach diesem ersten Zugang kann die Geschichte vom Verlorenen Sohn auf S. 45 gelesen werden. Sie ist an dieser Stelle nicht in dem vertrauten Wortlaut der Übersetzung Martin Luthers,

sondern in der Ausgabe der Volx-Bibel wiedergegeben. Da das Projekt der Volx-Bibel nicht abgeschlossen ist, kann die Übersetzung auch differieren, unter www.volxbibel.de kann jeweils die neueste Version angesehen werden. Dort wird die Perikope »Die Geschichte von den zwei Söhnen« genannt. Reizvoll kann sein, die Übersetzung der Volx-Bibel mit der Luthers und Walter Jens' zu vergleichen (**M 1**) und Gemeinsamkeiten und Unterschiede zu benennen. **M 1**
Um dem Gleichnis weiter auf die Spur zu kommen, kann in Gruppenarbeit die Auslegung von Dorothee Sölle und Luise Schottroff erarbeitet werden (**M 2**). Das Materialblatt **M 3** ist als Kurzzusammenfassung gedacht, das die zentrale Aussage des Textes heraushebt. **M 2, M 3**

Martin Dreyer (Hg.): Die Volx-Bibel 2.0, München, 2. Aufl., 2006. – Wolfgang Fenske: Ein Mensch hatte zwei Söhne. Das Gleichnis vom verlorenen Sohn in Schule und Gemeinde, Göttingen 2003. – Karl-Josef Kuschel: Ein Gegenstück zum Verlorenen Sohn: André Gide. In: Ders.: Jesus im Spiegel der Weltliteratur. Eine Jahrhundertbilanz in Texten und Einführungen, Düsseldorf 1999, S. 70–100. – Wolfgang Pöhlmann: Der Verlorene Sohn und das Haus. Studien zu Lukas 15,11–32 im Horizont der antiken Lehre von Haus, Erziehung und Ackerbau. Wissenschaftliche Untersuchungen zum Neuen Testament Bd. 68, Tübingen 1993. – Gerhard Schneider: Das Evangelium nach Lukas. Ökumenischer Taschenbuchkommentar zum Neuen Testament, Bd. 3/2, Kapitel 11–24, Gütersloh, 2. Aufl., 1999. – Manfred Siebald: Der verlorene Sohn in der amerikanischen Literatur. American Studies, Volume 100, Heidelberg 2003. – Wolfgang Wiefel: Das Evangelium nach Lukas. Theologischer Handkommentar zum Neuen Testament, Bd.3., Leipzig 2000.

Das Gleichnis vom Verlorenen Sohn wirft die Frage nach der Gerechtigkeit des Vaters bzw. Gottes auf: Wenn sich Gott zwischen Gerechtigkeit und Gnade entscheiden muss, entscheidet er sich für die Gnade – auch im Gleichnis von den Arbeitern im Weinberg. Die **Darstellung der Iustitia** und die **Symbole für Gerechtigkeit** können Anlass sein, darüber nachzudenken, was Gerechtigkeit ist – und was Gnade ist. Die Waage als zentrales Symbol der Gerechtigkeit regt dazu an, im Vorgriff auf die Seiten 46–47 die Frage nach dem Weltgericht/der Allversöhnung ins Spiel zu bringen. Auch die Zitate von **M 4** können den Diskussionseinstieg zum Thema Gerechtigkeit **M 4**
erleichtern. Für eine genauere Analyse der Gerechtigkeitssymbolik vgl.: *Wolfgang Schild: Bilder von Recht und Gerechtigkeit, Köln 1995.*
Unterschiedliche Perspektiven ergeben oft differierende Sichtweisen auf die »Gerechtigkeit« einer Handlung / einer Situation. Je nachdem, ob man die Geschichte aus der Perspektive des Vaters, der Mutter, des verlorenen oder des daheimgebliebenen Sohn sieht, kann man zu unterschiedlichen Ergebnissen kommen. Es kann reizvoll sein, die Schülerinnen und Schüler in vier Gruppen einzuteilen und Argumente für die jeweilige Sichtweise zu sammeln, um sie dann in einem Plenumsgespräch (zum Beispiel mit der Methode Fish-Bowl) zusammenzutragen. Inhaltliche Anregungen dazu findet man in dem Buch von Hans-Eckehard Bahr oder in **M 10**. **M 10**

Hans-Eckehard Bahr: Der verlorene Sohn oder die Ungerechtigkeit der Liebe. Das Gleichnis Jesu heute, Freiburg im Breisgau 1993. – Lothar Scholz: Fish-Bowl. In: Bundeszentrale für politische Bildung (Hg.): Methodenkiste, Bonn 2004 (kostenlos unter www.bpb.de, auch als pdf-download).

Das Bild **Eva, Klecks und ich** von **Wolf Wonder** ist eine recht eigenwillige Interpretation des Gleichnisses vom Verlorenen Sohn. Es ist Teil einer größeren Sammlung von über hundert Bildern aus dem Werk Wolf Wonders, die er unter dem Titel »Coming Home« 2001 veröffentlicht hat. Seine Bedeutung ist vielschichtig: Ein wesentlicher Aspekt in Wonders Werk ist, wie man im Kommentar von Susanne Meyer im Katalog lesen kann, autobiografisch, er bezieht sich auf den Prozess der Selbst-Findung in der Welt. »Coming Home« ist in diesem Sinne gleichsam die individuelle Heimkehr Wonders zu sich selbst. Dem Bild kann man sich nähern, indem man zunächst die einzelnen Elemente benennt (Drahtseilakt mit Mann und Hund; Haus, Baum; »Eva« in einem Klecks) und deren jeweiligen Symbolgehalt diskutiert. Anschließend kann ein Titel für das Bild gesucht und überlegt werden, was dieses mit dem Gleichnis vom Verlorenen Sohn zu tun haben könnte. Erst dann sollte der Titel »Eva, Klecks und ich« benannt und erläutert werden, dass dieses Bild in dem größeren Zyklus von Bildern Wolf Wonders mit dem Titel »Coming home« einen wichtigen Platz einnimmt. Weitere Informationen dazu finden sich auf der unten angegebenen Internetseite.

Vertieft werden kann dieser Unterrichtsschritt mit einem anderen Bild von Wolf Wonder, das in M 5 a b **M 5 a** abgedruckt und in **M 5 b** mit einem Kommentar von Susanne Meyer versehen ist, der auch auf das Bild »Eva, Klecks und ich« eingeht. Auf »Me, father, home« seien die »Universalien unseres Menschseins« versammelt: »Me, das bin *ich*, Father, der *Vater*, und das Haus, mein *Heim*« (Susanne Meyer). In einem Bildvergleich kann nach Übereinstimmungen und Unterschieden und nach dem gemeinsamen Zusammenhang mit dem Gleichnis vom Verlorenen Sohn gefragt werden. Folgende Vergleichspunkte könnten gewählt werden:

- ☐ Welche Übereinstimmung mit Lk 15 können wir im Bild entdecken?
- ☐ Was / Wer fehlt?
- ☐ Welche Elemente kommen hinzu, die in Lk 15 nicht vorhanden sind?

Wolf Wonder: Berliner Bilder 2001–2006. Ausstellungskatalog, Berlin 2006. – www.wolf-wonder.de

Ein weiterer Zugang zum Gleichnis vom Verlorenen Sohn könnte über eine Diskussion des im Gleichnis vorausgesetzten Vater-Bildes erreicht werden. Die Schülerinnen und Schüler assoziieren, welche positiven (und negativen!) Eigenschaften sie mit dem Begriff »Vater« verbinden. Das Vater-Bild des Gleichnisses könnte auf diese Weise auch in Frage gestellt werden, insbesondere dann, wenn negative Vater-Bilder und -Erfahrungen vorliegen. Kinder in Deutschland erleben heute auch häufig ein »Aufwachsen ohne Vater«; in 1,6 Millionen Familien, in denen nur ein Elternteil die Kinder erzieht, sind dies in rund 90 Prozent der Fälle die Mütter. Bedingt durch Scheidung oder durch (übergroßes) berufliches Engagement des Vaters (workaholics), müssen viele Mütter ihre Kinder weitgehend allein erziehen. Eine Internet-Recherche »Familie in Deutschland« könnte die verschiedenen Gründe und Motive hierfür eruieren. Im Anschluss ist es sinnvoll darüber nachzudenken, was diese Erfahrungen von Kindern für die Interpretation des Gleichnisses bedeuten; vielleicht ist es auch möglich, das Gleichnis unter diesen veränderten Vorzeichen »umzuschreiben«.

In diesem Zusammenhang kann auch der Frage nachgegangen werden, ob der Vater aus Lk 15 nicht eigentlich handelt wie eine Mutter handeln würde. Von hier aus sollte auch noch einmal auf die Erörterungen zu S. 38–39 im SH zurückgegriffen und an die »weiblichen« Züge im Gottesbild erinnert werden.

www.tatsachen-ueber-deutschland.de (Auswärtiges Amt); www.du-bist-deutschland.de; www.bmfsfj.de (Bundesministerium für Familie, Senioren, Frauen und Jugend); www.sozialpolitik-aktuell.de (Familienbericht der Bundesregierung).

Um dem Thema der **Rechtfertigung** gerecht zu werden, ist nach der Beschäftigung mit einem biblischen Text eine systematisch-theologische Reflexion sinnvoll. Dies kann mit dem ein-
M 6 führenden Text von Eberhard Jüngel geleistet werden kann (**M 6**), der den alltäglichen Sprachgebrauch von »Rechtfertigung« von seinem theologischen Gebrauch unterscheidet. Diesen Text kann man leicht im Plenum lesen und die wesentlichen Thesen in einem Tafelbild zusammenfassen. Alternativ hierzu könnte auch in arbeitsteiligen Gruppen der exzellent aufbereitete
M 7 Artikel »Rechtfertigung« von Gottfried Adam auf **M 7** erarbeitet werden. Anschließend sollte allerdings noch einmal auf den Rechtfertigungsartikel aus der Confessio Augustana, auf Röm 3,21–28 / Gal 2,16 und auf Luther selbst zurückgegriffen werden. Diese vier zentralen Texte
M 8 zum Rechtfertigungsgedanken sind auf **M 8** zusammengefasst und können in arbeitsteiliger Gruppenarbeit mit dem angegebenen Arbeitsauftrag erschlossen werden. In einem Tafelbild könnte eine Art »Definition« des Rechtfertigungsartikels die Ergebnisse zusammenführen. Eventuell ist auch an eine Schülerpräsentation zum Rechtfertigungsbegriff zu denken.

Gottfried Adam: Rechtfertigung. In: Ders. / Rainer Lachmann / Werner H. Ritter: Theologische Schlüsselbegriffe. Biblisch – systematisch – didaktisch. Theologie für Lehrerinnen und Lehrer, Bd. 1, Göttingen 1999, S. 277–292. – Die Augsburgische Konfession (1530). In: Die Bekenntnisschriften der Evangelisch-Lutherischen Kirche. Hrsg. von der Evangelischen Kirche in

Deutschland im Gedenkjahr der Augsburgischen Konfession 1930, Göttingen, 10. Aufl., 1986. – Wilhelm Gräb: Rechtfertigung. In: Norbert Mette / Folkert Rickers (Hg.): Lexikon der Religionspädagogik, Bd. 2 , Neukirchen 2001, Sp. 1588–1594. – Otto Hermann Pesch: Rechtfertigungslehre. In: Alf Christophersen / Stefan Jordan (Hg.): Lexikon Theologie. Hundert Grundbegriffe, Stuttgart 2004, S. 250–254.

Vertiefungsmöglichkeiten / Weitere Ideen

■ In Ergänzung oder in Alternative zur Reflexion der Überschrift »Coming home« könnte man auch die auf S. 45 fett herausgehobenen kurzen Formulierungen zum Gegenstand des Nachdenkens machen. Welche Assoziationen kommen uns beim Begriff »Toilettenmann bei McDonalds«, »Mist gebaut« oder »total angefressen«? Positiv aufnehmend: Welchen »Mehrwert« gewinnt die Geschichte durch diese Sprache? Negativ aufgenommen: Passt die manchem vielleicht oberflächlich erscheinende **Sprache der sogenannten »Volx-Bibel«** zum Duktus und zur »Tiefe« der Geschichte? Welche Begriffe würden die Schüler/innen selbst wählen? Kann man eine Geschichte durch jugendsprachliche Formulierungen auch verzerren, verfälschen?

■ **Der Titel der Geschichte:** Ein eigener Unterrichtsgang könnte erstens den Unterschied zwischen einem »Gleichnis« und einer »Parabel« herausarbeiten und sich zweitens mit der Überschrift beschäftigen: Wie soll diese Perikope nun benannt werden: »Vom verlorenen Sohn« (Luther 1984); »Die Geschichte von den zwei Brüdern« (Volx-Bibel); »Der verlorene Sohn« (Einheitsübersetzung); »Das Gleichnis vom verlorenen Sohn« (Zürcher Übersetzung)? Welche anderen Überschriften fallen den Schülerinnen und Schülern selbst ein?

■ Einen weiteren Zugang kann die **Auslegung von Johannes Paul II.** eröffnen, der einen besonderen Punkt, nämlich die Würde des Menschen, betont (**M 9a**). Anregend auch die Ausle- **M 9 a**
gungen von Eugen Drewermann und Wolfgang Schweitzer in **M 9 b** und in **9 c**. **M 9 b c**

■ Anknüpfend an André Gide (**M 10**) kann auch eine **szenische Umsetzung des Gleichnisses** **M 10**
gedacht werden, mögliche Rollenanweisungen beinhaltet **M 11**. **M 11**

■ Ferner ist es möglich, die **Aufnahme dieses Gleichnisses in der Literatur**, etwa bei Friedrich Schiller, Franz Kafka oder Rainer Maria Rilke, zu bearbeiten, eventuell auch als Schülerreferat. Als Grundlagentext hierfür eignet sich der Text von Paul Konrad Kurz (**M 12**). Als ein Beispiel **M 12**
kann **M 13** dienen, ein Vergleich der Kurzgeschichte »Heimkehr« von Franz Kafka mit dem **M 13**
Gleichnis vom verlorenen Sohn (in der Fassung der Einheitsübersetzung). Für die inhaltliche Erschließung des Kafkatextes vgl. www.teachsam.de (»Heimkehr«).

Werner Bettschneider: Die Parabel vom verlorenen Sohn. Das biblische Gleichnis in der Entwicklung der europäischen Literatur, Hamburg 1978. – Eugen Drewermann: Wenn der Himmel die Erde berührt. Meditationen zu den Gleichnissen Jesu, München 2004. – Paul Konrad Kurz: Der verlorene Sohn – die verlorenen Väter. Literarische Spiegelungen und Verfremdungen. In: Stimmen der Zeit 9/1996, S. 621–628.

Billige Gnade – Teure Gnade

SH, Seiten 46/47

Die beiden letzten Seiten des Heftes geben Gelegenheit, in ein ebenso zentrales wie heikles Thema des christlichen Glaubens einzuführen: **Das Jüngste Gericht.** Erwartet uns Menschen nach unserem Tode ein gnädiger oder ein gerechter Gott? Oder ist schon diese Alternative falsch gestellt? Die Frage des endzeitlichen (apokalyptischen) *Weltgerichtes* und/oder der *Allversöhnung / Apokatastasis panton* tritt offen zu Tage (zu diesen drei Möglichkeiten vgl. **M 18**). **M 18**
Diese Offenheit und Spannung zwischen Weltgericht (etwa Mt 25,31–46) mit der Trennung der Bösen und Guten, der Hölle und des Himmels einerseits und anderen biblischen Traditionen, die der Allversöhnung nahe kommen, andererseits (etwa Röm 5,10) ist nicht zuletzt biblisch begründet. Denn was die verschiedenen Vorstellungen vom Ende der Welt betrifft, was die verschiedenen Vorstellungen vom endzeitlichen Weltgericht und die damit verbundenen Vorstellungen von Gott angeht, sind die unterschiedlichen biblischen Bücher keineswegs ein-, sondern vieldeutig.

Klaus Berger: Wie kommt das Ende der Welt? Gütersloh, 2. Aufl., 2002. – Hans-Josef Klauck: Weltgericht und Weltvollendung. Zukunftsbilder im Neuen Testament, Freiburg 2001. – Jürgen Moltmann: Im Ende – der Anfang: Eine kleine Hoffnungslehre, Gütersloh, 2. Aufl., 2004. – Jürgen Moltmann: Theologie der Hoffnung. Untersuchungen zur Begründung und zu den Konsequenzen einer christlichen Eschatologie, Gütersloh, 2. Aufl., 2005. – Franz-Josef Nocke: Eschatologie, Düsseldorf 2005.

Es wird gut sein, im Hinblick auf diese wichtigen Fragen mit den Schülerinnen und Schülern selbst zu beginnen. Sie werden in einem ersten Zugang ihre eigenen Vorstellungen, geprägt durch ihre (religiöse) Erziehung oder durch emanzipatorische Vorstellungen äußern, die mit der **Methode »Zielscheibe«** erreicht werden können. Bei dieser Methode werden den Schülerinnen und Schülern vier Aussagen vorgelegt, zu denen sie sich durch Platzieren eines Spielsteines in ein Verhältnis setzen müssen (zur Methode und zur Durchführung dieses Arbeitsschrittes siehe
M 14 **M 14**). Diese Methode eignet sich gut, um ein anfängliches Stimmungs- oder Meinungsbild in einer Klasse zu bekommen.

Nach diesem ersten Zugang kann nun das (geöffnete) **Polyptychon Rogier van der Weydens** in den Mittelpunkt gerückt werden. Zunächst wird es darum gehen, die einzelnen Inhalte dieser feingliedrigen Tafeln zu entdecken und zu deuten.
Methode: Bild und Textkommentar vergleichen (Gruppenarbeit):
Die Schülerinnen und Schüler erschließen sich das Bild in einer Kleingruppe, indem sie zunächst gemeinsam die Details des Altars zu beschreiben versuchen, dann aber auch die Hintergrundinformationen zur Geschichte des Bildes und zum Künstler sowie den Kommentar zu den ein-
M 15 zelnen Tafeln des Polyptychons (**M 15**) aufmerksam lesen und sich die wichtigsten Informationen unterstreichen. Möglich ist auch, dass die Gruppe sich ein Exzerpt anfertigt oder einen Tafelanschrieb vorbereitet, wenn das Erarbeitete auf diese Weise gesichert werden soll. Denkbar ist außerdem, dass eine Schablone ähnlich der auf **M 15**, S. 426 angefertigt wird, in die bei jeder Tafel die wichtigsten Informationen eingetragen werden. Die Lehrkraft dient als Moderator bzw. hilft bei der Klärung noch offener Fragen.

Anschließend an die Analyse des Polyptychon Rogier van der Weydens kann vertiefend der **Bibeltext Mt 25,31–46** erarbeitet werden, aus dem die beiden Sätze Jesu (vgl. auch die »Spruchbänder« des Altarbildes) im SH S. 46/47 am unteren Seitenrand abgedruckt sind. Der Text aus dem Mt-Evangelium eignet sich gut für eine skizzenhafte Darstellung, da er in seiner Symmetrie leicht erschlossen werden kann. Dies kann in Gruppenarbeit geschehen und leicht mit Hilfe einer Folie, auf der die Schülerinnen und Schüler ihre Zeichnungen auftragen können, oder als Tafelbild gesichert werden. Dieser Unterrichtsgang ist gleichzeitig eine gute Überleitung zum folgenden Erschließen verschiedener Weltgerichtsvorstellungen in der Bibel und im Mittelalter.
Ganz hervorragende Unterrichtsmaterialien finden sich auch in einer Publikation von Michael Zimmer, der speziell der Weltgerichtsperikope Mt 25,31–46 ein Heft mit vielfältigen und gut umsetzbaren Ideen gewidmet hat. Besonders hervorzuheben sind die Zugangswege zum Text, in denen die Forschung aufgearbeitet ist. Hier findet sich z.B. auch eine Skizze für die Gliederung der Perikope. Für den Unterricht selbst sind die kommentierten Materialien mit den darin enthaltenen Bildmeditationen sehr überzeugend.

Joong Suk Suh: Das Weltgericht und die matthäische Gemeinde. In: Novum Testamentum XLVIII,3 (2006), S. 217–233. – Gerd Theißen: Die Rede vom großen Weltgericht (Mt 25,31–46). Universales Hilfsethos gegenüber allen Menschen? In: Diakonie der Versöhnung 1998, S. 60–70. – Michael Zimmer: Vom Weltgericht. Werkstatt RU – Arbeitshilfen für den Religionsunterricht Heft 5, hg. vom Katechetischen Institut des Bistums Trier, Trier 1997.

Matthäus 25,31–46 kann sicherlich als zentraler Bestandteil der neutestamentlichen Vorstellungen vom Jüngsten Gericht gelten. Daneben gibt es allerdings noch eine ganze Reihe weiterer **Weltgerichtsvorstellungen**, die in der Bibel niedergelegt sind und die eine überraschende Viel-

falt der Vorstellungen mit teilweise erstaunlichen Abweichungen an den Tag bringen. Nimmt man die sich in der Alten Kirche und mittelalterlich entwickelnden Vorstellungen hinzu, finden wir uns in einem verwirrenden Labyrinth unterschiedlicher, zum Teil miteinander konkurrierender Auffassungen wieder. Auf **M 16** sind die wichtigsten biblischen Texte sowie die mittelalterlich- **M 16**
katholische Vorstellung vom Fegefeuer zusammengefasst. Schon diese kleine Zusammenstellung zeigt, dass »Hölle« und die Vorstellung vom »Jüngsten Gericht« sich keineswegs einfach und klar aus der Bibel begründen lässt. Dafür weichen die Vorstellungen zu sehr voneinander ab. Die Schülerinnen und Schüler können in arbeitsteilige Gruppen eingeteilt werden, wovon jede jeweils eine Variante erarbeitet. Der Text eignet sich aber auch gut dazu, im Plenum gelesen zu werden, wobei man sich nach jedem Abschnitt die dazugehörige Zeichnung vergegenwärtigt.

Dante Alighieri: Die Göttliche Komödie (La Divina Commedia), vollständige Ausgabe. Aus dem Italienischen übertragen von Wilhelm G. Hertz. Mit einem Nachwort von Hans Rheinfelder, mit Anmerkungen von Peter Amelung und mit Zeichnungen von Sandro Botticelli, München 1957. – B. Brenk / A. Brulhart: (Art.) »Hölle«. In: Lexikon der christlichen Ikonographie (LCI) Bd. 2, Sp. 313–321. – Wilfried Härle: Vollendung als partikulares oder universales Heil. In: Ders.: Dogmatik, Berlin/New York, 3. Aufl., 2007, S. 610–629. – Ottmar Fuchs: Das Jüngste Gericht. Hoffnung auf Gerechtigkeit, Regensburg 2007. – Peter Jelzer: Jenseitsmodelle und Jenseitsvorsorge – eine Einführung. In: Ders. (Hrsg.): Himmel – Hölle – Fegefeuer. Das Jenseits im Mittelalter. Ausstellungskatalog, Zürich, 2. Aufl., 1994, S. 13–26. – Bernhard Lang: Himmel und Hölle. Jenseitsglaube von der Antike bis heute, München 2003. – Hubertus Lutterbach: Zur Bedeutung mittelalterlicher Weltgerichtsdarstellungen. In: Katechetische Blätter 127 (2002), S. 458–463. – Jürgen Moltmann: Sonne der Gerechtigkeit. Das Evangelium vom Gericht und der Neuschöpfung aller Dinge. In: Junge Kirche 2/2007, S. 7–12. – Klaus Seybold / Roger David Aus / Egon Brandenburger / Helmut Merkel / Eberhard Amelung: Gericht Gottes I. Altes Testament II. Judentum III. Neues Testament IV. Alte Kirche bis Reformationszeit V. Neuzeit und ethisch. In: Theologische Realenzyklopädie 12 (1984), S. 460–497 (umfassender Überblick). – Peter Stanford, Der Teufel. Eine Biografie. Aus dem Englischen von Peter Knecht, Frankfurt/Leipzig 2000. – Herbert Vorgrimler: Geschichte der Hölle, München 1993.

Wenn der Unterrichtsgang dieses Stadium erreicht hat, kann die Bearbeitung des Textes von **Dietrich Bonhoeffer** eine gelungene Vertiefung und eine Reflexion auf einem hohen theologischen Niveau anstreben.

1. Schritt: Zunächst sollten die Schüler/innen in Kleingruppen sich mit dem im SH abgedruckten Text beschäftigen und auf einer Folie in eigenen Worten festhalten, was Bonhoeffer unter »Billiger und Teurer Gnade« versteht.
2. In einem zweiten Schritt kann dann der ausführlichere Bonhoeffer-Textauszug (**M 17**) diesen **M 17**
   Gedankengang in den Gruppen vertiefen oder eventuell korrigieren. Die Erkenntnisse werden in die Folie eingearbeitet.
3. Präsentation: Eine Folienpräsentation kann die Erkenntnisse der Gruppen aufzeigen, ein von den Schülerinnen und Schülern selbst entworfenes Tafelbild die Ergebnisse bündeln und zusammenfassen.

Eberhard Bethge: Dietrich Bonhoeffer. Hamburg, 22. Aufl., 2006. – Veit-Jakobus Dieterich: Dietrich Bonhoeffer (1906–1945). Ein Materialheft für die Oberstufe, Stuttgart 2006. – Veit-Jakobus Dieterich: Dietrich Bonhoeffer (1906–1945). Lehrerband zum Materialheft für die Oberstufe, Stuttgart 2007. – Rainer Mayer: Kriterien einer Theologie des ethischen Konflikts. »Teure« und »billige« Gnade am Beispiel von Dietrich Bonhoeffers politischem Widerstand und aktuellen kirchlichen Äußerungen zur Abtreibungsproblematik. In: Theologische Beiträge 1/1992, S. 32–42. – Thomas Schlegel / Andreas Schwarze: Der Kampf um die teure Gnade. Studien zu Dietrich Bonhoeffer. Mit einem Geleitwort von Martin Hüneke, Tönning 2002. – Walter Stäbler (Hrsg.): Dietrich Bonhoeffer. Leben – Denken – Wirkung. Leseheft, hg. anlässlich des 50-jährigen Jubiläums des Dietrich-Bonhoeffer-Gymnasiums, Metzingen 2007.

Vertiefungsmöglichkeiten / Weitere Ideen

■ Der Überblick, den Wilfried Härle unter dem Titel »**Die vollendete Welt**« in seiner Dogma-
M 18 tik erarbeitet hat und der auszugsweise auf **M 18** wiedergegeben ist, kann als Hausaufgabe eine gute Zusammenfassung dieses Unterrichtsganges bewirken. Eine andere Möglichkeit bietet der
M 19 Text von Wolfgang Huber (**M 19**).

■ Wenn ein Meinungsbild der Klasse zum Thema **»Jüngstes Gericht«** erhoben wird, kann dieses auch verglichen werden mit der repräsentativen Umfrage der Shell-Jugendstudie 2006
M 20 (**M 20**). Dabei wurden Jugendliche mit drei Aussagen konfrontiert:

- »Die Welt ist von Gott erschaffen«.
- »Gott greift in die Welt ein«.
- »Ich glaube, dass wir uns nach dem Tode für unser Leben rechtfertigen müssen«.

Je nach religiöser Sozialisation der Schülerinnen und Schüler werden die Ergebnisse der Umfrage mehr oder weniger differieren, interessant kann es sein, auch die Aussagen der Shell-Jugendstudie noch einmal auf die eingangs verwendete Zielscheibe zu beziehen.

Bertelsmann Stiftung (Hg.): Religionsmonitor 2008, Gütersloh 2007. – Shell Deutschland Holding (Hg.): Jugend 2006. Eine pragmatische Generation unter Druck. 15. Shell-Jugendstudie 2006, Frankfurt 2006.

■ Interessante Aspekte der Themen »Weltgericht« und »Billige und Teure Gnade« greifen **zwei**
M 21 – M 22 **Predigten** zu diesem Thema auf (**M 21 – M 22**). Die Schüler/innen könnten sich in zwei arbeitsteiligen Gruppen die Predigten vorlesen, analysieren und die Kernaussage auf einer Folie / an der Tafel / auf einem Plakat festhalten und problematisieren.

■ Zum Thema **Hölle** finden sich in der unterrichtspraktischen Literatur viele gute Ideen. Aus der großen Fülle sei hier auf einige Unterrichtsmaterialien besonders hingewiesen:

Bernhard Bosold: Himmelsklänge – Teufelszauber. Hölle, Tod und Teufel in der Rockmusik, in: Katechetische Blätter 3/1992, S. 188–197. – Horst Gorbauch / Albrecht Rieder: Bilder und Vorstellungen von »Hölle« und »Himmel«. Eine Unterrichtseinheit ab Klasse 10 des Gymnasiums. In: Notizblock 23/1998, S. 40–53 (vor allem zu Sartres »Die Hölle, das sind die andern«). – Alfred Kall: Hölle – In Teufels Küche kommen? In: Religion betrifft uns 5/1995. – H. Körlings: Himmel, Hölle, Fegfeuer – Zukunftsbilder des christlichen Glaubens. In: Religionsunterricht an höheren Schulen (rhs) 32/1989, S. 39–44. – J. Ohlemacher (Hg.): Hölle. Unterrichtspraxis Religion. Loccumer Beiträge zum RU, Heft 1, Hannover 1990. – Andreas Reinert: Hölle. In: entwurf 3/2002, S. 53–63. – Michael Zimmer: Vom Weltgericht. Werkstatt RU – Arbeitshilfen für den Religionsunterricht Heft 5, hg. vom Katechetischen Institut des Bistums Trier, Trier 1997.

■ Wenn mit der Lerngruppe (etwa beim Thema »Gerechtigkeit«) die **»Theory of Justice« von John Rawls** erarbeitet wurde, können die beiden Grundsätze dieser Gerechtigkeits-Konzeption mit dem »großen Weltgericht« von Mt 25 verglichen werden. Worin zeigen sich Strukturanalogien, worin Unterschiede?

■ Den Unterrichtsgang des ganzen Heftes könnte man mit der kritischen Analyse eines knapp **dreiminütigen Videoclips zum Thema Rechtfertigung** mit dem Ratsvorsitzenden der EKD, Bischof Wolfgang Huber, abschließen (www.e-wie-evangelisch.de). Huber dort: »Auch wer Scheiße gebaut hat, bleibt eine Person mit Menschenwürde, die ihm niemand nehmen kann. Das ist Rechtfertigung und deshalb hat alles Reden über die Würde nur Sinn, wenn wir wissen, die ist in Gott begründet und nicht in meinen Leistungen.«

– Denkbare Arbeitsaufträge: 1. Schreiben Sie für das Feuilleton einer großen Tageszeitung eine Kritik dieses Videoclips. 2. Schreiben Sie einen Brief an Bischof Huber, in dem Sie ihm Ihre Einschätzung des Videoclips mitteilen. 3. Entwerfen Sie das Drehbuch für einen alternativen Videoclip zum Thema Rechtfertigung.

KLAUSURTEXTE

K 34 ist ein anspruchsvoller Text, der das Zentrum des christlichen Glaubens zu beschreiben versucht: Die Lehre von der Rechtfertigung des Sünders. Die Schülerinnen und Schüler können herausarbeiten, worin nach Ansicht des Verfassers dieses Zentrum besteht und insbesondere den Zusammenhang von Glauben und Rechtfertigung deutlich machen. Daran anschließend können

sie die Lehre von der Rechtfertigung und in einem weiteren Kontext den Zusammenhang von Gerechtigkeit und Recht darstellen.
Papst Benedikt XVI. hat im ersten Teil seiner Jesus-Trilogie eine Meditation zum Gleichnis vom Verlorenen Sohn gegeben, die auf **K 35** in Auszügen wiedergegeben ist. Der Textauszug beschäftigt sich vor allen Dingen mit der Rolle des Vaters im Gleichnis. Fragen nach dem (positiven) Vaterbild und dem sich darin ausdrückenden Gottesbild sowie nach dem Zusammenhang mit Hosea 11 legen sich nahe.
Der erste Text von **K 36** ist ein Auszug aus dem Katechismus der Katholischen Kirche zum Abschnitt über die Hölle. Anhand des Textes sollte es leicht fallen, die wesentlichen Aussagen katholischen Glaubens zur Hölle herauszuarbeiten und sich kritisch damit auseinander zu setzen. Der zweite Text von **K 36** stammt von Peter Eicher, ehemals Professor für Katholische Theologie, der u.a. aufgrund der in seinem Text ausgedrückten Haltung zur Höllenvorstellung der katholischen Kirche in Ungnade fiel und dem inzwischen die kirchliche Lehrbefugnis entzogen wurde. Reizvoll könnte es sein, beide Positionen an biblischen Texten zu überprüfen.
K 37 schildert hingegen den Wert des Gedankens zum Fegefeuer aus der Sicht eines 17jährigen heute, wobei Axel noch weitgehend den Vorgaben des Katechismus entspricht. Anhand dieses Statements können sich die Schülerinnen und Schüler an den Vorstellungen von Axel reiben, Wert und Gefahr des Gedankens des Fegefeuers herausarbeiten und mit den biblischen und mittelalterlichen Vorstellungen vergleichen.
Die »theologische Meditation über Himmel und Hölle«, die in Auszügen in **K 38** wiedergegeben ist, reflektiert vor allem das Verhältnis dieser beiden Größen und weist der Hölle einen anderen (dogmatischen) Ort zu als dem Himmel. Daran anknüpfend legen sich Fragen nach den biblischen Grundlagen dieser Aussagen und eine Reflexion über diese These nahe. Interessant wäre auch ein Vergleich der Aussagen dieses Textes mit dem Text aus dem katholischen Katechismus. Außerdem können die Theorien zu einer ewigen Verdammnis, einer Allversöhnung und der *apokatastasis panton* zum Gegenstand werden.
K 39 ist ein Bericht eines Lehrers, der im Unterricht im Gespräch mit seinen Schülerinnen und Schüler auf die Kontroverse zwischen »doppeltem Ausgang des Jüngsten Gerichts« (nach Mt 25,31–46) und der Allversöhnung stößt. Die Argumentation der Schülerinnen und Schüler, die diese Kontroverse mit der Entdeckung der Gerechtigkeit Gottes durch Luther verknüpfen, regt dazu an, sich mit dem biblischen Gerechtigkeitsbegriff auseinander zu setzen.
Ein Gedicht von Marie Luise Kaschnitz ist Inhalt von **K 40**. Es geht der Frage nach, wie man sich den Himmel eigentlich vorstellen kann. Die überraschende Wendung am Schluss könnte Ausgangspunkt für eigenes Reflektieren sein und Fragen nach dem Zusammenhang von Himmel und Gott, Himmel und Liebe usw. herausfordern. Nicht zuletzt könnten an die Gedichtinterpretationen auch Interpretationen zu Bonhoeffers billiger und teurer Gnade oder auch Überlegungen zum Altar von Rogier van der Weyden angeschlossen werden.

PRÄSENTATIONSTHEMEN

■ Gerechtigkeit in biblischer Perspektive

Bernd Janowski: Konfliktgespräche mit Gott, Neukirchen, 2. Aufl., 2003, S. 134–165. – Wolfgang Huber: Gerechtigkeit und Recht. Grundlinien christlicher Rechtsethik, Gütersloh, 3. Aufl., 2006. – Friedrich Grüner / Gabriele Peternek / Hans-Albrecht Schnitzler / Wolfram Winger: Gerechtigkeit – Lebensprinzip der Gesellschaft. Religion in der Kursstufe, Heft 5, hg. vom Institut für Religionspädagogik Freiburg und der Hauptabteilung Schulen des Bischöflichen Ordinariats der Diözese Rottenburg/Stuttgart, Freiburg 2004. – Wolfgang Huber / Michael Hüther / Jens Odewald: Streitfall Soziale Gerechtigkeit: Zwei Statements. Konrad-Adenauer-Stiftung, Bonn 2007. – Frank Crüsemann: Verheißung und Fluch des Reichtums – ein Kapitel biblischer Theologie. In: Reichtum und Armut als Herausforderung für kirchliches Handeln, hg. von der Werkstatt Ökonomie e.V., Heidelberg 2002, S. 221–238. – Ulrich Duchrow: Alternativen zur kapitalistischen Weltwirtschaft – Biblische Erinnerung und politische Ansätze zur Überwindung einer lebensbedrohenden Ökonomie, Gütersloh 1994.

■ **Gerechtigkeit in Philosophie und Recht**

Hans Kelsen: Was ist Gerechtigkeit? Ditzingen 2000. – Otfried Höffe: Gerechtigkeit. Eine philosophische Einführung, München, 3. Aufl., 2001. – Christoph Horn und Nico Scarano: Philosophie der Gerechtigkeit. Texte von der Antike bis in die Gegenwart, Frankfurt, 3. Aufl., 2002. – Christoph Horn und Nico Scarano: 10 x Gerechtigkeit. Unterwegs mit Sisyphos, München 2006. – Wolfgang Huber: Gerechtigkeit und Recht. Grundlinien christlicher Rechtsethik, Gütersloh, 3. Aufl., 2006.

■ **Die Rechtfertigungslehre und das Recht**

Wolfgang Huber: Rechtfertigung und Recht. Über die christlichen Wurzeln der europäischen Rechtskultur, München 2001. – Eberhard Jüngel: Das Evangelium von der Rechtfertigung des Gottlosen als Zentrum des christlichen Glaubens. Eine theologische Studie in ökumenischer Absicht, Tübingen, 5. Aufl., 2006. – Siegfried Kreuzer / Johannes von Lüpke: Gerechtigkeit glauben und erfahren. Beiträge zur Rechtfertigungslehre, Veröffentlichungen der Kirchlichen Hochschule Wuppertal, Neukirchen 2002. – Hans Küng: Rechtfertigung. Die Lehre Karl Barths und eine katholische Besinnung, München 2004. – Alister E. McGrath: Iustitia Dei: A History of the Christian Doctrine of Justification, Cambridge, 3. Aufl., 2005. – http://de.wikipedia.org/wiki/Rechtfertigungslehre

■ **Die gemeinsame Erklärung des Lutherischen Weltbundes und der Katholischen Kirche zur Rechtfertigungslehre**

Bernd J. Hilberath / Wolfhart Pannenberg: Zur Zukunft der Ökumene. Die »Gemeinsame Erklärung zur Rechtfertigungslehre«, Regensburg 2002. – Constance Kraft / Reinhard Flogaus / Horst Goldstein / Dietmar Lütz: Rechtfertigung kontrovers: Die gemeinsame Erklärung zur Rechtfertigungslehre im Gespräch der Konfessionen, München 2002. – Friedrich Hauschildt (Hrsg.): Die Gemeinsame Erklärung zur Rechtfertigungslehre: Eine Dokumentation offizieller Texte, Göttingen 2005.

■ **Die Gleichnisse vom Verlorenen in Lukas 15**

Norbert Brox / Joachim Gnilka / Ulrich Luz / Jürgen Roloff: Das Evangelium nach Lukas. Teil 3: Lk 15,1–24,53. Evangelisch-Katholischer Kommentar zum Neuen Testament (EKK III,3), Neukirchen 2001. – Kenneth E. Bailey: Der ganz andere Vater. Die biblische Geschichte vom verlorenen Sohn aus nahöstlicher Perspektive in Szene gesetzt, Schwarzenfeld 2006. – Hans-Eckehard Bahr: Der verlorene Sohn oder die Ungerechtigkeit der Liebe. Das Gleichnis Jesu heute, Freiburg im Breisgau 1993.

■ **Himmel oder Hölle? Biblische, religions- und theologiegeschichtliche Erkundungen**

Herbert Vorgrimler: Geschichte der Hölle, München, 2. Aufl., 1994. – Stanford, Peter: Der Teufel. Eine Biographie, Frankfurt a.M./Leipzig 2000. – Bernhard Lang / Colleen McDannell: Der Himmel. Eine Kulturgeschichte des ewigen Lebens, Frankfurt a.M., 2. Aufl., 1990. – Jeffrey Burton Russell: Geschichte des Himmels, Wien/Köln/Weimar 1999. – Cornelis Houtman: Der Himmel im Alten Testament. Israels Weltbild und Weltanschauung, Leiden 1993. – Klaus Seybold / Roger David Aus / Egon Brandenburger / Helmut Merkel / Eberhard Amelung: Gericht Gottes I. Altes Testament II. Judentum III. Neues Testament IV. Alte Kirche bis Reformationszeit V. Neuzeit und ethisch. In: Theologische Realenzyklopädie 12 (1984), S. 460–497 (umfassender Überblick).

■ **Weltgerichtsdarstellungen in der Kunst. Entwicklungen und Variationen**

Ottmar Fuchs: Das Jüngste Gericht. Hoffnung auf Gerechtigkeit, Regensburg 2007. – Herbert Vorgrimler: Geschichte der Hölle, München 1993. – Wolfgang Schild: Bilder von Recht und Gerechtigkeit, Köln 1995.

■ **Eschatologie und Apokalyptik**

Michael Becker / Markus Öhler: Apokalyptik als Herausforderung neutestamentlicher Theologie, Tübingen 2006. – Adolf Hilgenfeld / Esther von Krosigk: Die jüdische Apokalyptik in ihrer geschichtlichen Entwicklung, Saarbrücken 2008. – Bernd E. Koziel: Apokalyptische Eschatologie als Zentrum der Botschaft Jesu und der frühen Christen? Ein Diskurs zwischen Exegese, Kulturphilosophie und Systematischer Theologie über die bleibende Bedeutung einer neuzeitlichen Denklinie, Bamberger Theologische Studien Bd.33, Frankfurt 2007. – Bernd U. Schipper / Georg Plasger: Apokalyptik und kein Ende? Göttingen 2007.

■ **Michelangelo: Das Jüngste Gericht in der Sixtinischen Kapelle**

Pierluigi de Vecchi und Gianluigi Colalucci: Die Sixtinische Kapelle, München 2007. – Gilles Neret: Michelangelo: 1475–1564, Köln, 10. Aufl., 2001. – Sandro Chierici / Takashi Okamura: Die Sixtinische Kapelle. Das Jüngste Gericht, Düsseldorf 2002.

■ **Dietrich Bonhoeffer – Leben, Werk und Zeit eines berühmten Theologen**

Eberhard Bethge: Dietrich Bonhoeffer, Hamburg, 22. Aufl., 2006. – Veit-Jakobus Dieterich: Dietrich Bonhoeffer (1906–1945). Ein Materialheft für die Oberstufe, Stuttgart 2006. – Veit-Jakobus Dieterich: Dietrich Bonhoeffer (1906–1945). Lehrerband zum Materialheft für die Oberstufe, Stuttgart 2007. – Walter Stäbler (Hrsg.): Dietrich Bonhoeffer. Leben – Denken – Wirkung. Leseheft, hg. anlässlich des 50-jährigen Jubiläums des Dietrich-Bonhoeffer-Gymnasiums, Metzingen 2007.

Wiederholungsfragen I

1. **Erläutern Sie** anhand des Gleichnisses vom Verlorenen Sohn das Gottesbild Jesu.
2. **Zeigen Sie**, was Dietrich Bonhoeffer mit den beiden Begriffen »Billige Gnade« und »Teure Gnade« zum Ausdruck bringen will.
3. **Stellen Sie** unterschiedliche Vorstellungen von »Jüngstem Gericht« / »Weltgericht« einerseits und »Allversöhnung« andererseits **dar**.
4. **Erörtern Sie**, was im christlichen Glauben mit »Himmel« und »Hölle« gemeint sein könnte.

Zu den Umschlagseiten des Schülerheftes

Die Titelseite sowie die beiden Rückseiten des Schülerheftes (innen und außen) lassen sich für einen abschließenden Rückblick auf die ganze Unterrichtseinheit nutzen. Die Schülerinnen und Schüler könnten, aufgeteilt in Neigungsgruppen, noch einmal darüber nachdenken, zu welchen Einsichten sie die Beschäftigung mit dem Thema »Gott« gebracht hat. Die Lehrkraft kann die Seiten aber auch für eine Art »Zwischenbilanz in Sachen Gott« oder als »Exkurs« bei einem bestimmten Kapitel einsetzen.

Das Auge Gottes

Die **Vorderseite des Umschlags** wurde von der Grafikerin Karin Sauerbier entworfen. Zu sehen sind zunächst zwei wichtige Symbole, die in der Geschichte des Christentums häufig für »Gott« verwendet wurden: Das *Auge* Gottes als Symbol für den allmächtigen Gott und das *Dreieck* als Symbol für die Trinität. Darin zeigt sich der *Himmel* als »Wohnort« Gottes. Die Wimpern des Auges könnte man zusammen mit dem Augapfel auch als Chiffre für die Sonne sehen, mit der Gott ebenfalls häufig verglichen wird. Die vielen Augenpaare in den drei Feldern außerhalb des Dreiecks erinnern an menschliche Augen.
Die Schülerinnen und Schüler könnten in Gruppenarbeit versuchen, diese Symbole und die damit zusammenhängenden Vorstellungen zu entdecken und zu beschreiben. Für Vertiefungen zum
M 1 **Symbol Auge** steht **M 1** zur Verfügung, für das **Symbol Dreieck** kann auf Kapitel G verwiesen werden, für das **Symbol Himmel** auf Kapitel B, jeweils mit den dazugehörigen Materialien.
Eckhart Bieger: Das Bilderlexikon der christlichen Symbole, Leipzig 2008. – Lore Kaute: Auge, Auge Gottes. In: Lexikon der christlichen Ikonographie, Bd. 1, Freiburg 1994, Sp. 222–224. – Christoph Wetzel: Christliche Symbole in der Kunst, Stuttgart 2008.

10 + 5 = Gott

Die Innenseite der Rückseite des Schülerheftes (Umschlagseite 3) zeigt ein Bild aus dem Katalog zur Ausstellung »**10 + 5 = Gott. Die Macht der Zeichen**« des Jüdischen Museums Berlin. In der Natur kann man Steine finden, die von den Geologen »leidendes Gestein« genannt werden und deren Zeichnung manchmal Erinnerungen an unsere arabischen Zahlen wecken. Aus solchen ist der Schriftzug »10 + 5 = Gott« zusammengesetzt. Um die Gleichung zu verstehen, muss man wissen, dass im Hebräischen die Zeichen des Alphabets auch für die Zahlen verwendet werden. Der hebräische Buchstabe *Jod* (י) repräsentiert die Zahl 10, der hebräische Buchstabe He (ה) die Zahl 5. Da Jod und He zusammengenommen die beiden ersten Buchstaben des Tetragramms (יהוה) darstellen (יה) und auch als Abkürzung für den Gottesnamen dienen, kommt es zur Gleichung »10 + 5 = Gott«. Allerdings: Da im Judentum die Schreibung des Gottesnamens (wie auch das Aussprechen) ein Tabu darstellt, wird der Gottesname normalerweise mit 6 + 9, also mit Waw und Tet wiedergegeben (טו). Insofern beinhaltet die Aussage »10 + 5 = Gott« auch eine gewisse
M 2 Provokation. Nähere Informationen und Erläuterungen hierzu finden sich auf **M 2**.
Als Einstieg könnte man die Schülerinnen und Schüler versuchen lassen, Gott nicht als Symbol, nicht als Zeichen oder Bild, sondern *in mathematischen Zahlen* darzustellen. In den Vergleich der Ergebnisse könnte man dann auch das Bild »10 + 5 = Gott« einfließen lassen und mit **M 2** und
M 3 **M 3** (einem den Titel der Ausstellung problematisierenden Text) vertiefen. Verknüpfungen mit

den Erkenntnissen, die beim Gottesnamen / dem Tetragramm bei Kapiteln B und C gewonnen wurden, bieten sich an. Anschließend könnte noch das Thema »Religion und Mathematik« bearbeitet werden. Diese beiden – gerade für Schülerinnen und Schüler – in der Vorstellung meistens weit auseinander liegenden Wissensgebiete bergen mehr Gemeinsamkeiten, als man auf den ersten Blick meint.

Daniel Tyradellis / Michal S. Friedlander (Hg.): 10 + 5 = Gott. Die Macht der Zeichen. Ausstellungskatalog des Jüdischen Museums, Berlin, 2. Aufl., 2004. – John D. Barrow: Ein Himmel voller Zahlen. Auf den Spuren mathematischer Wahrheit, Reinbek, 4. Aufl., 1999. – John D. Barrow: Einmal Unendlichkeit und zurück. Was wir über das Zeitlose und Endlose wissen, Berlin 2008. – Paul Davies / P.C.W. Davies: The Mind of God: The scientific basis for a rational world, London 1993.

Teilmengen

Die Prozentangaben auf der Rückseite des Heftes sind aus statistischen Angaben zusammengesetzt, die in den letzten Jahren in den Medien veröffentlicht wurden. Die Frage, welchen »**Teilmengen**« man selbst angehört, ist ebenso reizvoll wie die Frage, welche Schnittmengen es gibt. Im Hintergrund sieht man ein **Fresko aus der Heiligen-Geist-Kirche in Wismar** (vgl. auch die vergrößerte Abbildung in **M 4**), das ebenso wie die Symbolik des Auges Gottes und die Formel **M 4** »10 + 5 = Gott« erst entschlüsselt werden muss und so darauf verweist, dass die Realität Gottes letztlich ein Geheimnis bleibt. Die Malerei aus dem 14. Jahrhundert wurde erst 1968 wieder freigelegt. Das ehemalige Hospital wurde 1250 gegründet und gehört zu den am vollständigsten erhaltenen Hospitälern in Norddeutschland. In den folgenden Jahren wurde es auch als Armen- und Krankenhaus genutzt. Im Jahre 1255, als der Kirchhof errichtet wurde und man sich entschloss, Gottesdienste zu halten, begann der Bau der frühgotischen Kirche. Zu sehen ist ein von der »Magistra« (Meisterin) und dem »Hofmeister« des Hospitals flankiertes Feld von 11 auf 9 Kästchen. Die 99 darin enthaltenen Majuskeln (Großbuchstaben) sind in der linken Hälfte spiegelverkehrt abgebildet. Das »Deo Gracias«-Fresko ist als Lehrmittel und Meditationshilfe zu verstehen. Die Kranken sollten einerseits an das Lesen herangeführt werden, andererseits durch meditative Stärkung bei der Genesung unterstützt werden. In der deutschen Kunstgeschichte ist dieses Fresko einmalig.

Welche Botschaft lässt sich entschlüsseln? Ausgangspunkt ist das lediglich einmal erscheinende »D« im Zentrum. Von ihm aus kann in alle Richtungen – nach oben und unten, nach links und rechts, doch auch diagonal und getreppt – »Deo Gracias« (= »Gott sei Dank«) gelesen werden. Diese Formel erscheint insgesamt 504 mal. »Lies, wenn du verstehst!«, appelliert das Spruchband der Magistra, der Hofmeister dagegen fordert: »Prüfe, wenn es gefällig ist!«

www.fotocommunity.de/pc/pc/cat/2823/display/13383725 (8.2.2009).
– www.wismarer.de/heiligen.geist.kirche.wismar.htm (8.2.2009)

Übersicht über das Zusatzangebot des Materialbandes

A Um Gottes willen, adieu und Grüßgott

M 1 Peter L. Berger / Thomas Luckmann: Führt Moderne unausweichlich zu Säkularisierung?
M 2 Godwin Lämmermann: Synkretistische Bastelmentalität
M 3 Eduard Kopp: Ich glaube an was Höheres – reicht das?
M 4 Alex Stock: Der unmögliche Altar
M 5 Abraham M. Hammacher: Das Problem der Werktitel bei Magritte
M 6 Thomas Heyden: René Magritte und die Wahrheit des Mysteriums
M 7 Ogottogott
M 8 Ludwig Wittgenstein: Den Sinn der Welt können wir Gott nennen
M 9 Wolfgang Näser: Warum sagt man in Bayern »Grüß Gott«?
M 10 Arnold Stadler: Wo bleibt das Tischgebet?
M 11 Vera Icon (1400/1410)
M 12 Erich Dinkler: Das Spottkruzifix vom Palatin
M 13 Kinder malen »Gott«
M 14 BAP: Wenn et Bedde sich lohne däät
M 15 Wie beten?
M 16 Wolfgang Konukiewitz: Stufen religiöser Entwicklung
M 17 Heiner Barz: Renaissance des Betens
M 18 Wie religiös sind die Deutschen?
M 19 Daniel Klaus: Im Handstand zu Gott. Wie ich das Beten erlernte
M 20 Eberhard Jüngel: Die Fundamentaldifferenz
M 21 Bernhard Dressler: Welterschließung als Unterscheidungsvermögen
M 22 Hintergrundinformationen zu Mark Rothko
M 23 Andreas Reinert: Vorschläge für die Bildbetrachtung

B Vater unser im Himmel?

M 1 Wilhelm Hey: Weißt du, wie viel Sternlein stehen?
M 2 Bernhard Leube: Weißt du, wie viel Sternlein stehen … (Hintergrundinformationen)
M 3 Theatrum Cometicum
M 4 Andreas Reinert: Aufschlüsselung zu Stanislaw Lubienieckis »Theatrum Cometicum«
M 5 Stanislaw Lubieniecki: Theatrum Cometicum
M 6 Die 12 Tierkreiszeichen in der Astrologie
M 7 Vier Aussagen zur Astrologie
M 8a Die Schedelsche Weltchronik (Hintergrundinformationen)
M 8b Schedelsche Weltchronik: Siebenter Schöpfungstag
M 9 Georg Otto Schmid: Die Geschichte der Astrologie – ein Überblick
M 10 Umfragen zum Thema Aberglaube
M 11 Astrologie und Horoskope (Hintergrundinformationen)
M 12 Hintergrundinformationen zu Mariko Mori: »empty dream«
M 13 Tag-, Abend- und Nachthimmel
M 14 Andreas Reinert: Das Zeichen AN / dingir
M 15 Benno Jacob: Der vierte Schöpfungstag: Genesis 1,14–19

C Du sollst dir kein Bildnis machen

D Gott denken?

M 4 Friedrich Wilhelm Graf: Marienlieder oder die Internationale?
M 5 Georg Hilger: Gemäßigter Konstruktivismus?
M 6 Otfried Höffe: Fünf Wege
M 7 Wilhelm Weischedel: Kritische Erwägungen zu den fünf Wegen des Thomas von Aquin
M 8a Peter Fischer: Gottesbeweise und ihre Kritik
M 8b Die Gottesbeweise im Überblick
M 9 Jörg Peters: Ist das so richtig, Sir?
M 10a Alfred Jules Ayer: Kritik am ontologischen Gottesbeweis
M 10b Holm Tetens: Folgenschwere Fehlschlüsse
M 11 Eike Christian Hirsch: Gott als Mann ohne Eigenschaften
M 12 Andreas Reinert: Der verborgene Gott – Mk 15,34 und Ps 22
M 13 Wilhelm Weischedel: Pascal oder die gekreuzigte Vernunft
M 14 Blaisc Pascal: Die Wette
M 15 Blaise Pascal: Die Wette um Gott – Argumentation und Gegenargumentation
M 16 Gott existiert nicht – Gott existiert (Arbeitsblatt)
M 17 Anthony Flew: Das Gleichnis vom Gärtner
M 18 Jochen Walldorf: Zu Religionskritik des logischen Empirismus

E Gott bestreiten?

M 1 Werner H. Ritter: »Gottesverdunstung« –
Verabschieden sich Kinder und Jugendliche von der Theodizee?
M 2 Matthias Grünewalds Isenheimer Altar
M 3 Der Christus des Isenheimer Altars – Detail
M 4 Die drei Schauseiten des Isenheimer Altars
M 5 Wem fühlst du dich näher?
M 6 Lösungen für das Theodizee-Problem?
M 7 Reinhold Aschenberg: Welche Übel sind zu unterscheiden?
M 8 Georg Langenhorst: Bertolt Brecht, Hymne an Gott
M 9 Bertolt Brecht: Der Ozeanflug
M 10 Georg Büchner: Der Fels des Atheismus
M 11 Zitate aus »Dantons Tod«
M 12 Rudolf Otto Wiemer: Anlässlich eines Todes
M 13 Boethius: Unde mala?
M 14 Horst Georg Pöhlmann: Vor der Wand der Verzweiflung
M 15 Leszek Kolakowski: Gott oder die Güte ist relativ
M 16 Isabel Allende: Hiob – ein Blödmann?
M 17 Gottfried Wilhelm Freiherr von Leibniz: Die beste aller Welten
M 18 Arthur Schopenhauer: Die schlechteste aller Welten
M 19 Andreas Reinert: Skizzen zu Leibniz und Schopenhauer
M 20 Zvi Kolitz: Jossel Rackovers Wendung zu Gott
M 21 Andreas Reinert: Die Erschaffung der Welt – Gott als Architekt
M 22 Kate Fox: Tacit Atheism
M 23 Andreas Reinert: Kleine Landkarte des Atheismus und Agnostizismus
M 24 Lorenz Jäger: Erst Sündenabschaffung, dann Paradieseswonnen

F Gott erfahren?

M 1 Werner Thiede: Mystik im Zentrum – Mystik am Rand
M 2 Tilmann Haberer: Magische Momente
M 3 Jürgen Ebach: Gott – Gottesnamen – Gottesbezeichnungen
M 4 Jens Glüsing: Entertainer im Dienst des Herrn

G 3 = 1?

H Gott macht gesund

M 9b Interview mit Manfred Lütz: »Auch wer gesund stirbt, ist definitiv tot«
M 10 Franz Kamphaus: Zeige deine Wunde
M 11 Glaubuliforte
M 12 Sebastian Murken: Wirklich wahr, dass Beten heilt?
M 13 Christus als Apotheker (katholisch, Deutsches Apothekenmuseum Heidelberg)
M 14 Fritz Krafft: Christus als Schmerzensmann in der Himmelsapotheke
M 15 Christus als Apotheker (protestantisch)
M 16 Fritz Krafft: Ein protestantisches Andachtsbild
M 17 Beate Jakob: Ein Arzt ist uns gegeben – Christus Medicus
M 18 Robert Gernhardt: Mein Körper

I Gott spricht gerecht

M 1 Der verlorene Sohn: Übersetzungen von Martin Luther und Walter Jens
M 2 Dorothee Sölle / Luise Schottroff: Der verlorene Sohn
M 3 Andreas Reinert: Das Gottesbild Jesu – der zentrale Punkt im Gleichnis vom verlorenen Sohn
M 4 Zitate zum Thema Gerechtigkeit
M 5a Wolf Wonder: Me Father Home (aus dem Zyklus »Coming home«)
M 5b Susanne Meyer: Me Father Home
M 6 Eberhard Jüngel: Rechtfertigung – alltäglich und theologisch
M 7 Gottfried Adam: Rechtfertigung
M 8 Zentrale Texte zur Rechtfertigung des Menschen allein aus Glauben
M 9a Johannes Paul II.: Das Gleichnis vom verlorenen Sohn
M 9b Eugen Drewermann: Das Gleichnis vom verlorenen Sohn
M 9c Wolfgang Schweitzer: Der verlorene Sohn als Tyrann
M 10 André Gide: Der verlorene Sohn
M 11 Der verlorene Sohn: Szenische Darstellung des Gleichnisses
M 12 Paul Konrad Kurz: Der verlorene Sohn – Die verlorenen Väter
M 13 Franz Kafka: Heimkehr
M 14 Himmel oder Hölle?
M 15 Andreas Reinert: Der Weltgerichtsaltar von Rogier van der Weyden
M 16 Andreas Reinert: Konzeptionen des »Jüngsten Gerichts« und der Hölle im Neuen Testament und im Mittelalter
M 17 Dietrich Bonhoeffer: Die teure Gnade
M 18 Wilfried Härle: Die vollendete Welt
M 19 Wolfgang Huber: Jüngstes Gericht und Reich Gottes
M 20 Shell-Jugendstudie 2006
M 21 Eberhard Kirsch: Ernstnehmen oder Leichtsinn
M 22 Eduard Lohse: Die billige und die teure Gnade

Zu den Umschlagseiten des Schülerheftes

M 1 Das Auge Gottes
M 2 Annemarie Hürlimann / Daniel Tyradellis: »10 + 5 = Gott«. Die Macht der Zeichen
M 3 Avriel Bar-Levav: Der Name Gottes und »seine Zahl«
M 4 Deo gracias – Ein Fresco in der Heilig-Geist-Kirche zu Wismar

Klausurtexte

Übersicht

K 1 Wolfhart Pannenberg: Glaube und Wirklichkeit. Kleine Beiträge zum christlichen Denken, München 1975, S. 11. – Thorsten Schilling: Editorial zu fluter Nr. 33: Wer weiß? Das Glaubensheft. Hg. von der Bundeszentrale für politische Bildung, München 2004, S. 3.

K 2 Urs Widmer: Auf auf ihr Hirten! Die Kuh haut ab! © Diogenes Verlag, Zürich 1988, S. 83–85.

K 3 Rudolf Bultmann: Welchen Sinn hat es von Gott zu reden? (1925). In: Ders.: Glauben und Verstehen. Band I, © Verlag Mohr Siebeck, Tübingen, 8. Auflage, 1980, S. 26–27.

K 4 Rainer Oberthür: Erfahrungen und Gedanken eines Religionspädagogen unter dem Sternenhimmel. Wie auf einmal aus kleinen Fragen große werden. In: Katechetische Blätter 132 (2007), Heft 6, S. 394–398. Auszug: S. 397–398.

K 5 Martin Mosebach: Ewige Steinzeit. Aus: Häresie der Formlosigkeit – die römische Liturgie und ihr Feind, Hanser Verlag, München 2007.

K 6 Christian Link: Die Spur des Namens. Wege zur Erkenntnis Gottes und zur Erfahrung der Schöpfung. Theologische Studien, Neukirchen-Vluyn 1997, S. 37–66, hier: S. 48–49.

K 7 Carlo Maria Martini / Umberto Eco: Woran glaubt, wer nicht glaubt? Mit einem Vorwort von Kardinal Franz König. Aus dem Italienischen von Burkhart Kroeber und Karl Pichler, © Paul Zsolnoy Verlag, Wien 1998, S. 92 f.

K 8 Peter Neuner: Die Frage nach Gott als Frage des Menschen. Funkkolleg Religion, Studienbegleitbrief 2, Weinheim/Basel 1983, S. 35.

K 9 Christian Link: Gott ist ein Fremdling. In: Zeitzeichen 6/2002, S. 26–29.

K 10 Heinz Zahrnt: Stammt Gott vom Menschen ab? Zürich, 4. Aufl., 1985, S. 46 ff.

K 11 Etty Hillesum: Das denkende Herz der Baracke (Tagebücher 1941–1943), hg. von J.G. Gaarlandt. Aus dem Niederländischen von Maria Csollány, © F.H. Kerle, Freiburg/Heidelberg 1983 (in Auszügen).

K 12 Fridolin Stier: Vielleicht ist irgendwo Tag. Aufzeichnungen, © F.H. Kerle, Freiburg/Heidelberg, 6. Aufl., 1991, S. 199 f.

K 13 Heinrich Ott: Die Antwort des Glaubens. Systematische Theologie in 50 Artikeln, © Kreuz Verlag, Stuttgart 1972, S. 98 f.

K 14 Ulf von Rauchhaupt: Das Theorem vom großen Boss. In: Frankfurter Allgemeine Sonntagszeitung vom 24.7.2005, S. 55. © Alle Rechte vorbehalten. Frankfurter Allgemeine Zeitung GmbH, Frankfurt. Zur Verfügung gestellt vom Frankfurter Allgemeine Archiv.

K 15 Robert Spaemann: Die Spaßgesellschaft. Der Kampf gegen ihren banalen Nihilismus ist das verzweifelte Bewusstsein davon, was es bedeutet, wenn Gott nicht existiert. In: Frankfurter Allgemeine Sonntagszeitung vom 22.10.2006, S. 15. © Alle Rechte vorbehalten. Frankfurter Allgemeine Zeitung GmbH, Frankfurt. Zur Verfügung gestellt vom Frankfurter Allgemeine Archiv.

K 16 Wolfgang Huber: Glaube und Vernunft. In: Frankfurter Allgemeine Zeitung vom 31.10.2006, S. 10. © Alle Rechte vorbehalten. Frankfurter Allgemeine Zeitung GmbH, Frankfurt. Zur Verfügung gestellt vom Frankfurter Allgemeine Archiv.

K 17 Ingolf U. Dalferth: Leiden und Böses. Vom schwierigen Umgang mit Widersinnigem, Leipzig 2006, S. 213–214.

K 18 Reiner Strunk: Tor ins Weite – Vom Geheimnis des Glaubens. Stuttgart 1991, S. 105 ff.

K 19 Lothar Zenetti: Die Stunde der Seiltänzer. Geschichten und Gedichte, München 1982.

K 20 Karl Marx: Zur Kritik der Hegelschen Rechtsphilosophie. Einleitung. In: Siegfried Landshut (Hg.): Karl Marx – Die Frühschriften, Stuttgart 1968, S. 207–209.

K 21 Friedrich Nietzsche: Von den ersten und den letzten Dingen, Aph. 28. In: Karl Schlechta (Hg.): Friedrich Nietzsche. Werke in drei Bänden, Bd. 1. Darmstadt 1997, S. 468.

K 22 Eduard Kopp: Ist Mystik nur eine Mode? In: Chrismon 8/2004, S. 23.

K 23 Jörg Zink: Die goldene Schnur. Anleitung zu einem inneren Weg, © Kreuz Verlag Stuttgart 2008, S. 209 f.

K 24 Cristina Bullano: Gemüse zu putzen. In: Oliviero Toscani (Hg.): Beten. Gebete von Jugendlichen aus aller Welt, München 2000, S. 131.

K 25 Hans Küng: Einführung in den christlichen Glauben. Das Apostolische Glaubensbekenntnis – Zeitgenossen erklärt, © 1992 Piper Verlag GmbH, München, S. 201–205 in Auswahl.

K 26 Horst Georg Pöhlmann / Mehdi Razvi: Glauben wir an den selben Gott? In: Dies.: Islam und Christentum im Dialog. Frankfurt 2006, S. 24–26.

K 27 Dorothee Sölle: Gott denken, Stuttgart 1990, S. 239 f.

K 28 Lucie Panzer: Jeden Tag ein Stück vom Himmel, Verlag der Evangelischen Gesellschaft, Stuttgart 2007, gekürzt und leicht verändert.

K 29 Lucie Panzer: Jeden Tag ein Stück vom Himmel, Verlag der Evangelischen Gesellschaft, Stuttgart 2007, gekürzt und leicht verändert.

K 30 Helen Schüngel-Straumann: Die Dominanz des Männlichen muss verschwinden. In: Britta Hübener / Hartmut Meesmann (Hg.): Streitfall Feministische Theologie, Düsseldorf 1993, S. 82.

K 31 Manfred Lütz: Gott ist tot. Die Gesundheitsreligion frisst ihre Kinder. In: Andrea Hauner / Elke Reichart: Bodytalk. Der riskante Kult um Körper und Schönheit, © Deutscher Taschenbuchverlag, München 2004, S. 144–148; ebenda, S. 144 f.

K 32 Martin Luther: Auslegung zum ersten Artikel des Glaubensbekenntnisses, zitiert nach: Evangelisches Gesangbuch. Ausgabe für die Evangelische Landeskirche in Württemberg, Stuttgart 1996, S. 1486.

K 33 Günter Böhm: Was heißt evangelischer Religionsunterricht? In: Religion heute, Heft 1/2007, S. 30–35; ebenda, S. 31 f.

K 34 Eberhard Jüngel: Allein durch Glauben (sola fide). In: Ders.: Das Evangelium von der Rechtfertigung des Gottlosen als Zentrum des christlichen Glaubens. Eine theologische Studie in ökumenischer Absicht, J.C.B. Mohr Verlag, Tübingen 1998, S. 200 f.

K 35 Joseph Ratzinger – Benedikt XVI.: Jesus von Nazareth. Erster Teil. Von der Taufe im Jordan bis zur Verklärung, © 2007 Libreria Editrice Vaticana, Citta del Vaticano, © 2007 RCS Libri S.p.A., Milano. Für die deutschsprachige Ausgabe: © 2007[3] Verlag Herder GmbH, Freiburg im Breisgau. Auszüge aus »Das Gleichnis von den zwei Brüdern«, S. 245 ff.

K 36 Katechismus der Katholischen Kirche, München/Wien/Oldenbourg/Leipzig 1993, Abschnitt 1033.1035, S. 295. – Peter Eicher in einem Brief an Erzbischof Degenhardt, zitiert nach: Michael Zimmer: Vom Weltgericht. Werkstatt RU – Arbeitshilfen für den Religionsunterricht Heft 5, hg. vom Katechetischen Institut des Bistums Trier, Trier 1997, zitiert nach: Publik Forum 11/1994, S. 24.

K 37 Axel, 17 zitiert nach: Ilse Gretenkord: Was kommt nach dem Tod? In: Religion 2/1998, S. 11.

K 38 Medard Kehl SJ: Eine theologische Meditation über Himmel und Hölle. In: notizblock 23/1998, S. 4–7, hier: S. 4.

K 39 Alfred Garcia Sobreira-Majer: »Keine Hölle für niemand?« Mit Schüler/innen nach den letzten Dingen fragen. In: Ulrich Körtner / Robert Schelander (Hg.): Gottesvorstellungen. Die Frage nach Gott in religiösen Bildungsprozessen. Festschrift für Gottfried Adam zum 60. Geburtstag, Wien 1999, S. 121–139 (in Auszügen).

K 40 Marie Luise Kaschnitz: Ein Leben nach dem Tode. In: Dies.: Gesammelte Werke, Band V, © Insel Verlag, Frankfurt am Main 1979, S. 504.

K 1

Hat die Wirklichkeit unseres Lebens etwas zu tun mit Gott? Diese Frage hat für den heutigen Christen beunruhigende Dringlichkeit gewonnen; denn ohne solchen Zusammenhang würde alles Reden von Gott leer sein. Was soll es heißen, dass Gott als Schöpfer und Erhalter der Welt, als Herr der Geschichte verkündet wird, wenn wir doch unser Leben so einrichten und führen, dass die Rücksicht auf einen göttlichen Willen oder auf etwa zu erwartende Aktionen Gottes dabei gar keine Rolle spielt? Es ist wirklich nicht besonders verwunderlich, dass mehr und mehr Menschen mit solchen feierlichen Wendungen der überkommenen religiösen Sprache nichts mehr anzufangen wissen. Scheint doch das Leben ohne Gott ausgezeichnet zu funktionieren. Damit dürfte es zusammenhängen, dass das Wort Gott immer mehr aus der Alltagssprache verschwindet. Statt unentbehrliche, alles tragende Grundlage unserer Lebenswelt und unseres Verhaltens zu sein, ist die Erinnerung an Gott zur mehr oder weniger lästigen Störung sachbezogener Lebensführung und unbefangenen Lebensgenusses geworden. Nicht wenige Menschen verbitten sich solche Störungen.

Wolfhart Pannenberg: Glaube und Wirklichkeit. Kleine Beiträge zum christlichen Denken, München 1975, S. 11.

Glauben ist im Kommen. Die »Wiederkehr der Götter« ist mehr als ein Trend in der Populärkultur. Es ist keine Mode, die uns zwingt, sich mit Glaubensfragen zu beschäftigen. Es sind globale Konflikte und Entwicklungen, die sich auch bei uns lokal einschreiben in das Tagesgeschehen und seine öffentliche Diskussion. Der internationale Terror und seine fundamentalistische Auslegung des Islam stehen dabei im Vordergrund. Die Krise im Irak kann uns dabei ebenso wenig kalt lassen, wie Terrorattacken bei unseren westlichen Nachbarn. (...)

Die Wiederwahl des amerikanischen Präsidenten [G.W. Bush] mit einem erheblichen Stimmenanteil in religiös bestimmten Milieus zeigt: Glaubensfragen sind wieder mehr als nur Gewissensfragen. Sie sind eminent politisch geworden. Dabei hatten viele bei uns geglaubt, das sei für immer vorbei. Die so genannte Säkularisierung war Teil des postmodernen Arrangements, Religion Privatsache und auf dem Rückzug, beziehungsweise eine Randerscheinung in der öffentlichen Wahrnehmung. Diese Indifferenz hat noch nie gestimmt, sie lässt sich jetzt nicht länger halten. Es gibt dabei nicht »den« Glauben, sondern Glauben steht im Plural. Diese Glaubensvielfalt anzuerkennen ist für viele Gläubige eine Zumutung. (...)

Vor dem Gesetz sind alle gleich und die Grundrechte gelten für alle, Frauen und Männer, egal ob sie religiös sind oder nicht. Aber diese Freiheiten gibt es nicht umsonst, sie sind kein Automatismus. Deshalb lohnt der zweite Blick: genauer hinzusehen, was Menschen dazu bewegt, zu glauben, wie sie ihren Glauben leben und was diesen Glauben ausmacht ... Es sind spannende Zeiten, weiß Gott!

Thorsten Schilling: Editorial zu fluter Nr. 33: Wer weiß? Das Glaubensheft. Hg. von der Bundeszentrale für politische Bildung, München 2004, S. 3.

K 2

Meine Tochter hat mich gefragt, wie Gott aussehe und was er tue, und seither überlege ich mir das auch. Meine Antwort ist ihr im Übrigen nicht sehr wichtig, sie hat ihre eigne parat. Gott ist (sagt sie) überall. Er sitzt auf dem Stuhl, aber auch auf dem Balkon und im Vorgarten. Man kann ihm die Hand geben, indem man in die Luft greift, er hat überall Hände. Trägt, obwohl er unsichtbar ist, ein rosarotes T-Shirt. Unklar ist nur, wann Gott Geburtstag hat. Wen er einlädt zu seinem Geburtstag. Wer seine Mama ist, sein Papa. Ich glaube, ihr und mein Gottesbild treffen sich in einer Art Ahnung, dass Gott einsam ist.

Andrerseits stell ich mir gar nie einen Gott vor, sondern stets Götter. Einst, was hatten die für ein Leben! Wenn sie (als es noch keine Menschen gab) auf die Erde hinabsahen (hoch oben im Sonnenlicht fliegend), ruhte ihr Blick auf Gestaden, an die die Wellen eines Meers schlugen; Löwen darauf, und Gazellen. Weiter hinten Gebüsche, von Schmetterlingen umgaukelt. Die Götter waren gern Götter dieses Schönen! Schön waren die Lavendel, die Ginster, und schön dann sogar auch die ersten Menschen, die im Schatten grüner Zweige ruhten. Weit hinten verschwand die sichtbare Welt in feuchten Nebeln. Föhren an den Dunsträndern noch, hie und da eine Gipfelspitze aus den Wolken. Kein Gott wollte mit dem dort etwas zu tun haben. Mit uns! Die marmorweißen Götter und Göttinnen saßen im Sonnenlicht! Sahen uns gar nicht! (…)

Das ist natürlich schon lange her. Seltsamerweise waren dann aber unsre Götter zäher als die aus dem heitern Licht. Die gaben vor Homers Zeiten schon auf und zogen sich in ein weißes Loch zurück. Unsre blieben. Allerdings heute? Ich stelle sie mir ein bisschen wie Alpentapire vor, die in einer Einerkolonne im All verschwinden, watschelnd. Hie und da dreht sich einer nach uns um. Es hat keinen Sinn. Auch sie verschwinden in einem Loch, einem schwarzen.

Der Gott, den meine Tochter meint, der mit dem T-Shirt, wo der ist und wie er mit meinen Göttern verwandt ist, das möchte ich auch gern wissen.

Urs Widmer: Auf auf ihr Hirten! Die Kuh haut ab! © Diogenes Verlag, Zürich 1988, S. 83–85.

K 3

Versteht man unter »von Gott« reden »über Gott« reden, so hat solches Reden überhaupt keinen Sinn: denn in dem Moment, wo es geschieht, hat es seinen Gegenstand, Gott, verloren. Denn wo überhaupt der Gedanke »Gott« gedacht ist, besagt er, dass Gott der Allmächtige, d.h. die alles bestimmende Wirklichkeit sei. Dieser Gedanke ist aber überhaupt nicht gedacht, wenn ich über Gott rede, d.h., wenn ich Gott als Objekt des Denkens ansehe, über das ich mich orientieren kann, wenn ich einen Standpunkt einnehme, von dem aus ich neutral zur Gottesfrage stehe, über Gottes Wirklichkeit und sein Wesen Erwägungen anstelle, die ich ablehnen oder wenn sie einleuchtende sind, akzeptieren kann. Wer durch solche Gründe bewogen wird, Gottes Wirklichkeit zu glauben, der kann sicher sein, dass er von der Wirklichkeit Gottes nichts erfasst hat. Denn jedes »Reden über« setzt einen Standpunkt außerhalb dessen, worüber geredet wird, voraus. Einen Standpunkt außerhalb Gottes aber kann es nicht geben, und von Gott lässt sich deshalb auch nicht in allgemeinen Sätzen, allgemeinen Wahrheiten reden, die wahr sind ohne Beziehung auf die konkrete existentielle Situation des Redenden. (…)
Ist das richtig, so würde z.B. der etwaige Atheismus einer Wissenschaft nicht darin bestehen, dass sie die Wirklichkeit Gottes leugnet, sondern sie wäre ebenso atheistisch, wenn sie sie als Wissenschaft behauptete. Denn in wissenschaftlichen Sätzen, d.h. in allgemeinen Wahrheiten von Gott reden, bedeutet eben, in Sätzen reden, die gerade darin ihren Sinn haben, dass sie allgemeingültig sind, dass sie von der konkreten Situation des Redenden absehen. Aber gerade indem der Redende das tut, stellt er sich außerhalb der tatsächlichen Wirklichkeit seiner Existenz, mithin außerhalb Gottes, und redet von allem anderen als von Gott.

Rudolf Bultmann: Welchen Sinn hat es von Gott zu reden? (1925). In: Ders.: Glauben und Verstehen. Band I, © Verlag Mohr Siebeck, Tübingen, 8. Auflage, 1980, S. 26–27.

K 4

Ich erfahre die unvorstellbare Weite und die Paradoxie dieses fast leeren und zugleich sternerfüllten Universums ganz unmittelbar und spüre staunend meine Winzigkeit, zugleich aber auch meine Einzigartigkeit: So klein sind wir, doch so groß, um uns dessen bewusst zu sein, um unsere bedeutsame Unwichtigkeit und Besonderheit zu erahnen. Solche Erfahrungen sind tatsächlich horizonterweiternd. Sie werden erworben in einem Zusammenspiel von Aktion und Reflexion, Tun und Meditieren, Objekte suchen und finden, Auf-sich-wirken-Lassen und Nachdenken. Es sind Erfahrungen von Größe und Grenze des Menschen, Erfahrungen von Ehrfurcht und Demut, die uns unweigerlich und radikal die Frage nach der Ursache von Welt und Mensch stellen lassen. Kann dieser großartige und verschwenderische Aufwand ohne »Grund«, ohne »Warum« sein? Können mehr als hundert Milliarden Sterne und unzählbare Planeten nur »einfach so« entstanden sein? Ist nur durch Zufall an einer winzigen Stelle von Raum und Zeit dieser materielle Prozess so hoch ins Reich der Ideen aufgestiegen, dass Lebewesen darüber nachdenken, staunen können, Ehrfurcht und Dankbarkeit gegenüber dieser Schöpfung empfinden können? Mir erscheint das ebenso unvorstellbar wie das Universum selbst, das der Schöpfer uns vor Augen führt. [...] Seitdem sich unsere mit den Affen gemeinsamen Vorfahren erhoben haben und nicht mehr nur den Boden vor Augen haben, können wir nach vorn bis zum Horizont schauen und darüber hinaus den Blick nach oben richten. Über Tag sehen wir das Blau oder Grau des Himmels, in der Nacht schauen wir nach den Sternen. Wir sind nicht nur Erdenwesen, sondern haben auch einen Sinn für das Überirdische. Wir schauen in den Himmel und in die Tiefen des Alls und fragen uns, woher wir kommen, was der Sinn unseres Lebens auf dieser Erde ist und wohin wir danach gehen. Je mehr wir herausfinden über den Ursprung und die Größe des Alls, umso größer wird unser Staunen. Je mehr wir wissen, umso intensiver wird unser Fragen. Je mehr wir uns der Stellung des Menschen im Ganzen bewusst werden, umso ehrfurchtsvoller fragen wir nach einem Ursprung ohne Ursprung, der immer schon da war. Naturwissenschaft und Glaube kommen im Staunen zusammen. Darin liegen Chancen zu einem neuen Dialog zwischen den Wissenschaften. Darin liegen Chancen für religiöses Lernen und Erfahren in jedem Alter.

Rainer Oberthür: Erfahrungen und Gedanken eines Religionspädagogen unter dem Sternenhimmel. Wie auf einmal aus kleinen Fragen große werden. In: Katechetische Blätter 132 (2007), Heft 6, S. 394–398. Auszug: S. 397–398.

K 5

Ich habe mir vorgenommen, in diesen Zeilen, in denen von meinem Verhältnis zur Religion die Rede sein soll, so wenig wie möglich von der Religion zu sprechen. Das Glaubensbekenntnis, das ich häufig auf Lateinisch vor mich hin murmele, oder besser, vor mich hin summe, weil ich es mir mit seiner Melodie aus der »Missa de angelis« leichter merken kann, enthält keineswegs alle Sätze, die ich glaube; es geht diesem Credo, das die Kirchenväter in Nizäa und Konstantinopel unter zum Teil ziemlich rabiaten Auseinandersetzungen formuliert haben, bei mir eine ganze Reihe wichtiger Glaubenssätze voraus, die für mich womöglich sogar ein noch höheres Gewicht besitzen; das Credo ist eigentlich nur der Schlussstein meiner Glaubensüberzeugungen. So glaube ich etwa, dass ich ein Mensch bin. Ich glaube, dass es die Welt gibt. Ich glaube, dass mir die Eindrücke meiner Augen und Ohren zutreffende Nachrichten über die Wirklichkeit geben. Ich glaube, dass ein Gedanke ebensoviel Wirklichkeit besitzt wie ein Berg. Wie jeder weiß, gibt es für keinen dieser Glaubenssätze einen auch nur halbwegs zwingenden Beweis. Manche haben sogar die naturwissenschaftliche Wahrscheinlichkeit gegen sich. Die Zweifel an diesen Sätzen verstehe ich gut, manchmal beschleichen sie auch mich. Aber in einer tieferen Schicht meines Bewusstseins wische ich alle bedeutenden Einwände gegen die Wirklichkeit der Welt und mein Menschsein, obwohl ich sie nicht widerlegen kann, beiseite. Ich fürchte, mir eingestehen zu müssen, dass ich ein Steinzeitmensch bin. Es gelingt mir nicht, meine intellektuellen Einsichten mit meinen tief im Psychischen wurzelnden Glaubensüberzeugungen in Übereinstimmung zu bringen. Obwohl ich längst wissen müsste, dass ich in einem Chaos lebe, dass es in mir eine Instanz, die »Ich« sagen könnte, überhaupt nur als neuronalen Reflex gibt, dass jeder Sinneseindruck dieses nicht vorhandenen Ichs auf Täuschung und Wahn beruht, höre ich das Lied der Amsel am Abend, das bekanntlich gar kein Lied, sondern eine die Evolution begünstigende Geräuschentfaltung ist, und den fernen Klang der Kirchenglocke, bei der eine Maschine den Klöppel auf ein Stück Bronze haut, als eine mir bestimmte, wenn auch unentschlüsselbare Nachricht.

Martin Mosebach: Ewige Steinzeit. Aus: Häresie der Formlosigkeit – die römische Liturgie und ihr Feind, Hanser Verlag, München 2007.

Worterklärungen:
Missa de angelis: Die missa de angelis (Die Messe der Engel) ist ein gregorianischer Gesang eines nicht bekannten Komponisten. – *Nizäa und Konstantinopel*: Auf dem 1. Ökumenischen Konzil der Kirche in Nizäa (325 n.Chr.) und auf dem 2. Ökumenischen Konzil in Konstantinopel (381 n.Chr.) wurden wesentliche Formulierungen für unser heute gesprochenes »Apostolisches Glaubensbekenntnis« festgelegt.

K 6

Auch Gottes Name haftet an einer Geschichte, an überlieferten Erfahrungen, die Menschen mit ihm gemacht haben. Er bringt Gott mit unverwechselbaren Wegen und Taten zusammen. […] Das menschliche Privileg, Pflanzen und Tieren, den eigenen Nachkommen und selbst den Göttern Namen zu geben und sie dadurch in den überschaubaren Zusammenhang eigener Ziele und Vorstellungen einzuordnen, stößt hier auf eine absolute Schranke. *Erfahren* können wir Gott in allen Kreaturen – im Wasser, im Feuer und nach Luther sogar im »Strick« des Selbstmörders –, ihm einen Namen zu geben, ihn einzugliedern in das Gefälle der uns bekannten Geschichte: das vermag kein Mensch. Seinen Namen »nennen« kann nur er selbst. Dieser Namen fällt sozusagen aus dem Spektrum mitteilbarer Bedeutungen heraus; er kann in die benannte Welt nicht als ein Moment an ihr einrücken. Das jedenfalls dürfte der unhintergehbare Sinn der etymologischen Deutung des Tetragramms in Ex 3,14 sein.

Man muss nur darauf achten, *wie* hier gedeutet wird: alles, was einen Namen ausmacht und uns einen Hinweis auf seinen Träger geben könnte – seine Herkunft, die von ihm verkörperte Macht oder auch nur eine einzige signifikante Eigenschaft – fehlt hier völlig. Stattdessen wird das offenbar Entscheidende mit einer Verbalform umschrieben: »Ich bin« bzw. »Ich werde sein«, des näheren: »Ich werde dasein, als der ich dasein werde« (Ex 3,14). Ein scheinbar leeres Formular, in das jeder denkbare Inhalt erst noch eingetragen werden muss. Man hat mit Recht von einem »namenlosen Namen« gesprochen. Sein Inhalt, seine namentliche Identität wird ihm erst noch zuwachsen. Sie ist *nicht* das Integral vergangener, uns prinzipiell bekannter und nur noch fortzuschreibender Geschichte. Der Name ist für unabsehbar neue Identifikationen offen. Im Unterschied zu allen Namen, die auf geschichtliche Einstellungen und Erwartungen nur reagieren, beginnt und eröffnet er eine Geschichte.

Christian Link: Die Spur des Namens. Wege zur Erkenntnis Gottes und zur Erfahrung der Schöpfung. Theologische Studien, Neukirchen-Vluyn 1997, S. 37–66, hier: S. 48–49.

Worterklärung:
Das Integral = hier: die Summe, die Zusammenfassung.

K 7

Versuchen Sie einmal [...] wenigstens für einen Augenblick die Hypothese zu akzeptieren, dass es Gott nicht gebe. Dass der Mensch durch einen Irrtum des täppischen Zufalls auf der Erde erschienen sei, nicht nur seiner Sterblichkeit ausgeliefert, sondern auch dazu verurteilt, ein Bewusstsein zu haben, mithin als das unvollkommenste aller Wesen. [...] Dieser Mensch würde nun, um den Mut zu finden, auf den Tod zu warten, notgedrungen ein religiöses Wesen werden, er würde sich bemühen, Erzählungen zu ersinnen, die ihm eine Erklärung und ein Modell liefern könnten, ein exemplarisches Bild. Und unter den vielen, die er sich ausdenken könnte – manche strahlend, manche erschreckend, manche pathetisch tröstlich –, hätte er in einem bestimmten Moment, wenn er zur Erfüllung der Zeit gelangt ist, die religiöse, moralische und poetische Kraft, das Modell des Christus zu konzipieren, das Modell der universalen Liebe, der Vergebung für die Feinde und des zur Rettung der anderen geopferten Lebens. Wenn ich ein Reisender aus einer fernen Galaxie wäre und vor einer Spezies stünde, die sich dieses Modell zu geben gewusst hat, würde ich überwältigt ihre enorme theogone Energie bewundern und würde diese jämmerliche und niederträchtige Spezies, die so viele Greuel begangen hat, allein dadurch als erlöst betrachten, dass sie es geschafft hat, sich zu wünschen und zu glauben, dies alles sei *Wahrheit.*

Geben Sie die Hypothese jetzt ruhig auf und überlassen Sie sie anderen, aber geben Sie zu: Selbst wenn Christus nur das Sujet einer großen Erzählung wäre – die Tatsache, dass diese Erzählung von ungefiederten Zweibeinern, die nur wissen, dass sie nichts wissen, erdacht und gewollt werden konnte, wäre ebenso wunderbar (wunderbar geheimnisvoll), wie dass der Sohn eines wirklichen Gottes wahrhaftig Mensch geworden sein soll. Dieses natürliche und irdische Mysterium würde nicht aufhören, die Herzen der Nichtgläubigen zu verwirren und zu veredeln.

Carlo Maria Martini / Umberto Eco: Woran glaubt, wer nicht glaubt? Mit einem Vorwort von Kardinal Franz König. Aus dem Italienischen von Burkhart Kroeber und Karl Pichler, © Paul Zsolnoy Verlag, Wien 1998, S. 92 f (Eco zu Martini).

Worterklärungen:
Theogone Energie: die Kraft, einen Gott zu erschaffen. – *Sujet*: (frz.): Gegenstand, Stoff einer künstlerischen Darstellung, besonders einer Dichtung, Erfindung, Setzung.

K 8

Es ist nicht zu bezweifeln, dass Religion mit Projektion zu tun hat. Der Mensch stellt sich Gott oder die Götter so vor, wie er selbst ist bzw. wie er zu sein wünscht. Aber damit ist keineswegs gesagt, dass Gott nichts als nur eine Projektion des Menschen ist, dass er insgesamt vom Menschen entworfen wird. »Projizieren« kann auch bedeuten, eine Wirklichkeit ins Licht zu setzen, die dem Menschen vorgegeben ist und die er in der ihm möglichen Weise anschaut. Sicher ist Religion auch das, was Feuerbach von ihr sagt – aber damit ist keineswegs entschieden, dass sie nur das ist. Natürlich wäre es unzulässig, aus dem Wunsch die Erfüllung abzuleiten. Aber ebenso unzulässig ist es, deswegen auf Nicht-Erfüllung und Nur-Projektion zu schließen. Schon einer der frühesten Kritiker Feuerbachs stellte die Frage, ob Brot etwa Projektion des Hungers sei, weil es dem menschlichen Wunsch nach Sättigung entspreche. Nach Feuerbach antwortet besonders das Christentum dem innersten Sehnen des Menschen. Dies beweist aber keineswegs, dass es deshalb dem menschlichen Sehnen entspringen muss. Es kann auch bedeuten, dass hier erfüllt wird, was die menschliche Sehnsucht am tiefsten prägt. So gesehen stellt Feuerbachs Werk geradezu ein Erbauungsbuch für Christen dar, in dem aufgezeigt wird, in welchem Maß das Christentum Antwort gibt auf das, was der Mensch sich im Tiefsten seines Herzens wünscht, was er ersehnt.

Peter Neuner: Die Frage nach Gott als Frage des Menschen. Funkkolleg Religion, Studienbegleitbrief 2, Weinheim/Basel 1983, S. 35.

K 9

Über Herkunft und Ort des Bilderverbots wissen wir so gut wie nichts. … Wir haben nur die Möglichkeit, es als eine ursprüngliche Äußerung des biblischen Glaubens zu verstehen. Es muss schon in den ersten Erfahrungen, die Israel mit seinem Gott gemacht hat, enthalten gewesen sein. Zu diesen frühesten, immer wieder erinnerten Erfahrungen gehört die Befreiung aus Ägypten, also die Erfahrung der Distanz dieses Gottes zu den scheinbar unabänderlichen Herrschaftsstrukturen einer etablierten Welt. Man kann Gott eben nicht als Garanten der bestehenden Gesellschaftsordnung in die Welt hineinziehen. Mit seiner Verheißung der Befreiung transzendiert er vielmehr die bestehende Welt auf eine neue Welt und bessere Ordnungen hin. …

Welcher Erfahrung verdankt das Bilderverbot seinen Rang als Prüfstein des Glaubens? Es bedeutet ja nicht den Verzicht auf jede Gestalt. Der biblische Gott ist kein gestaltloser Gott. Im Gegenteil! Er erscheint Abraham in der Gestalt dreier Engel, der neutestamentlichen Gemeinde in der Gestalt des Menschen Jesus von Nazareth. Doch ist diese Gestalt eine verborgene Gestalt, verborgen im Leiden des Christus, in Krankheit und Schwäche des Apostels, im Zusammenhalt einer Gemeinde sozialer Außenseiter. Es scheint die Erfahrung dieser unaufhebbaren Verborgenheit zu sein, der das Bilderverbot seine Schärfe verdankt, die Erfahrung eines Gottes, der sich nicht in den Verfügungsbereich des Menschen einordnen lässt. Was Gott ins Menschliche übersetzt, das verbirgt ihn zugleich als Gott. Deshalb sprechen die Evangelien von ihm in der verhüllenden Form der Gleichnisse. Und darin wahren sie die Schranke des Bilderverbots.

Gewiss, das Gleichnis macht mit den Bildern der Welt Gott in der Welt bekannt. Aber es legt ihn nicht darauf fest. Der Vater des verlorenen Sohnes, der ungerechte Richter, der Weinbergbesitzer mit seinen Lohnarbeitern, sie alle wollen nicht etwa sagen, wer Gott ist; sie schildern vielmehr, wie er sich auf unsere Realität bezieht und wie diese sich darüber wandelt. Es ist Gottes Vorrecht, uns solche Bilder seiner Präsenz zu geben, aber er hat auch die Freiheit, aus jedem dieser überlieferten Bilder wieder auszuziehen. Wer ihn im Wunder am Roten Meer oder in der Bundeslade suchen wollte, schärft Jeremia seinen Zeitgenossen ein, würde nur noch ein verlassenes Haus antreffen (Jeremia 3,16; 23,7 f.).

Christian Link: Gott ist ein Fremdling. In: Zeitzeichen 6/2002, S. 26–29.

K 10

Im Grunde haben Feuerbach, Marx und Freud mit ihrer Religionskritik der Theologie einen Dienst erwiesen. Sie haben dazu angehalten, das erste und zweite Gebot: sich neben Gott keine anderen Götter und von Gott selbst keine Bilder und Gleichnisse zu machen – strenger zu beachten als zuvor. Dadurch hat eine Art theologischer Hygiene stattgefunden, indem zahlreiche erstarrte, ja falsche menschliche Vorstellungen von Gott zerstört und der Glaube an Gott von Pseudoelementen gereinigt wurde. Immer wieder droht ja das Bild Gottes von den Interessen der Gläubigen geprägt und überlagert zu werden …

Nachdem Gott uns allzu bekannt, fast ein »guter Bekannter« geworden ist, scheint es mir an der Zeit, jene andere durch die ganze Bibel sich ziehende Linie erneut zu betonen: das Unbekannt- und Unbenanntbleiben Gottes trotz allen Bekannt- und Benanntseins, seine Unfasslichkeit in Vorstellungen und seine Unbegreiflichkeit in Begriffen, seine Verborgenheit in aller Offenbarung, den Abgrund in allem Grund, die Gottheit in Gott. Die Warnung vor Projektionen erinnert uns daran, dass alle unsere menschlichen Bilder, Begriffe und Vorstellungen von Gott immer nur Vorstellungen von Gott, immer nur Symbole und Chiffren sind, unzureichend und flüchtig …

Gegen die Gefahr einer Projektion menschlicher Wünsche an den Himmel, gegen jede Religion eines glücklichen Bewusstseins, steht in der Bibel die Forderung einer gründlichen Sinnesänderung des Menschen. Dem Auszug Gottes aus dem Himmel, seiner Bewegung von oben nach unten, hat ein ebensolcher Auszug des Menschen zu entsprechen. Wie Gott in Jesus von Nazareth aus dem Himmel zu den Menschen ausgezogen ist, so müssen auch die, die an Gott glauben, immer wieder aus ihren himmlischen Bildern von Gott ausziehen und sich der Wirklichkeit der Welt zuwenden, um Gott in ihr zu begegnen und zu bezeugen.

Heinz Zahrnt: Stammt Gott vom Menschen ab? Zürich, 4. Aufl., 1985, S. 46 ff.

K 11

12. Juli 1942

Es sind schlimme Zeiten, mein Gott. Heute nacht geschah es zum ersten Mal, dass ich mit brennenden Augen schlaflos im Dunkeln lag und viele Bilder menschlichen Leidens an mir vorbeizogen. Ich verspreche dir etwas, Gott, nur eine Kleinigkeit: Ich will meine Sorgen um die Zukunft nicht als beschwerende Gewichte an den jeweiligen Tag hängen, aber dazu braucht man eine gewisse Übung. Jeder Tag ist für sich selbst genug. Ich will dir helfen, Gott, dass du mich nicht verlässt, aber ich kann mich von vornherein für nichts verbürgen. Nur dies eine wird mir immer deutlicher: dass du uns nicht helfen kannst, sondern dass wir dir helfen müssen, und dadurch helfen wir uns letzten Endes selbst. Es ist das einzige, auf das es ankommt: ein Stück von dir in uns selbst zu retten, Gott. Und vielleicht können wir mithelfen, dich in den gequälten Herzen der anderen Menschen auferstehen zu lassen. Ja, mein Gott, an den Umständen scheinst auch du nicht viel ändern zu können, sie gehören nun mal zu diesem Leben. Ich fordere keine Rechenschaft von dir, du wirst uns später zur Rechenschaft ziehen.
Und mit fast jedem Herzschlag wird mir klarer, dass du uns nicht helfen kannst, sondern dass wir dir helfen müssen und deinen Wohnsitz in unserem Innern bis zum Letzten verteidigen müssen. Es gibt Leute, es gibt sie tatsächlich, die im letzten Augenblick ihre Staubsauger und ihr silbernes Besteck in Sicherheit bringen, statt dich zu bewahren, mein Gott. Und es gibt Menschen, die nur ihren Körper retten wollen, der ja doch nichts anders mehr ist als eine Behausung für tausend Ängste und Verbitterung. Und sie sagen: Mich sollen sie nicht in ihre Klauen bekommen. Und sie vergessen, dass man in niemandes Klauen ist, wenn man in deinen Armen ist.
Ich werde allmählich wieder ruhiger, mein Gott, durch dieses Gespräch mit dir. Ich werde in der nächsten Zukunft noch sehr viele Gespräche mit dir führen und dich auf diese Weise hindern, mich zu verlassen. Du wirst wohl auch karge Zeiten mit mir erleben, mein Gott, in denen mein Glaube dich nicht so kräftig nährt, aber glaube mir, ich werde weiter für dich wirken und dir treu bleiben und dich nicht aus meinem Inneren verjagen.

28. Juli 1942

Der gestrige Tag hat mir wieder viel Mut gegeben. Ich habe aus ihm gelernt, wie Gott meine Kräfte immer wieder erneuert. … Es gibt Augenblicke, in denen ich mich wie ein kleiner Vogel in einer großen schützenden Hand geborgen fühle.

5. September 1942

Ich liebe die Menschen so sehr, weil ich in jedem Menschen ein Stück von dir liebe, mein Gott. Ich suche dich überall in den Menschen, und oft finde ich ein Stück von dir. … Ich nehme alles aus deinen Händen hin, mein Gott, wie es kommt. Ich weiß, dass es immer gut ist. Ich habe erfahren, dass man alles Schwere in Gutes verwandeln kann, indem man es trägt.

Etty Hillesum: Das denkende Herz der Baracke (Tagebücher 1941–1943), hg. von J.G. Gaarlandt. Aus dem Niederländischen von Maria Csollány, © F.H. Kerle, Freiburg/Heidelberg 1983 (in Auszügen).

Zur Verfasserin:
Die niederländische jüdische Slawistik- und Psychologiestudentin Etty Hillesum begann im März 1941 in Amsterdam siebenundzwanzigjährig mit Tagebuchaufzeichnungen. Die gewählten Auszüge stammen unmittelbar aus der Zeit vor ihrer Deportation ins Übergangslager Westerbork. 1943 starben sie und ihre Familie in Auschwitz.

K 12

Als der Kardinal-Inquisitor mich fragte, ob ich an Gott glaube, antwortete ich: Nein, an Ihren Gott glaube ich nicht.
Als der Atheist mich fragte, ob ich an Gott glaube, antwortete ich abermals: Nein, an den Gott, den sie leugnen, glaube ich nicht.
Hätte ich die Frage des Kardinals wie die des Atheisten bejaht, so hätte ich mich beiden gegenüber der Unwahrhaftigkeit schuldig gemacht; ich hätte sie fahrlässig getäuscht; denn jeder hätte den Gott, an den zu glauben ich bejahe, mit dem seinen (ob geglaubten oder geleugneten) identifiziert.
Also glauben Sie doch an einen Gott, erwiderten mir Kardinal und Atheist aus einem Munde.
An GOTT! wenn ich bitten darf, nicht an »einen«, wie Sie es tun. Nicht an »einen«, nicht an »meinen«, nicht an diesen noch jenen, denn das alles sind Götter. GOTT liegt im Streit mit den Göttern und mit uns, die deren Bilder verehren oder – zerstören, und insofern ist GOTT der militanteste »Atheist«.

Fridolin Stier: Vielleicht ist irgendwo Tag. Aufzeichnungen, © F.H. Kerle, Freiburg/Heidelberg, 6. Aufl., 1991, S. 199 f.

K 13

Einen Gottesbeweis als für jedermann zwingend einsehbare Demonstration kann und soll es nicht geben; denn wenn er möglich wäre, wäre der so Bewiesene nicht mehr Gott … Zum Verhältnis des Menschen zu Gott, sofern Gott als der Herr des menschlichen Daseins verstanden wird, gehört nämlich ein Akt freier und lebenslänglich durchgehaltener Hingabe der ganzen Person. Wäre nun Gottes Existenz zwingend beweisbar wie irgendein Faktum in der Welt, so wäre es vom Menschen keine personale Hingabe, sondern reiner Opportunismus, wenn er diesen Gott fürchtete und ihm gehorchte. Das Gottesverhältnis als ein Vertrauensverhältnis wäre verfälscht, oder eben: der, zu dem sich der Mensch so verhielte, wäre nicht mehr Gott. Weil Gott Gott ist und nicht ein Ding der Welt, kann man hier nicht zwischen Erkenntnis dieser Wirklichkeit und dem Vertrauensverhältnis zu ihr unterscheiden. Erkenntnisvollzug und Vertrauensverhältnis fallen hier in eins zusammen.
Andererseits ist es aber sinnvoll, in der Theologie je und je gottesbeweisähnliche Gedankengänge zu gehen, sofern damit nichts anderes bezweckt und erreicht wird, als jeden Menschen auf Gottes Wirklichkeit, mit der er es als Mensch in seinem eigenen Dasein faktisch immer schon zu tun hat, hin anzusprechen. Das Gespräch über Gott muss grundsätzlich mit jedem Menschen geführt werden können, und zwar als ein Gespräch, in das die Erfahrungen des jeweiligen Gesprächspartners einbezogen werden. In diesem Sinne ist es im Prinzip durchaus sachgemäß, wenn Thomas in jedem seiner fünf Beweise, nachdem er bei einer Erfahrung in der Welt angesetzt hat und jeweils zu einem bestimmten Endbegriff gelangt ist (des »ersten Bewegers«, des »notwendigen Seins« usw.), stets mit der Bemerkung schließt: »quod omnes nominant Deum« (»… und eben dies nennen alle ›Gott‹«) und ähnlich. – Also, in anderen Worten: »Der Sachverhalt, den du von deinen eigenen Erfahrungen her verstehen müsstest, weist dich auf eben die Wirklichkeit, die wir ›Gott‹ nennen!«
Auf diese Weise sind nun sehr viele und verschiedene Gedankengänge möglich, Wege des »Aufweises«, und dieser Aufweis muss in jeder ernsthaften theologischen Überlegung enthalten sein. In diesem Sinne gibt es denn auch nicht »den« oder »die« richtigen Gottesbeweise, sondern der »Gottesbeweis« ist eine Denkstruktur und eine Methode, die alles theologische Denken kennzeichnen muss. Denn das theologische Denken muss mit allen Menschen – indem es sie auf die Erfahrungen ihres eigenen Daseins anspricht – das Gespräch über Gott führen.

Heinrich Ott: Die Antwort des Glaubens. Systematische Theologie in 50 Artikeln, © Kreuz Verlag, Stuttgart 1972, S. 98 f.

K 14

Gottesbeweise … haben heute keinen guten Ruf. Die Theologie mag sie nicht, weil sie allenfalls einen »Gott der Philosophen« beweisen würden und nicht den »Gott Abrahams, Isaaks und Jakobs«, wie es Blaise Pascal formulierte. Und tatsächlich kann sich eine Ablehnung der Notwendigkeit außertheologischer Begründungen von Glaubensinhalten sogar auf Christus berufen, der dem ungläubigen Thomas ins Stammbuch schrieb: »Selig sind die, die nicht sehen und doch glauben« (Joh 20,29).

Das hielt Philosophen allerdings nie davon ab, sich an Gottesbeweisen zu versuchen. Hochkonjunktur hatten solche Bemühungen im Mittelalter, das keinesfalls das rational unterbelichtete Zeitalter war, für das es manche halten. In Wahrheit war den christlichen Denkern viel an Vernunft gelegen. Deswegen waren sie ja so sehr darauf aus, zu zeigen, dass die Existenz Gottes, also eines in allen positiven Eigenschaften absoluten Wesens, auch dem einleuchten müsse, der die biblische Offenbarung nicht ohne weiteres akzeptiert.

Einig über die Gültigkeit solcher Beweise war man sich allerdings schon damals nicht. Das ging bei dem so genannten »ontologischen Gottesbeweis« des Anselm von Canterbury (1033–1109) los … Anselm bestimmte Gott als das Höchste, so hoch, dass darüber hinaus nichts Höheres gedacht werden kann. Solch ein Begriff lässt sich tatsächlich bilden, und man kann fragen, ob ihm auch etwas in der Wirklichkeit entspricht. Damit denkt der Fragende aber nicht nur an das gedacht Höchste, sondern schon an das wirklich Höchste. Und dieses ist doch wohl noch höher als das bloß gedachte. Das, über das hinaus nichts Höheres gedacht werden kann, muss es also in Wirklichkeit geben – einfach weil wir in der Lage sind, es auf den Begriff zu bringen.

Thomas von Aquin (1125–1274) hielt von Anselms Argument überhaupt nichts. Wie Jahrhunderte später auch Immanuel Kant wies er darauf hin, dass Existenz keine Eigenschaft sei, die in einem Begriff a priori enthalten ist. Es ist bis heute umstritten, ob dieser Einwand greift. Kants süffisante Bemerkung, 100 gedachte Taler seien ja wohl noch lange keine 100 wirklichen Taler, ist wohl zu billig. Schließlich geht es um Gott, und wenn es ihn »gibt«, dann sicher in einem anderen Sinne als bei einem Sack Münzen.

Ulf von Rauchhaupt: Das Theorem vom großen Boss. In: Frankfurter Allgemeine Sonntagszeitung vom 24.7.2005, S. 55.

K 15

Das Vermögen der Gottsuche ist die Vernunft. Nicht die instrumentelle Vernunft, die uns, wie Nietzsche sagt, zu »findigen Tieren« macht, sondern das Vermögen, mittels dessen der Mensch sich und seine Umwelt überschreitet und sich auf eine ihm selbst transzendente Wirklichkeit beziehen kann. Glauben, dass Gott ist, heißt, dass er nicht unsere Idee ist, sondern dass wir seine Idee sind. Es bedeutet also »Umkehr« der Perspektive, Bekehrung; wenn Gott ist, dann ist das das Wichtigste, wichtiger, als dass wir sind. Es gibt eine große Geschichte der Bemühung der Menschen, ihre Überzeugung von der Existenz Gottes durch rationale Spurensuche zu stützen, zu festigen und zu rechtfertigen. Dass die Gottesbeweise samt und sonders strittig sind, besagt dabei nicht viel. Würde von Beweisen in der Mathematik eine radikale Entscheidung über die Orientierung unseres Lebens abhängen, dann wären auch diese Beweise strittig.

Wir können diese traditionellen Beweise in zwei Typen einteilen, den ontologischen und den kosmologischen. Der ontologische Beweis, den Anselm von Canterbury im 12. Jahrhundert ersann …, folgert, ohne auf irgendwelche empirischen Gegebenheiten Bezug zu nehmen, aus dem Begriff Gottes seine Wirklichkeit. Denn dieser Begriff ist der Begriff eines Wesens, über das hinaus nichts Vollkommeneres gedacht werden kann. Ein solches Wesen aber existiert per definitionem, weil ein wirklicher Gott vollkommener ist als ein bloß gedachter. Der andere Beweis war zu allen Zeiten der populärste. Er geht aus von der unbezweifelbaren Existenz zielgerichteter Prozesse, also solcher Prozesse, die wir nur verstehen können von einem Ende her, wie zum Beispiel den Flug der Vögel zum Süden, den wir nur verstehen, wenn wir wissen, dass Vögel dort Nahrung finden. Die Vögel aber wissen das nicht. Also, so lautet der Schluss, muss es ein schöpferisches Bewusstsein geben, das diesen Prozessen zugrunde liegt.

Eine plötzliche grundlose Entstehung einer Welt aus Nichts denken zu müssen, enthält eine Zumutung an die Vernunft, die alle anderen Zumutungen in den Schatten stellt. Ebenso aber auch die Zumutung, eine unbeabsichtigte Entstehung von Leben, von Trieb, von Innerlichkeit und Selbstbewusstsein als Resultat materielles Prozesse zu denken, als Resultat zufälliger Mutationen und der Selektion des Überlebensdienlichen. Solche Prozesse können Komplexitätssteigerungen hervorbringen. Aber sie können nicht erklären, wie es zu einem »Aus-sein-auf« kommt, das wir in uns selbst erleben und zumindest allen höheren Lebewesen zusprechen müssen …

Die Spur Gottes in der Welt, von der wir heute ausgehen müssen, ist der Mensch, sind wir selbst. Aber diese Spur hat die Eigentümlichkeit, dass sie mit ihrem Entdecker identisch ist, also nicht unabhängig von ihm existiert. Wenn wir uns selbst nicht mehr glauben, wer und was wir sind, wenn wir uns einreden lassen, wir seien nur Maschinen zur Verbreitung unserer Gene, und wenn wir unsere Vernunft nur für ein evolutionäres Anpassungsprodukt halten, das mit Wahrheit nichts zu tun hat, und wenn uns die Selbstwidersprüchlichkeit dieser Behauptung nicht schreckt, dann können wir nicht erwarten, dass uns irgend etwas von der Existenz Gottes überzeugt. Denn diese Spur Gottes, die wir selbst sind, existiert nicht, ohne dass wir es wollen, wenn auch – Gott sei Dank – Gott vollkommen unabhängig davon existiert, ob wir ihn erkennen, von ihm wissen oder ihm danken. Nur wir selbst sind es, die sich durchstreichen können. Der Begriff der Gottebenbildlichkeit des Menschen, der oft nur als erbauliche Metapher benutzt wird, gewinnt heute eine ungeahnt genaue Bedeutung. Gottebenbildlichkeit, das heißt Wahrheitsfähigkeit.

Robert Spaemann: Die Spaßgesellschaft. Der Kampf gegen ihren banalen Nihilismus ist das verzweifelte Bewusstsein davon, was es bedeutet, wenn Gott nicht existiert. In: Frankfurter Allgemeine Sonntagszeitung vom 22.10.2006, S. 15.

K 16

Die Verbindung von Glaube und Vernunft gehört zu den bestimmenden Merkmalen des Protestantismus. Für manchen mag das dadurch verdunkelt sein, dass der Reformator Martin Luther sich unter Einsatz all seiner polemischen Kraft gegen einen Herrschaftsanspruch der Philosophie über die biblische Botschaft zur Wehr setzte und dabei auch vor der Rede von der »Hure Vernunft« nicht zurückschreckte.

Doch Luther war, ebenso wie die anderen Reformatoren, zugleich von der Überzeugung bestimmt, dass die Vernunft mit all ihrem Vermögen der Erkenntnis der biblischen Wahrheit zu dienen habe. Schon der junge Luther erklärte deshalb in seinem Kommentar zur Römerbrief, dass die Vernunft »für das Beste« eintrete und »gute Werke« tue. Und der höchste Titel, den er für sich gelten ließ, war derjenige eines »Doctors der Heiligen Schrift«. Damit bahnt die Reformation der Ausbildung der Theologie zu einer kritischen Wissenschaft im modernen Sinn ebenso den Weg, wie sie die Verbindung von Glauben und Bildung in das Zentrum des kirchlichen Auftrags rückte …

In seiner evangelischen Gestalt konzentriert sich der christliche Glaube darauf, dass Jesus Christus die Wahrheit des Evangeliums in Person ist. Diese Wahrheit befreit den Menschen aus der Selbsttäuschung, er verdanke sein Leben sich selbst und könne ihm aus eigener Kraft einen bleibenden Sinn verleihen. Sie verankert die Würde des Menschen in der Wirklichkeit Gottes und somit in einer Macht, die größer ist als er selbst; nur deshalb kann diese Würde als unantastbar gelten. Deshalb konzentriert sich die evangelische Gestalt des christlichen Glaubens seit der Reformation bis zum heutigen Tag auf das Thema der christlichen Freiheit; die evangelische Kirche versteht sich als eine Kirche der Freiheit.

Diese Konzentration hat erhebliche Folgen. Zu ihnen zählt, dass der zur Freiheit Berufene Auskunft geben soll über den Glauben, durch den er diese Freiheit empfängt. Die Freiheit des christlichen Glaubens fordert deshalb, sich der Vernunft zu bedienen. Das zu tun ist ein wesentliches Kennzeichen der Freiheit selbst. Denn so wie sich der Mensch als individuelle Person unmittelbar von Gott angesprochen weiß, ist er auch unvertretbar zeugnis- und auskunftspflichtig.

Die Pflicht dazu kann an keine noch so gelehrte oder mächtige Instanz in oder außerhalb der Kirche delegiert werden. Denn sich ausschließlich auf die Vernunft anderer zu verlassen ist mit der Entdeckung des Gewissens und seiner Freiheit, dieser besonderen Errungenschaft der Reformation, nicht zu vereinbaren. Deshalb ist das Verhältnis von Glaube und Vernunft im evangelischen Verständnis immer wieder in Anknüpfung an eine berühmte Formel des Anselm von Canterbury zum Ausdruck gebracht worden: »Neque enim quero intelligere ut credam, sed credo ut intelligam. Fides quaerens intellectum. – Nicht suchte ich nämlich einzusehen, um zu glauben. Sondern ich glaube, um einzusehen. Der Glaube auf der Suche nach Einsicht.«

… Der Glaube ist auf der Suche nach Einsicht, die ihrerseits auf der Suche nach dem Glauben ist. Eine nicht durch den Glauben aufgeklärte Vernunft bleibt unerfahren und unaufgeklärt, weil sie sich keine Rechenschaft über ihre Grenzen ablegt. Sie verkennt ihren Charakter als endliche Vernunft …

Wolfgang Huber: Glaube und Vernunft. In: Frankfurter Allgemeine Zeitung vom 31.10.2006, S. 10.

K 17

Von Gottes Leiden zu reden, heißt nicht, das Problem zu entschärfen, sondern es bis zur Unerträglichkeit zu verschärfen: An Gott leidet nicht nur der Mensch, sondern Gott leidet an sich selbst. Der Protest gegen Gott ist daher nicht nur der Protest des leidenden Geschöpfes gegen den Schrecken des Schöpfers, dem dieses Leiden zu verdanken ist. Dieser Protest ist immer noch im Verhältnis zwischen Gott und Geschöpf angesiedelt, bleibt Gott also ganz und gar äußerlich. Der christliche Glaube geht hier einen entscheidenden Schritt weiter: Er entdeckt den Protest, die Anklage, das Aufbegehren gegen Gott in Gott selbst. Gott selbst steht im Streit mit Gott, Gott selbst lehnt sich gegen sich auf, Gott selbst leidet an sich. Dafür steht das Kreuz. Kreuzestheologie ist keine Leidenstheologie, in der ein allmächtiger Gott die Selbsthingabe eines ohnmächtig leidenden Geschöpfes gnädig gelten lässt, um damit den Sündern den Tod, den sie verdienen, zu erlassen, ohne dadurch seine Gerechtigkeit in Frage stellen zu lassen. Das Kreuz ist keine Einrichtung Gottes zur Rettung seiner Göttlichkeit, weil ihm das freiwillige Leiden des Unschuldigen für die Schuldigen ermöglicht, angesichts menschlicher Auflehnung gegen Gott auf die Vernichtung des Geschöpfes verzichten zu können, ohne seine göttliche Allmacht und Gerechtigkeit in Frage zu stellen oder gegeneinander ausspielen zu lassen. Kreuzestheologie ist gerade im Gegenteil der theologische Ausdruck der Einsicht, dass das Widerspruchsgeschehen der Anfechtung nicht nur zwischen Gott und Geschöpf, sondern im göttlichen Schöpfer selbst seinen Ort hat: Gott ist vom Menschen nicht nur durch einen Abgrund getrennt, sondern Gott ist selbst der Abgrund, der Gott vom Menschen trennt.

Ingolf U. Dalferth: Leiden und Böses. Vom schwierigen Umgang mit Widersinnigem, Leipzig 2006, S. 213–214.

K 18

Allmacht kann bedrohlich wirken und illusionär. Wenn man sie in Verbindung mit Menschen bringt, gewinnt sie rasch einen bedrohlichen Charakter: Menschen, die sich anschicken, eine Art Allmacht auszuüben, können nur Tyrannen werden; politische Systeme und Ideologien, die um sich her ein Klima von Allmacht und Allzuständigkeit verbreiten, müssen totalitär werden; das ist bedrohlich.

Wenn Allmacht dagegen mit der Existenz und dem Wesen einer überirdischen Wirklichkeit, mit »Gott« also, in Verbindung gebracht wird, gerät sie leicht in den Verdacht einer illusionären Projektion: was menschlich und irdisch als Unvollkommenheit, Schwäche, Begrenztheit und Ohnmacht erlebt wird, kann in der Gestalt eines religiösen Ersatztrostes ausgeglichen werden durch die Ein-Bildung eines transzendenten Gott-Wesens, das über alle diese Eigenschaften in Gänze verfügt, die wir als Menschen immer nur in Teilen und in Gebrochenheit kennen. [...]

Der allmächtige Gott ist dann die höhere Instanz, von dem man Leistungen erwartet, zu denen man sich selbst nicht fähig oder nicht bereit finden kann. Es handelt sich dabei um eine Form der »Hingabe«, die von jeglicher Eigenverantwortung entlastet und in einer frommen Gebärde alle Zuständigkeiten für ein gelingendes oder doch wenigstens erträgliches Leben von sich selber weg an die Adresse Gottes verweist. Das bedeutet aber zugleich auch die Preisgabe jeder Freiheit. [...] Eine Allmacht Gottes [aber], die darauf hinausliefe, dem Menschen die Freiheit zu nehmen und ihn von seiner Verantwortung zu dispensieren, kann nur energisch bestritten werden. Und dies denke ich von den Grundlagen des biblischen Glaubens selber her.

Man braucht nur ein wenig in den Schriften des Alten und des Neuen Testaments herumzublättern, um ständig darauf zu stoßen, wie Gott nicht alle Dinge der Welt unnachgiebig in der Hand behält, sondern wie er sie anscheinend dauernd aus der Hand gibt. Gott führt nach biblischer Anschauung und Lebenserfahrung augenscheinlich nicht in der Weise Regie in der Welt, dass er alle Fäden in der Hand hielte, den Menschen zur willenlosen Marionette machte und den Weltlauf in einem programmierten System abrollen ließe. Der Gott der Bibel ist stattdessen ein Gott, der verlieren und enttäuscht werden kann. Er kennt den Schmerz und den Zorn. Er kennt auch das Vergeben, das Angebot noch einmal neu zu beginnen, Umkehr zuzulassen. [...]

Das Ganze wird unmittelbar verständlich, wenn wir vom Phänomen der Liebe ausgehen. Die Liebe ist mächtig. Aber die Liebe ist auch ohnmächtig. Sie ist mächtig, weil sie allem Leben die Grundlage und den Sinn verleiht. Und sie ist ohnmächtig, weil sie zerbrechlich ist und durch jede Form von Gewalt (und es gibt äußere und innere Gewalten) zerstört werden kann.

Die Rede von der Allmacht Gottes wird nur dann eine biblisch begründete Rede sein, wenn es um die Allmacht der Liebe geht.

Reiner Strunk: Tor ins Weite – Vom Geheimnis des Glaubens. Stuttgart 1991, S. 105 ff.

Worterklärung:
transzendent (lat.): den Horizont sinnlicher Erfahrung überschreitend, übersinnlich, übernatürlich.

K 19

Lothar Zenetti: Die Stunde der Seiltänzer

Wie kann ein Gott, fragt ihr, wenn es ihn gibt,
nur zulassen all das Schreckliche, was geschieht,
wie kann er zusehen dabei, und verhindert es nicht?

Warum lässt er sie einfach gewähren, die Mörder,
und die Gewalttäter, die über Leichen gehen, und
alle, die sich bereichern am Elend der Armen?

Wenn er nur wollte, er, der allmächtig ist,
könnte doch wehren dem Bösen, der Brutalität,
die schon aufwächst unter den Kindern?

Aber will er? Liegt ihm daran? Vernimmt er
das Weinen derer, die ihre Lieben beklagen,
berührt ihn das himmelschreiende Unrecht?

Und wenn es ihn rührt, warum schweigt er dazu?
Ein Wort von ihm, und keiner, kein einziger
müsste mehr leiden, sterben und elend zugrunde gehen.

Doch auch den Vogel hindert er nicht, nach den
tanzenden Mücken zu jagen, und er lähmt nicht,
bevor sie den Vogel erbeutet, die Katze im Sprung.

Auch uns, ja auch uns lässt er immer noch leben,
er lässt uns gewähren, uns Menschen, uns Mörder,
die wir gnadenlos Kriege führen gegeneinander.

Er lässt es zu, dass es uns gibt, die wir ausrotten
grausam, was er geschaffen hat. Er duldet auch mich.
Hat er noch Hoffnung? Er muss uns doch kennen!

Könnte es sein, dass Du selbst, der Unbegreifliche,
unter den Leidenden bist und empfindest wie wir
und leidest an uns und fühlst mit allen Geschöpfen?

Ist es wahr, dass Du sie dennoch liebst, diese Welt,
und schonst sie um einer größeren Hoffnung willen?
Glaubst Du womöglich noch immer, am Ende bleibe die
Liebe?

Lothar Zenetti: Die Stunde der Seiltänzer. Geschichten und Gedichte, München 1982.

K 20

Der Mensch, der in der phantastischen Wirklichkeit des Himmels, wo er einen Übermenschen suchte, nur den *Widerschein* seiner selbst gefunden hat, wird nicht mehr geneigt sein, nur den *Schein* seiner selbst, nur den Unmenschen zu finden, wo er seine wahre Wirklichkeit sucht und suchen muss.
Das Fundament der irreligiösen Kritik ist: *Der Mensch macht die Religion*, die Religion macht nicht den Menschen. Und zwar ist die Religion das Selbstbewusstsein und das Selbstgefühl des Menschen, der sich selbst entweder noch nicht erworben oder schon wieder verloren hat. Aber *der Mensch*, das ist kein abstraktes, außer der Welt hockendes Wesen. Der Mensch, das ist *die Welt des Menschen*, Staat, Sozietät. Dieser Staat, diese Sozietät produzieren die Religion, ein *verkehrtes Weltbewusstsein*, weil sie eine *verkehrte Welt* sind. Die Religion ist die allgemeine Theorie dieser Welt, ihr enzyklopädisches Kompendium, ihre Logik in populärer Form, ihr spiritualistischer Point-d'honneur, ihr Enthusiasmus, ihre moralische Sanktion, ihre feierliche Ergänzung, ihr allgemeiner Trost- und Rechtfertigungsgrund. Sie ist die *phantastische Verwirklichung* des menschlichen Wesens, weil das *menschliche Wesen* keine wahre Wirklichkeit besitzt. Der Kampf gegen die Religion ist also mittelbar der Kampf gegen jene Welt, deren geistiges Aroma die Religion ist.
Das *religiöse* Elend ist in einem der *Ausdruck* des wirklichen Elendes und in einem die *Protestation* gegen das wirkliche Elend. Die Religion ist der Seufzen der bedrängten Kreatur, das Gemüt einer herzlosen Welt, wie sie der Geist geistloser Zustände ist. Sie ist das *Opium* des Volkes.
Die Aufhebung der Religion als des *illusorischen* Glücks des Volkes ist die Forderung seines *wirklichen* Glücks. Die Forderung, die Illusionen über seinen Zustand aufzugeben, ist die *Forderung, einen Zustand aufzugeben, der der Illusionen bedarf.* Die Kritik der Religion ist also im *Keim* die *Kritik des Jammertales*, dessen *Heiligenschein* die Religion ist.

Karl Marx: Zur Kritik der Hegelschen Rechtsphilosophie. Einleitung. In: Siegfried Landshut (Hg.): Karl Marx – Die Frühschriften, Stuttgart 1968, S. 207–209.

Worterklärungen:
Point-d'honneur (franz.): Ehrenstandpunkt, d.h. man kommt nicht ohne Religion aus, wenn man nicht seine Ehre verlieren will. – *Protestation* (lat.): Missfallenskundgebung, Protest. – *Sanktion*: hier »Bestätigung«.

K 21

Verrufene Worte. – Weg mit den bis zum Überdruss verbrauchten Wörtern Optimismus und Pessimismus! Denn der Anlass, sie zu gebrauchen, fehlt von Tag zu Tag mehr; nur die Schwätzer haben sie jetzt noch so unumgänglich nötig. Denn weshalb in aller Welt sollte jemand Optimist sein wollen, wenn er nicht einen Gott zu verteidigen hat, welcher die beste der Welten geschaffen haben muss, falls er selbst das Gute und Vollkommene ist, – welcher Denkende hat aber die Hypothese eines Gottes noch nötig? – Es fehlt aber auch jeder Anlass zu einem pessimistischen Glaubensbekenntnis, wenn man nicht ein Interesse daran hat, den Advokaten Gottes, den Theologen oder theologisierenden Philosophen, ärgerlich zu werden und die Gegenbehauptung kräftig aufzustellen: dass das Böse regiere, dass die Unlust größer sei als die Lust, dass die Welt ein Machwerk, die Erscheinung eines bösen Willens zum Leben sei. Wer aber kümmert sich jetzt noch um die Theologen – außer den Theologen? – Abgesehen von aller Theologie und ihrer Bekämpfung liegt es auf der Hand, dass die Welt nicht gut und nicht böse, geschweige denn die beste oder die schlechteste ist, und dass diese Begriffe »gut« und »böse« nur in Bezug auf Menschen Sinn haben, ja vielleicht selbst hier, in der Weise, wie sie gewöhnlich gebraucht werden, nicht berechtigt sind: der schimpfenden und verherrlichenden Weltbetrachtung müssen wir uns in jedem Falle entschlagen.

Friedrich Nietzsche: Von den ersten und den letzten Dingen, Aph. 28. In: Karl Schlechta (Hg.): Friedrich Nietzsche. Werke in drei Bänden, Bd. 1. Darmstadt 1997, S. 468.

K 22

Madonna, der Popstar, bekennt sich neuerdings zur jüdischen Mystik. Bewunderte sie noch vor wenigen Jahren Maria, die Mutter Jesu, wandelt sie heute auf dem Glaubensweg der Kabbala und möchte in Zukunft Esther genannt werden. Sie rechnet sich dem Jewish Renewal zu, einer religiösen Reformbewegung in Kalifornien, die althergebrachte jüdische Traditionen für ökologische und feministische Gedanken öffnete und mit buddhistischer Meditation sowie hinduistischer Seelenwanderung zusammenbringt. Nach jüdischer Glaubensüberzeugung ruht am Sabbat die Arbeit, und auch Madonna-Esther rührt dann kein Mikrophon an.

Der Mystiktrend hat inzwischen auch Einzug in Baumärkte gehalten: Es gibt Tischtabletts nach Art buddhistischer Meditationsgärten zu kaufen. Auf ihnen lässt sich weißer Sand mit einem Minirechen um Kiesel herum in feinen Linienmustern verteilen. In Wirklichkeit sind solche Gärten viel größer und erlauben asiatischen Mönchen und ruhebedürftigen Europäern, bewegungslos über Stunden davor zu sitzen. Im fein geharkten Sand, in dem die Natur völlig beseitigt ist, vermögen sie eine Einladung zu sehen, aus ihren Köpfen alle Inhalte zu vertreiben, und sie hoffen dann darauf, dass in diese Leere Erleuchtung falle.

Auch für Jugendliche ist der Begriff »mystisch« kein Fremdwort. Die Firma Nintendo ist mit ihrem Computerspiel »mystic quest« seit Jahren auf dem Markt, ein Spiel, in dem es jede Menge Tempel, Fabelwesen und Streitkräfte gibt, wobei auffällt, dass manches mystisch genannt wird, was eigentlich mythisch ist, also mit alten Erzählungen zu tun hat. Mystik, aus dem Griechischen und Lateinischen zu übersetzen als »Geheimlehre«, ist eine Form der Frömmigkeit, bei der Menschen vor allem durch Versenkung und Meditation zur Begegnung mit Gott gelangen wollen.

Wer sich auf diesen Weg begibt, strebt nach besonderen Erfahrungen und Erlebnissen, nicht nach intellektueller Klarheit. Häufig befinden sich die Mystiker deshalb in einer Gegenposition zu den Intellektuellen und Gesetzeslehrern ihrer Religionsgemeinschaften. Die christliche Mystik, die im 12. und 13. Jahrhundert ihre Hochphase hatte, gewinnt gegenwärtig im Sog der kirchendistanzierten Religionsneugier wieder an Bedeutung. Zudem bringt der Asientourismus Europäer vermehrt in Kontakt mit Hindus und Buddhisten, bei denen Asketen – auch sie sind Mystiker – besondere Wertschätzung genießen.

Mystiker berichten davon, dass sie nach langer, mühevoller Meditation oder auch völlig unerwartet und ohne Vorbereitung das ersehnte religiöse Erlebnis hatten. Sie beschreiben ihre Gottesbegegnung als intensiven Glücksmoment oder als Ekstase, als stürmische Zuneigung Gottes zu ihrer Person oder schlicht als Bewusstseinserweiterung. Eine ekstatische Gotteserfahrung machte auch Teresa von Avila, die christliche Mystikerin schlechthin.

Der Barockbildhauer Gian Lorenzo Bernini (1598–1680) stellte diesen Moment in einer berühmten Marmorplastik dar, die heute in der römischen Kirche Maria della Vittoria anzuschauen ist: Teresa liegt mit leicht geschlossenen Augen, innerlich aufgewühlt da, ein Engel zielt mit einem Liebespfeil auf ihr Herz. Manche Menschen, die auf der mystischen Suche nach Gott sind, vernachlässigen ihre sozialen Beziehungen, andere fühlen sich durch »innere Stimmen« gerade gedrängt, politisch Position zu beziehen. So forderte die Ordensfrau Katharina von Siena im 14. Jahrhundert aufgrund religiöser Erfahrungen den Papst zum Krieg gegen die Türken auf, und Martin Luther begründete seinen Aufruf, den Aufstand der Bauern mit Gewalt zu unterdrücken, mit einer Eingebung Gottes.

Anders als Buddhisten oder Hindus sehen nur wenige Christen ihr Ziel darin, sich selbst in einen Zustand ohne Gefühle zu versetzen. Es widerspräche dem Prinzip der Nächstenliebe.

Die Namensliste der Mystiker ist lang. Der Italiener Franz von Assisi, der den Tieren predigte, zählt dazu wie auch der deutsche Ordensmann Meister Eckhart, der jüdische Philosoph Martin Buber ebenso wie der libanesische Dichter Khalil Gibran, der französische Jesuit Teilhard de Chardin und auch der Gründer der Herrnhuter Brüdergemeine, Nikolaus von Zinzendorf. Dorothee Sölle, die politische Theologin, hat mehr als drei Jahrzehnte ihres Lebens darüber nachgedacht, wie ein zugleich mystisches und politisches Christentum aussieht.

Ist Mystik eine Mode? Im Fall von Madonna und der Spielzeug-Zengärten vermutlich ja. Doch in den Religionen gibt es die Mystik schon immer als ernsthafte Strömung. Der katholische Theologe Karl Rahner ging sogar so weit zu sagen: »Die Kirche der Zukunft wird mystisch sein – oder sie wird nicht mehr sein.«

Eduard Kopp: Ist Mystik nur eine Mode? In: Chrismon 8/2004, S. 23.

K 23

Dieses Ziel wird von den Mystikern der christlichen Geschichte, wie gesagt, als »unio« beschrieben, als Einssein mit Gott. Freilich mit Unterschieden. Manche sprechen von Versenkung. Dabei empfinden wir heute: Wenn ein Schiff versenkt wird, dann sinkt es für alle Zeit auf den Meeresgrund, ohne die Chance, zurückzukommen. Wir werden eher von einem »Eintauchen« in Gott sprechen. Zudem scheint »unio«, Vereinigung, zu besagen, dass dabei das Besondere, das Profil der Person verloren geht, die sich mit Gott vereinigt. Wie der berühmte Tropfen im Meer, von dem ein sehr freundlicher und fühlsamer alter Herr mir mit einem Strahlen seiner Augen sagte, er freue sich darauf, im Meer Gott unterzugehen und sich aufzulösen. Man sprach darum immer auch wieder korrigierend von einer »communia mystica«, einem Gemeinsamwerden mit Gott. So spricht die Bibel bisweilen davon, die Beziehung zwischen Gott und Mensch spiegle sich im Bild einer Ehe. So nah, so liebevoll, so untrennbar verbinde sich Gott mit den Menschen, wie Frau und Mann in einer guten Ehe. Dabei aber verschmelzen Mann und Frau nie wirklich miteinander. Sie bleiben die Frau und der Mann. So weit also dieses Gleichnis von der Ehe reichen oder gelten kann, so weit möchte ich das Wort »unio« für meine Beziehung zu Gott für möglich und erlaubt halten. (...)

Ich suche also nach dem Gott, aus dem ich bin, der mein eigener Wurzelgrund ist, der in mir lebt, in mir schafft. Der in mir seine Gedanken denkt, meine Phantasie weckt, aus dem meine Kraft und mein Mut sind. Ich suche nach dem Gott, der die Mitte von allem ist, auch die Mitte von mir selbst, um den alles kreist, auch ich selbst. Die Kraft sozusagen der Gravitation in mir, die mich zu einem in sich ruhenden Wesen macht.

Je tiefer ich aber in mich einkehre, desto mehr entschwindet mir, was ich bin und war und sein werde. Desto stärker wird der Mittelpunkt in mir: Gott. »Wer sich Gott nähert«, sagt darum Luther, »der entschwindet dorthin, woher er kam. Er kam aus Gott und aus dem eigenen Nichts. So kehrt in Gott zurück, wer ins Nichts, in sich selbst zurückkehrt.«

Damit aber, das ist entscheidend wichtig, wende ich mich nicht mir selbst zu, sondern dem Anfang der Dinge, auch meinem eigenen Ursprung, vor allem auch dem ganz neuartigen Neuanfang, der in mir geschehen soll und aus dem der neue Mensch hervorgeht. Ich begegne meiner eigenen Zukunft, nicht nur meiner Gegenwart. Und ich muss darauf achten, dass mir nie der Gedanke zwischenein kommt, diese schaffende Kraft sei ich selbst. Es wäre ein alles zerstörender Irrtum. Nein: Es ist Gott. Der Heilige, der Ferne, der unendlich Nahe, der nie mit mir zusammenfließt, auch wenn er »in mir wohnt«.

Jörg Zink: Die goldene Schnur. Anleitung zu einem inneren Weg, © Kreuz Verlag Stuttgart 2008, S. 209 f.

K 24

Gemüse zu putzen und zu immer kleineren, präzisen Stückchen zu schneiden ist für mich das, was einem Gebet am nächsten kommt. Da kommt Yoga nicht mit: Du stehst alleine da, mit dem Gemüse und deinem Aperitif, und kannst nachdenken und für alles danken, was du hast. Karotten werden zu kleinen Fischen geschnitten, Zwiebeln zu Chrysanthemen, Porreestangen so, dass sie sich oben öffnen wie Blüten. Am Ende läuft alles darauf hinaus (aufs Gemüse? die Fischchen? Liebe?).
Es ist banal, wahr, und vielleicht traurig. Maismehl kneten, das von einer Pflanze kommt, die mit ihren Wurzeln das Beste aus der Erde gesaugt hat (die Asche, die wir einmal waren und zu der wir wieder werden, das birgt tiefe Mystik in sich und Sinnlichkeit). Wie aus einem Ei Mayonnaise wird: es wandelt sich, wird vermischt mit der Energie, dem Rhythmus, der Sorgfalt; etwas zubereiten, das zweifellos auf unglaublich instinktive und sexuelle Weise wahrgenommen wird von der Person, für die du kochst und das in die geheimsten Teile seines Körpers herabsinken und eins werden wird mit ihm selbst. So ist es.

Cristina Bullano: Gemüse zu putzen. In: Oliviero Toscani (Hg.): Beten. Gebete von Jugendlichen aus aller Welt, München 2000, S. 131.

K 25

Aus all dem dürfte deutlich geworden sein: Die *Schlüsselfrage zur Trinitätslehre* ist nach dem Neuen Testament nicht die als undurchdringliches »Geheimnis« (»mysterium stricte dictum«) deklinierte Frage, wie drei so verschiedene Größen ontologisch eins sein können, sondern die *christologische Frage,* wie schriftgemäß das Verhältnis Jesu (und dann folglich auch des Geistes) zu Gott selber ausgesagt werden soll. Dabei darf der Glaube an den einen Gott, den das Christentum mit Judentum und Islam gemeinsam hat, jedenfalls keinen Moment in Frage gestellt werden: Es gibt außer Gott keinen anderen Gott! Entscheidend aber für das Gespräch gerade mit Juden und Muslimen ist die Einsicht: *Das Prinzip der Einheit* ist dem Neuen Testament zufolge eindeutig nicht die eine, mehreren Größen gemeinsame göttliche »Natur« (»Physis«), wie man sich dies seit der Theologie dcs 4. Jahrhunderts denkt. Das Prinzip der Einheit ist für das Neue Testament wie für die Hebräische Bibel eindeutig der eine Gott (*ho theós*: der Gott = der Vater), aus dem alles und auf den hin alles ist.

Bei Vater, Sohn und Geist geht es somit dem Neuen Testament zufolge nicht um Aussagen über Gott an sich und seine innerste Natur: über ein statisches, in sich ruhendes, uns gar offen stehendes inneres Wesen eines dreieinigen Gottes. Es geht vielmehr um Aussagen, wie *Gott selbst* sich durch Christus in dieser Welt *offenbart*: um Gottes dynamisch-universales Wirken in der Geschichte, um sein Verhältnis zu dem Menschen und um des Menschen Verhältnis zu ihm. Es gibt also bei aller Verschiedenheit der »Rollen« eine *Einheit* von Vater, Sohn und Geist, nämlich als *Offenbarungsgeschehen und Offenbarungseinheit*: Gott selbst wird durch Jesus Christus offenbar im Geist.

»Wäre unter diesen Vorraussetzungen«, mag der Zeitgenosse fragen, »die Rede von Vater, Sohn und Geist vielleicht auch für Juden und Muslimen leichter verständlich? Gerade das Gespräch mit Judentum und Islam wird ja ein wichtiger Prüfstand werden, ob Christen es mit dem Monotheismus ernst meinen.«

Ich versuche es in drei Sätzen zusammenzufassen, was mir vom Neuen Testament her, für heute überlegt, der biblische Kern der traditionellen Trinitätslehre zu sein scheint:

An Gott, den *Vater* glauben heißt, an den einen Gott, Schöpfer, Bewahrer und Vollender von Welt und Mensch glauben: diesen Glauben an den einen Gott haben Judentum, Christentum und Islam gemeinsam.

An den *Heiligen Geist* glauben heißt, an Gottes wirksame Macht und Kraft in Mensch und Welt glauben: Auch dieser Glaube an Gottes Geist kann Juden, Christen und Muslimen gemeinsam sein.

An den *Sohn* Gottes glauben heißt, an des einen Gottes Offenbarung im Menschen Jesus von Nazaret glauben, der so Gottes Wort, Bild und Sohn ist. Über diese entscheidende Differenz müsste gerade unter den drei prophetischen Religionen weiter gesprochen werden.

Hans Küng: Einführung in den christlichen Glauben. Das Apostolische Glaubensbekenntnis – Zeitgenossen erklärt, S. 201–205 in Auswahl.

K 26

RAZVI: Christen und Moslems bekennen sich beide zu dem einen Gott, sagten wir. Wenn es so ist, wie könnt ihr dann von drei göttlichen Personen in eurer Lehre von der Dreieinigkeit Gottes reden, die in den Konzilien von Nizäa (325) und Konstantinopel (381) festgelegt wurde und seither als unfehlbares Dogma der griechischen und lateinischen Kirche gilt. Du weißt, im Koran steht der Satz, der auf eure Trinitätslehre anspielt: »Sprecht nicht ›Drei‹« ... Allah ist nur ein einziger Gott« (Sure 4,171). Ich könnte diese Dreieinigkeitslehre verstehen, wenn es sich um drei Prädikate handeln würde, nicht um drei Subjekte.

PÖHLMANN: Gott besteht nicht aus drei Subjekten. Sicher ist in der christlichen Tradition von drei »Hypostasen« oder drei »personae« des einen göttlichen »Wesens« die Rede. Hypostasis oder das entsprechende lateinische Wort persona dürfen aber nicht mit dem modernen Begriff »Person« oder »Persönlichkeit« verwechselt werden, mit denen das unabhängige Selbstbewusstsein, also etwas Isoliertes gemeint ist. Das trinitarische Hypostasis bedeutet [...] lediglich die »Verwirklichung« eines Seins oder Wesens und dessen »Verwirklichungsgestalt«. Die drei Hypostasen Gottes sind nicht drei Subjekte, sondern drei Prädikate zu einem einzigen Subjekt, nicht drei Personen, sondern drei Gestalten einer einzigen Person. [...] Nach einem anderen Verständnis von persona sind nur drei Masken oder Rollen des einen Gottes gemeint. Der eine Gott begegnet auf dreifache Weise, aber es sind nicht drei Götter oder drei göttliche Subjekte. Wie absurd es wäre, hier von drei Subjekten auszugehen, zeigt das Gebetsleben und die Frage, wie die Gebete auf die drei Subjekte Vater, Sohn und Geist verteilt werden. Man kann nicht zu drei Dus beten. Wer zum Sohn betet, betet zugleich zum Vater, wer zum Heiligen Geist betet, betet zugleich zum Vater und zum Sohn. Es handelt sich hier um ein einziges Subjekt, nicht um drei verschiedene Subjekte [...].

RAZVI: Um drei verschiedene Prädikate des einen Subjekts. Es gibt nicht drei Götter, sondern der eine Gott begegnet in dreifacher Gestalt. Es gibt nicht drei göttliche Personen, sondern der eine Gott erscheint in drei Begegnungsweisen. Es gibt nicht drei göttliche Subjekte, sondern der eine Gott hat drei Rollen. Ich danke dir für die Klärung des Problems. Der Monotheismus eint Christentum und Islam. Ich akzeptiere diese Lehre als die christliche Position, nicht freilich für den Islam. Die islamische Gotteslehre lehnt es ab, Gott auf drei Prädikate, Erscheinungsweisen oder Rollen festzulegen, als wäre er ein Vater, ein Sohn oder ein Geist. Gott ist das alles nicht und er ist viel mehr. Man darf Gott nicht definieren. Definitionen sind Einschränkungen. Gott ist unbeschränkt. Definitionen sind Eingrenzungen. Gott ist unbegrenzt. Der, der definiert, hat dann eine Definitionsmacht. Der Mensch hat keine Definitionsmacht über Gott. Gott entzieht sich allen Definitionen, weil er ein absolutes Geheimnis ist.

Horst Georg Pöhlmann / Mehdi Razvi: Glauben wir an den selben Gott? In: Dies.: Islam und Christentum im Dialog. Frankfurt 2006, S. 24–26.

Dr. theol. Horst Georg Pöhlmann, geboren 1933, ist Professor em. für Systematische Theologie an der Universität Osnabrück.
Dr. Mehdi Razvi, geboren 1929, ist Imam in Hamburg und einer der bekanntesten islamischen Theologen Deutschlands.

K 27

Die Frage nach Gott zu stellen bedeutet dann zu fragen, wie wir so von Gott reden können, dass Gott ein Du bleibt und nicht in irgendeinem Sinn ein Objekt unseres Wissens, ein Es wird.
Ich gehe vom *Ende des Theismus* aus. Die Vorstellung eines höchsten Wesens an der Spitze der Pyramide des Seins, das alle Ordnungen ins Dasein gesetzt hat und sie erhält, ist nicht mehr denkmöglich. Gott »ist« nicht, wie der Himalaya ist, ein feststellbares, erforschbares Objekt, das zum Beispiel fotografiert werden kann. Anders gesagt, der Theismus als die selbstverständliche Annahme Gottes ist unfähig, die Erfahrungen mit Gott, die auch heute gemacht werden, zu kommunizieren. Und darauf käme es doch gerade an! Die innerste Schwierigkeit einer gegenwärtigen Gottes-Sprache, von einem Gottes-Begriff ganz zu schweigen, besteht darin, dass Christen heute in einem unauflöslichen Widerspruch leben, der zwischen dem normalen Atheismus ihrer Welt einerseits besteht und den realen Erfahrungen Gottes andererseits, in die ich die Erleidungen der Abwesenheit Gottes einschließe.

Dorothee Sölle: Gott denken, Stuttgart 1990, S. 239 f.

K 28

Im Glaubensbekenntnis ist – stichwortartig – zusammengefasst, was Christen wichtig finden. Da heißt es: »Ich glaube an Gott… den Schöpfer des Himmels und der Erde.« Vielleicht geht es Ihnen wie mir. Wenn ich das höre oder sage, denke ich zuerst an die Geschichte von Adam und Eva im Paradies und stelle mir Gott den Schöpfer vor wie einen Handwerker. Der legt einen Garten an, sorgt für genügend Licht und Wasser, macht Tiere und am Schluss Menschen – wie ein Gärtner oder ein Töpfer.
Inzwischen erklärt die Naturwissenschaft die Entstehung der Welt und die Entwicklung der Menschen anders.
Aber ist deshalb das Bekenntnis falsch, dass Gott alles geschaffen hat und will, dass es lebt? Ich glaube nicht. Im Gegenteil: Daran festzuhalten, dass Gott der Schöpfer von allem ist, ist umso wichtiger, je mehr Menschen verstehen, wie die Welt funktioniert. Denn die Möglichkeit, überall einzugreifen, selbst die Dinge in die Hand zu nehmen, wird damit immer größer. Menschen können an vielen Stellen die Welt nach ihren Bedürfnissen verändern – und nach ihren Interessen. Natur und Umwelt, Pflanzen, Tiere und bald wahrscheinlich auch Menschen kann man so verändern, dass es irgendwem nützt: dass es etwas abwirft und Profit bringt. Das ist manchmal ein Segen – oft aber auch ein Fluch: wir sehen das besonders deutlich in der Landwirtschaft und in der Medizin.

Lucie Panzer: Jeden Tag ein Stück vom Himmel: Anstöße für den Alltag, Verlag der Evangelischen Gesellschaft, Stuttgart 2007, gekürzt und leicht verändert.

K 29

»Ich glaube an Gott, den Vater, den Allmächtigen...«, so fängt das Glaubensbekenntnis an. Und da beginnt für manche schon das Problem. Gott, der Vater: will ich das sagen und glauben? Es gibt Väter, die sich nicht um ihre Kinder kümmern. Es gibt Väter, die ihre Kinder misshandeln und missbrauchen. Wer solche Erfahrungen gemacht hat, mag sich Gott nicht als Vater vorstellen. Das verstehe ich gut.

Aber es gibt auch ganz viele wunderbare Väter. Väter, bei denen man sich sicher fühlt und geborgen. Wer so einen Vater hat, hat es gut. Dann kann man aus der Erfahrung leben: ganz gleich, was geschieht – zu meinem Vater kann ich kommen, genau wie zu meiner Mutter. Wer so aufwächst, der gerät nicht in Panik, wenn etwas schief geht. Das ist eine Erfahrung, die gibt einem ein festes Fundament.

Jesus hat erklärt: So ein Vater, zu dem man kommen kann, wenn etwas ist – so ein Vater ist Gott.

»Ich glaube an Gott, den Allmächtigen ...«, das zu bekennen, fällt mir schwerer. Wenn er allmächtig ist, warum sterben dann 30 000 in Indien bei einem Erdbeben, warum müssen so viele Unschuldige leiden? Dass an vielem Leid und Unglück Menschen schuld sind und nicht Gott, ist nicht immer eine Antwort. Vielleicht gibt es die nicht – ich jedenfalls weiß keine, die ein Trost wäre. Aber meine Erfahrung ist, dass der allmächtige Gott denen ganz nah ist, die leiden. Warum er einem das Leid nicht erspart, weiß ich nicht. Aber wer Gottes Nähe spürt oder auf sie hofft, der kann es leichter tragen. Der allmächtige Gott ist kein zeitloses Schicksal und kein ferner Weltenlenker. Er ist ganz nah bei denen, die ihn brauchen.

Lucie Panzer: Jeden Tag ein Stück vom Himmel: Anstöße für den Alltag, Verlag der Evangelischen Gesellschaft, Stuttgart 2007, gekürzt und leicht verändert.

K 30

Bei der Betrachtung des Gottesbildes – ob männlich oder weiblich – ist ja nicht nur die Symbolik, sind nicht nur die Bilder und Ähnliches von Belang, sondern insbesondere die gesamte Redeweise von Gott. Damit wäre ich beim letzten Punkt, bei der Forderung nach einer grundsätzlichen radikalen Sprachkritik. Es genügt nicht, einfach einige Bilder auszutauschen. Zwar ändert sich die Realität – wenn auch oft langsam –, wenn man die Symbole verändert, aber die Dominanz des Männlichen ist wie bei der Gottesfrage auch in der Theologie insgesamt ein großes sprachliches Problem. Von Gott wird grammatisch immer in der Er-Form gesprochen, auch in vermeintlich »neutralen« Aussagen. Darum ist es ein wichtiges Postulat der feministischen Theologie, die sexistische Sprache – das heißt eine, die Frauen ausschließt, benachteiligt oder diskriminiert – aufzudecken, zu kritisieren und kreativ neue Möglichkeiten zu entwickeln. Dies ist in der deutschen Sprache besonders schwierig, da sie mehr als beispielsweise das Englische die Vorherrschaft des Männlichen widerspiegelt.
Ein Beispiel in der Gottesfrage ist die Gottesbezeichnung »der Herr«, wie sie in den meisten deutschen Bibelübersetzungen für den alttestamentlichen Gottesnamen Jahwe sowie in vielen Gebetsanreden vorkommt. Diese Übersetzung, die Gott sowohl auf Männlichkeit als auch auf Herrschaft festlegt, hat keine Grundlage im alttestamentlichen Jahwenamen, im Gegenteil: Jahwe ist »Ich bin da für euch« (vgl. Exodus 3), eine Deutung, die die Beziehung betont. Gerade nicht die Herrschaft und die Männlichkeit, sondern die hilfreiche Nähe und Menschenfreundlichkeit des Gottes Israels werden mit diesem Anruf-Namen ausgedrückt.
Da die Sprache immer die Wirklichkeit spiegelt, in der sie sich abspielt, ist der Kampf um eine gerechte, Frauen nicht mehr diskriminierende Sprache in der Gottesfrage ein entscheidendes Kriterium, an dem sich zeigen wird, wie ernst man die feministische Kritik nimmt.

Helen Schüngel-Straumann: Die Dominanz des Männlichen muss verschwinden. In: Britta Hübener / Hartmut Meesmann (Hg.): Streitfall Feministische Theologie, Düsseldorf 1993, S. 82.

K 31

Gott ist tot. Es lebe die Religion! Die Menschen, vor allem auch die jungen, sind so religiös wie fast nie zuvor. Diese Feststellung mag erstaunlich klingen, galt doch Religion lange als Auslaufmodell. Doch heute herrscht »Kult«, wo man nur hinschaut. Unbemerkt hat nämlich die Religion im Gesundheitsbereich Einzug gehalten. Alles, was die Menschen früher für den lieben Gott taten, das tun sie heute mit Inbrunst und Ausdauer für die Gesundheit, um den Körper ewig jung und ewig schön zu machen: Wallfahrten, Fasten und rituelle Übungen von kasernenhofartigen Gymnastikexerzitien bis hin zu volksmissionarischen Städtemarathons. Gesundheit gilt irrsinnigerweise als »höchstes Gut« und natürlich wie alles in unserer Gesellschaft als machbar: Man muss was tun für die Gesundheit, von nichts kommt nichts, wer stirbt ist selber schuld. Und so rennen die Menschen durch die Wälder, essen Körner und Schrecklicheres – und sterben dann doch.

Zwar hat man sich von allen Autoritäten erfolgreich emanzipiert, doch den Gesundheits- und Fitnessgurus unterwirft man sich bedingungslos. Junge und Alte rennen hechelnd hinter jedem Trend her, als ginge es wahrhaftig um Leben und Tod oder wenigstens um das Glück, was für viele das Gleiche bedeutet. Kaum jemand kann sich dem allgemeinen salbungsvollen Gesundheitsgeschwätz und Gesundheitsgetue entziehen, wenn er nicht einen verdammt schlechten Eindruck machen will – nicht nur vor den anderen, sondern auch vor dem eigenen schlechten Gewissen. Der Fitness-, Wellness-, Jugend- und Körperkult feiert fröhliche Urstände. Unsere Vorfahren machten Kniebeugen, wir machen Rumpfbeugen. Unsere Vorfahren retteten ihre Seele, wir unsere Figur. Und die Jungen joggen mit auf Teufel komm raus, sie piercen, tattooen und stylen sich, dass es der entsprechenden Industrie eine Wonne ist. Die Jugend ist wie alle Welt voll im Trend.

Aber ist Kult schon gleich Religion? Was ist überhaupt Religion? (…) Zugegeben, an das ewige Leben glauben viele heute nicht mehr, aber heißt das, dass man den Tod nun nüchtern akzeptiert? Weit gefehlt! Während der Steinzeitmensch gewiss zwischen allerlei Gefährdungen sein Leben so gut es ging genoss, der christliche Europäer im Mittelalter sich angesichts des unvermeidlichen Lebensendes kräftige Mahlzeiten genehmigte und die Barockzeit über den Tod scherzte und rauschende Feste feierte, hat heute der erbitterte Kampf gegen den Tod eine ganze Gesellschaft ergriffen: Die Illustrierten laufen über vor Gesundheitstipps, man darf kaum noch etwas essen, da fast alles irgendwie krebserregend, das heißt todbringend ist, und es gibt Menschen, die kommen gar nicht mehr zum Leben, weil sie von morgens bis abends nur noch vorbeugend leben, um dann gesund zu sterben. Doch die Gerichtsmedizin belehrt uns eindeutig: Auch wer gesund stirbt, ist definitiv tot.

Dennoch ist es absolut tabu, all dies satirisch oder realistisch offen zu sagen. Denn der heutige Mensch nimmt sich mehr Zeit für Fitness, Wellness, die Beachtung von Essensregeln und anderen Lebensgewohnheiten als der mittelalterliche Mensch für Gebet und Gottesdienst. Wenn also die Antwort auf die Frage, was über den Tod hinaus Bedeutung hat, die religiöse Frage schlechthin ist, dann ist der hemmungslose und inbrünstige Kampf gegen das Altern und den Tod, dann sind die Kosmetikprodukte zur Herstellung ewiger Schönheit, der ganze Gesundheitstrubel zur Herstellung ewigen Lebens und der Psychokult zur Herstellung ewiger Glückseligkeit ein untrügliches Zeichen für die unverwüstliche Religiosität unserer Gesellschaft.

Manfred Lütz: Gott ist tot. Die Gesundheitsreligion frisst ihre Kinder. In: Andrea Hauner / Elke Reichart: Bodytalk. Der riskante Kult um Körper und Schönheit, © Deutscher Taschenbuchverlag, München 2004, S. 144–148; ebenda, S. 144 f.

K 32

DER ERSTE ARTIKEL: VON DER SCHÖPFUNG

Ich glaube an Gott, den Vater, den Allmächtigen, den Schöpfer des Himmels und der Erde.

Was ist das?

Ich glaube, dass mich Gott geschaffen hat samt allen Kreaturen, mir Leib, Seele, Augen, Ohren und alle Glieder, Vernunft und alle Sinne gegeben hat und noch erhält; dazu Kleider und Schuh, Essen und Trinken, Haus und Hof, Weib und Kind, Acker, Vieh und alle Güter; mit allem, was not tut für Leib und Leben, mich reichlich und täglich versorgt, in allen Gefahren beschirmt und vor allem Übel behütet und bewahrt; und das alles auch lauter väterlicher, göttlicher Güte und Barmherzigkeit, ohn all mein Verdienst und Würdigkeit: für all das ich ihm zu danken und zu loben und dafür zu dienen und gehorsam zu sein schuldig bin. Das ist gewisslich wahr.

Martin Luther: Auslegung zum ersten Artikel des Glaubensbekenntnisses, zitiert nach: Evangelisches Gesangbuch. Ausgabe für die Evangelische Landeskirche in Württemberg, Stuttgart 1996, S. 1486.

K 33

Evangelischer Glaube bezeugt sich in der Konzentration auf ein vierfaches »Allein«: Allein aus Gnade, allein Glauben, allein Christus, allein die Schrift.
Nichts ist schöner, als sich beschenken zu lassen. Aber bei diesem Geschenk handelt es sich um eine Gabe mit Schwierigkeiten … Im Zeitalter des anthropologischen Aktivismus ist ein solches Geschenk zugleich eine Zumutung. Es ist für Menschen offenbar alles andere als leicht, sich nicht sich selbst zu verdanken – seinen Plänen, seiner Tatkraft, seinem Willen –, sondern sich als Empfangender zu akzeptieren. Unser Weltverständnis hat ja die Urerfahrung des unbedingt Angenommenseins ausgetauscht mit der Erfahrung des Pochens auf unsere Leistungskraft, mit der Kalkulation einer Kosten- und Nutzenrechnung, mit der stillschweigenden Überzeugung von der Durchsetzung des Starken. Und obwohl wir unter dem Druck dieses Sich-ständig-bestätigen-Müssens leiden, folgen wir diesem Daseinsgesetz unbeirrt. Wir müssen aus diesem Gefangensein durch Gottes Gnade selbst befreit werden, um ein neues Daseinsverständnis zu gewinnen – frei von der eigenen Erleistung, frei vom Zwang des Selbstentwurfs und der Selbstverwirklichung, frei schließlich auch zu verantwortlichem Handeln zum Nutzen des Mitmenschen. Die guten Werke fallen ja bei Luther nicht fort, sie gewinnen nur einen anderen Ort. Sie sind nicht mehr die Bedingung für Gottes Gnade, sondern erwachsen aus der Dankbarkeit für das Geschenk der unverdienten Liebe Gottes in Jesus Christus …
Wie lässt sich eine solche Erkenntnis jungen Menschen vermitteln? Ich sehe als besten Weg dazu Nachdenken über die Erfahrung der Liebe unter uns Menschen. Schon Kinder wissen, dass Liebe niemals nur die Gegengabe für eine Leistung ist, sondern dass sie immer einen Mehrwert hat: sie ist Geschenk. Man kann zu einer Freundschaft sicherlich durch sein Verhalten etwas beitragen, aber man verdient sich Freundschaft nicht, sie wird einem zuteil. Man kann nur immer neu dankbar sein. Gottes Liebe für uns ist nichts anderes als unverdiente Gnade.

Günter Böhm: Was heißt evangelischer Religionsunterricht? In: Religion heute, Heft 1/2007, S. 30–35; ebenda, S. 31 f.

K 34

Der gnädige und als solcher den gottlosen Menschen gerecht sprechende Gott ist ein Glauben ermöglichender und ein nach Glauben verlangender Gott. »Denn die zwei gehören zuhaufe, Glaube und Gott«. Allein der Glaube lässt Gott Gott sein. Die Exklusivpartikel allein durch Glauben ist deshalb die Pointe des Rechtfertigungsartikels, weil sie in positiver Weise zur Geltung bringt, wie der durch die drei anderen Exklusivpartikel allein Christus, allein aus Gnade, allein durch das Wort in einem präzisen Sinne aus dem Rechtfertigungsgeschehen ausgeschlossene Mensch nunmehr durch einen von ihm selbst zu vollziehenden Lebensakt positiv in das Geschehen seiner Rechtfertigung einbezogen wird: als Glaubender und nur als Glaubender ist er von sich aus an seiner eigenen Rechtfertigung beteiligt. Als Glaubender lässt er sich auf Gottes Wort ein. Als Glaubender gönnt er sich Gottes Gnade. Als Glaubender bekennt er sich zu Jesus Christus. Als Glaubender ist er ein gerechtfertigter Sünder. [...] Die elementarste Antwort auf die Frage nach dem Wesen des menschlichen Glaubens lautet: der Glaube ist das Ja des Menschen, und zwar sein von Herzen kommendes Ja zu der ihm im Ereignis seiner Rechtfertigung widerfahrenden definitiven Bejahung durch Gott.

Eberhard Jüngel: Allein durch Glauben (sola fide). In: Ders.: Das Evangelium von der Rechtfertigung des Gottlosen als Zentrum des christlichen Glaubens. Eine theologische Studie in ökumenischer Absicht, J.C.B. Mohr Verlag, Tübingen 1998, S. 200f.

K 35

Der Vater »sieht den Sohn von Weitem« und geht ihm entgegen. Er hört das Bekenntnis des Sohnes an und sieht darin den inneren Weg, den er gegangen ist, sieht, dass er den Weg zur wirklichen Freiheit gefunden hat. So lässt er ihn gar nicht zu Ende sprechen, umarmt und küsst ihn und lässt ein großes Freudenmahl richten. Freude herrscht, weil der Sohn, der schon »tot gewesen war«, als er mit seinem Vermögen auszog, und der nun wieder lebt, auferstanden ist; weil er verloren war und »wiedergefunden wurde« (15,32). Die Kirchenväter haben in die Auslegung dieser Szene ihre ganze Liebe hineingelegt. Der verlorene Sohn wird ihnen zum Bild des Menschen überhaupt, »Adam«, der wir alle sind – jener Adam, dem nun Gott entgegengegangen ist und den er neu in sein Haus aufgenommen hat. Im Gleichnis trägt der Vater den Knechten auf, schnell »das erste Gewand« zu bringen. Für die Väter ist dieses »erste Gewand« der Hinweis auf das verlorene Gewand der Gnade, mit dem der Mensch im Ursprung umkleidet gewesen war und das er in der Sünde verloren hat. Nun wird ihm dieses »erste Gewand« wieder geschenkt – das Gewand des Sohnes. In dem Fest, das nun gerichtet wird, sehen sie ein Bild für das Fest des Glaubens, die festliche Eucharistie, in der das ewige Festmahl vorweggenommen wird. Wörtlich aus dem griechischen Text hört der erste Bruder beim Heimkommen »Symphonie und Chöre« – wieder für die Väter ein Bild für die Symphonie des Glaubens, die das Christsein zur Freude und Fest macht.

Aber das Wesentliche des Textes liegt nun sicher nicht in diesen Details; das Wesentliche ist jetzt eindeutig die Gestalt des Vaters. Ist die verständlich? Kann, darf ein Vater so handeln? [...] Das Urbild dieser Vision Gottes, des Vaters, findet sich in Hos 11,1–9. Da wird zunächst von der Erwählung Israels und von seinem Treuebruch gesprochen: »Je mehr ich sie rief, desto mehr liefen sie von mir weg. Sie opferten den Baalen und brachten den Götterbildern Rauchopfer dar« (11,2). Gott sieht aber auch, wie dieses Volk zerschlagen ist, wie das Schwert in den Städten wütet (11,6). Und nun geschieht ihm genau, was in unserem Gleichnis geschildert wird: »Wie könnte ich dich preisgeben, Ephraim, wie dich aufgeben, Israel? ... Mein Herz wendet sich gegen mich. Mein Mitleid lodert auf. Ich kann meinen glühenden Zorn nicht vollstrecken, und Ephraim nicht noch einmal vernichten. Denn ich bin Gott, nicht ein Mensch, der Heilige, in deiner Mitte ...« (11,8 f.). Weil Gott Gott ist, der Heilige, handelt er so, wie kein Mensch handeln könnte. Gott hat ein Herz, und dieses Herz wendet sich sozusagen gegen ihn selbst: Hier treffen wir beim Propheten wie im Evangelium wieder das Wort vom »Mitleid«, das mit dem Bild des Mutterleibes ausgedrückt ist. Gottes Herz verwandelt den Zorn und wendet Strafe in Vergebung.

Joseph Ratzinger – Benedikt XVI.: Jesus von Nazareth. Erster Teil. Von der Taufe im Jordan bis zur Verklärung, © 2007 Libreria Editrice Vaticana, Citta del Vaticano, © 2007 RCS Libri S.p.A., Milano. Für die deutschsprachige Ausgabe: © 2007[3] Verlag Herder GmbH, Freiburg im Breisgau. Auszüge aus »Das Gleichnis von den zwei Brüdern«, S. 245 ff.

K 36

Die Hölle

1033 Wir können nicht mit Gott vereint werden, wenn wir uns nicht freiwillig dazu entscheiden, ihn zu lieben. Wir können aber Gott nicht lieben, wenn wir uns gegen ihn, gegen unseren Nächsten oder gegen uns selbst schwer versündigen: »Wer nicht liebt, bleibt im Tod. Jeder, der seinen Bruder hasst, ist ein Mörder, und ihr wisst: Kein Mörder hat ewiges Leben, das in ihm bleibt« (1. Joh 3,14–15). Unser Herr macht uns darauf aufmerksam, dass wir von ihm getrennt werden, wenn wir es unterlassen, uns der schweren Nöte der Armen und Geringen, die seine Brüder und Schwestern sind, anzunehmen. In Todsünde sterben, ohne diese bereut zu haben und ohne die barmherzige Liebe Gottes anzunehmen, bedeutet, durch eigenen freien Entschluss für immer von ihm getrennt zu bleiben. Diesen Zustand der endgültigen Selbstausschließung aus der Gemeinschaft mit Gott und den Seligen nennt man »Hölle«.
1035 Die Lehre der Kirche sagt, dass es eine »Hölle« gibt und dass sie ewig dauert. Die Seelen derer, die im Stand der Todsünde sterben, kommen sogleich nach dem Tod in die Unterwelt, wo sie die Qualen der Hölle erleiden, das »ewige Feuer«. Die schlimmste Pein der Hölle besteht in der ewigen Trennung von Gott, in dem allein der Mensch das Leben und das Glück finden kann, für die er erschaffen worden ist und nach denen er sich sehnt.

Katechismus der Katholischen Kirche, München/Wien/Oldenbourg/Leipzig 1993, Abschnitt 1033.1035, S. 295.

Ich lehre ausdrücklich und öffentlich, dass nach katholischer Auffassung die Hölle nichts ist und dass deshalb von ihrer Wirklichkeit unmöglich gesprochen werden kann. Die Vorstellungen von einem immerwährenden Verbrennen des Leibes nach dem Tod, die in der katholischen Kirche vom Weltkatechismus verbreitet werden, sind, psychisch gesehen, schwer pathologisch und, politisch gesehen, äußerst gefährlich. [...] Das Grundgesetz verpflichtet uns zu Recht auf die unbedingte Achtung vor der Menschenwürde. Die vom Katechismus und vom gegenwärtigen Papst verbreitete Höllenlehre greift jedoch die Würde des Menschen und die Unversehrtheit des Körpers in verletzender Weise an.

Peter Eicher in einem Brief an Erzbischof Degenhardt, zitiert nach: Michael Zimmer: Vom Weltgericht. Werkstatt RU – Arbeitshilfen für den Religionsunterricht Heft 5, hg. vom Katechetischen Institut des Bistums Trier, Trier 1997, zitiert nach: Publik Forum 11/1994, S. 24.

Prof. Dr. Dr. Peter Eicher, geboren 1943, lehrte katholische Theologie an der Universität Paderborn und arbeitet als Psychotherapeut.

K 37

Ich finde dieses Denkmodell des Fegfeuers sehr hilfreich. Nur wenige Menschen (z.B. Heilige) leben so gut, dass sie nach unserem Verständnis sofort in den Himmel gehören. Auf der anderen Seite würden wir nur Schwerstverbrecher für die Ewigkeit in die Hölle schicken.
Was aber ist mit der Riesenmasse der Menschen, die weder gut genug für den Himmel noch abgrundtief schlecht sind? Wie Gott mit denen verfahren wird, wissen wir nicht. Nach unserem Gerechtigkeitsverständnis aber würden wir für sie alle eine Chance auf den Himmel erhoffen, allerdings erst, wenn die Schuld, die sie im Leben aufgeladen haben, abgewaschen ist.
Die Idee, sich einen zeitlich begrenzten Aufenthalt im reinigenden Feuer vorzustellen, scheint mir sehr einleuchtend. Daraus entwickelte sich dann auch der Gedanke, dass die Menschen, je nach ihren Sünden im Leben, eine unterschiedlich lange Zeit im Fegfeuer zubringen mussten, bis sie rein genug waren für den Himmel.
Und den Begriff des Ablasses gibt es noch heute. Aber gemeint ist damit die Möglichkeit der Lebenden, für die Verstorbenen zu beten, um für sie eine Verkürzung des Fegfeuers zu erbitten. Geld dafür zu kassieren ist allerdings mehr als dreist.

Axel, 17, zitiert nach: Ilse Gretenkord: Was kommt nach dem Tod? In: Religion 2/1998, S. 11.

K 38

Für *alle* Menschen gibt es nur *eine* letzte Zielbestimmung; und zwar sowohl von Gottes Heilswillen her, der alle Geschöpfe umfasst, wie auch von unserer menschlichen Natur her, die sich zutiefst nach Leben und Erfüllung sehnt: nämlich den Himmel als endgültiges Ankommen aller noch so verworrenen Lebenswege im Leben Gottes. Allein dazu, zu einem ganz und gar versöhnten Leben sind wir von Gott geschaffen und berufen – jeder, ohne Ausnahme. Und da sind wir auch in unserem Glauben gewiss, dass durch Christus schon sehr viele Menschen, eben die Gemeinschaft der großen und kleinen, bekannten und unbekannten Heiligen an diesem guten Ziel angekommen sind und immer wieder ankommen.
Die »Hölle« dagegen steht in unserem Glauben auf einer ganz anderen Stufe: Sie hat keinen eigenen Inhalt oder Sinn, den Gott alternativ zum Himmel daneben stellen würde. Nein, sie ist nichts anderes als das schuldhafte *Verfehlen* dieses guten Ziels, das endgültige Nein und Sich-Abschließen *gegen* alle Lockrufe der Liebe Gottes und gegen die innerste Grundrichtung unseres Daseins; eine reine Anti-Haltung, und deswegen im Grunde das viel »schwerer« Durchzuhaltende: eben nur im totalen Widerspruch zu uns selbst und zu Gottes versöhnender Liebe.
Deshalb haben wir auch im Glauben keinerlei Gewissheit, ob überhaupt jemals ein Mensch aus eigener Schuld sein Lebensziel so völlig verfehlt hat oder verfehlen wird, dass er sich selbst zur Hölle wird. Von *keinem* Menschen hat die Kirche das jemals gesagt, und sie darf es auch nicht.

Medard Kehl SJ: Eine theologische Meditation über Himmel und Hölle. In: notizblock 23/1998, S. 4–7, hier: S. 4.

K 39

»Wenn Gott gerecht ist, muss er allen Menschen vergeben«. Mit dieser These überraschte mich ein Schüler [...], als wir in einer Religionsstunde das Thema »Luthers neues Verständnis der Gerechtigkeit Gottes« im größeren Zusammenhang der Reformation behandelten. Überraschend war für mich, dass hier Vergebung mit Gerechtigkeit und nicht mit Liebe und Barmherzigkeit zusammengedacht wurde. Außerdem war diese These dem ursprünglichen Verständnis Luthers von Gerechtigkeit vollkommen entgegengesetzt. Er litt ja nach seinem Eintritt ins Kloster [...] bekanntlich an der Vorstellung von »Gottes Gerechtigkeit«, weil er ihr mit allem Fasten, Beten und Frommsein nicht genügen konnte und deshalb zur Auffassung kam, Gott müsse ihn, wenn er wirklich gerecht sei, verurteilen. Niemand könne Gottes Anspruch entsprechen, niemand sei vor Gott gerecht. Luther hätte also wohl formuliert: »Wenn Gott gerecht ist, muss er alle Menschen verurteilen«. [...]

Als ich nachfragte, begründete der Schüler seine These damit, dass Gott ja ungerecht wäre, wenn er nicht allen Menschen das Gleiche widerfahren ließe, nämlich Gerechtigkeit. Gegen diese These meldeten andere in der Unterrichtsgruppe Widerspruch an. [...]

Ich greife aus den vielen Argumenten und Überlegungen der Schüler einen Aspekt heraus. Ohne dass die Schüler die theologische Begrifflichkeit kannten, hatten sie die Problematik schon angesprochen: die Spannung zwischen der Vorstellung von einem Gericht mit doppeltem Ausgang (vgl. das Gleichnis vom großen Weltgericht, Mt 25,31–46) und der Lehre von der Allversöhnung (»Gott wird allen vergeben«). Gott muss eigentlich allen Menschen vergeben, weil er für die Schüler nur als Gott der Liebe denkbar ist. Er wäre nicht gerecht, wenn er das Geschenk der Vergebung nur einigen und nicht allen Menschen zukommen ließe. Denn Gerechtigkeit bedeutet für sie vor allem, dass alle Menschen das Gleiche erhalten. Und alle Menschen – so die Argumentation – hätten im Lauf ihres Lebens Schuld auf sich geladen und würden daher der Vergebung bedürfen. Die Vergebungsbedürftigkeit aller Menschen wird dabei ähnlich gesehen wie in der biblischen Tradition (vgl. Röm 3,22 f).

Andererseits widerspricht es aber gerade dem Gerechtigkeitsdenken einiger Schüler, dass auch die, die anderen die schlimmsten Qualen zufügen, sie verfolgen, foltern, planmäßig ermorden, »in den Himmel kommen sollen«. Muss nicht angesichts dieser Verbrechen doch mit einem Gericht mit doppeltem Ausgang gerechnet werden, wie es in der Bibel angesprochen wird?

Alfred Garcia Sobreira-Majer: »Keine Hölle für niemand?« Mit Schüler/innen nach den letzten Dingen fragen. In: Ulrich Körtner / Robert Schelander (Hg.): Gottesvorstellungen. Die Frage nach Gott in religiösen Bildungsprozessen. Festschrift für Gottfried Adam zum 60. Geburtstag, Wien 1999, S. 121–139 (in Auszügen).

K 40

Ein Leben nach dem Tode

Glauben Sie fragte man mich
An ein Leben nach dem Tode
Und ich antwortete: ja
Aber dann wusste ich
Keine Auskunft zu geben
Wie das aussehen sollte
Wie ich selber
Aussehen sollte
Dort

Ich wusste nur eines
Keine Hierarchie
Von Heiligen auf goldenen Stühlen sitzend
Kein Niedersturz
Verdammter Seelen
Nur
Nur Liebe frei gewordne
Niemals aufgezehrte
Mich überflutend

Kein Schutzmantel starr aus Gold
Mit Edelsteinen besetzt
Ein spinnwebenleichtes Gewand
Ein Hauch
Mir um die Schultern
Liebkosung schöne Bewegung
Wie einst von tyrrhenischen Wellen
Wie von Worten die hin und her
Wortfetzen
Komm du komm
Schmerzweb mit Tränen besetzt
Berg-und-Tal-Fahrt
Und Deine Hand
Wieder in meiner

So lagen wir lasest Du vor
Schlief ich ein
Wachte auf
Schlief ein
Wache auf
Deine Stimme empfängt mich
Entlässt mich und immer
So fort

Mehr also fragen die Frager
Erwarten Sie nicht nach dem Tode
Und ich antworte
Weniger nicht.

Marie Luise Kaschnitz: Ein Leben nach dem Tode. In: Dies.: Gesammelte Werke, Band V, © Insel Verlag, Frankfurt am Main 1979, S. 504.